本书受到华中科技大学文科双一流建设项目基金资助

教育经济研究系列丛书

沈 红/主编

中国文凭效应

DIPLOMA EFFECTS IN CHINA

张青根 ◎ 著

中国社会科学出版社

图书在版编目（CIP）数据

中国文凭效应／张青根著 .—北京：中国社会科学出版社，2019.7

（教育经济研究系列丛书／沈红主编）

ISBN 978-7-5203-4317-6

Ⅰ.①中… Ⅱ.①张… Ⅲ.①学历—社会功能—研究—中国　Ⅳ.①G643.7

中国版本图书馆 CIP 数据核字（2019）第 075194 号

出 版 人	赵剑英
责任编辑	赵　丽
责任校对	王秀珍
责任印制	王　超

出　　版	中国社会科学出版社
社　　址	北京鼓楼西大街甲 158 号
邮　　编	100720
网　　址	http://www.csspw.cn
发 行 部	010-84083685
门 市 部	010-84029450
经　　销	新华书店及其他书店

印　　刷	北京明恒达印务有限公司
装　　订	廊坊市广阳区广增装订厂
版　　次	2019 年 7 月第 1 版
印　　次	2019 年 7 月第 1 次印刷

开　　本	710×1000　1/16
印　　张	19
插　　页	2
字　　数	302 千字
定　　价	89.00 元

凡购买中国社会科学出版社图书，如有质量问题请与本社营销中心联系调换
电话：010-84083683
版权所有　侵权必究

总　序

十一年前的2008年，华中科技大学出版社出版了一套由我主编的《21世纪教育经济研究丛书·学生贷款专题》，主体内容集中在高等教育学生财政上，如学生贷款的运行机制，学生贷款的补贴，学生贷款的担保等。五年前的2014年，中国社会科学出版社出版了一套也是由我主编的《高等教育财政研究系列丛书》，主体内容涉及到公办高校学费标准、学生贷款的社会流动效应、高校绩效薪酬、政府财政支出责任、政府教育财政政策。可以看出，上述两套丛书是密切关联的，从时间序列看，研究内容上具有从高等教育学生财政向高等教育财政扩展的特点。2016年，我和我的团队部分成员集体出版的《中国高校学生资助的理论与实践》，向学术界和社会大众集结报告了我们自1997到2016年20年间有关"高等教育学生财政"的研究。2019年的今天，在中国社会科学出版社的支持下，我主编的"教育经济研究"系列丛书开始出版。这是我从事高等教育经济与财政系列研究20多年来出版的第三套丛书。

我是1999年晋升的教授。自2000年开始以博士生导师的身份独立招收博士研究生，至2019年已招满20届，到今天的2019年5月已独立培养出66名博士，其中以"教育经济学"和"高等教育管理"作为博士学位论文选题的人各一半，分属于"教育经济与管理"专业和"高等教育学"专业，毕业时分别获得管理学博士学位和教育学博士学位。管理学博士学位获得者大多在高等学校的公共管理学院工作，少量的在教育学院工作。研究教育经济问题的博士们现今的主要研究领域为高等教育经济与财政。

我本人具有跨学科的求学经历和教学、科研工作经历。求学上：本科专业是"77级"的机械制造与工程，在著名的华中工学院获得工学学士学位；然后以在职人员身份攻读华中理工大学的高等教育管理硕士，师从朱九思教授，1992年获得教育学硕士学位；再然后考上了华中理工大学管理科学与工程专业的博士生，师从朱九思教授和黎志成教授，1997年获得工学博士学位（也就是当今的管理学，1997年的管理学尚没有从工学中分离出来）。指导研究生上：1998年开始在华中理工大学高等教育研究所的高等教育学专业招收硕士生；1999年开始辅助我的导师朱九思先生指导博士生；2000年经评审获得高等教育学专业博士生导师资格并招生；2003年经评审获得教育经济与管理专业博士生导师资格并招生。多年来一直在两个二级学科博士点（管理学的教育经济与管理，教育学的高等教育学）招收博士生。教学上：多年里承担的教学课程也是跨在两个专业中。面对教育经济与管理专业博士生的"高等教育财政专题"；面对教育领导与管理专业的专业学位博士生的"国际高等教育发展"；面对来华博士留学生的"中国教育改革与发展"；面对两个专业硕士生的"比较高等教育"后来是"高等教育管理的国际比较"；还参与博士生的"研究方法高级讲座"课程的教学。科研上：多年来从事的科学研究也集中在这两个专业中。涉及到教育经济学研究领域，本人负责的科研项目有："高等教育增值与毕业生就业之间的关系——基于教育经济学的理论分析与实证检验"、"中国学生贷款方案"、"学生贷款回收"、"学生贷款偿还"、"中国全日制普通高校学生资助"、"国家开发银行助学贷款业务发展战略规划"、"中国高校学费制度改革"、"开辟教育新财源"，"大学科研成本计量"和"中央高校财政拨款模式"等；涉及到高等教育管理研究领域，本人负责的科研项目有："大学教师评价的效能"、"多校区大学管理模式"、"中国研究型大学形成与发展战略"、"学术职业变革"、"高校教师质量提升"、"大学教师的近亲繁殖"、"科技工作者家庭状况"、"高校自主招生"和"高等教育中的双一流建设"等。

中国学术系统对博士毕业生在"起跳平台"上的综合性乃至苛刻的跨学科性的要求，提醒我在指导博士生的过程中既要注重他们在某一领域的学问的深度，也要注意拓展他们的知识面使其求职及职业发展具有一定的广度。比如，有不少博士生将学生贷款研究作为其博士学位论文的题目，那么我就要求他们：学生指的是大学生，因此在研究学生贷款之前要研究大学生，也就需要研究大学生成长、成才的环境，如学生的消费习惯、家庭的经济条件、大学的财政能力等；想要研究学生贷款，就要首先知道与学生贷款相关的其他学生资助手段，如奖学金、助学金、学费减免、勤工助学的本身意义和政策含义，还要知道各种学生资助手段相互之间的关系，得到财政资助对学生当前的求学和将来的工作各有什么意义；若想深入研究学生贷款，那么政府财政、商业金融、担保保险等行业都是学生贷款研究者要"打交道"的地方，谁来提供本金？怎样确定利率标准？如何融资？如何担保？如何惩罚？还有，研究学生贷款的角度也很多，可从主体与客体的角度：谁放贷、谁获贷、谁还贷？可从资金流动的角度：贷多少（涉及需求确定）？还多少（涉及收入能力）？如何还（涉及人性观照与技术服务）？还可从参与方的角度：学生贷款是学校的事务？还是银行的产品？或是政府的民生责任？或是家长和学生的个人行为？最后可从时间的角度：贷前如何申请？贷中如何管理？贷后如何催债？等等。可以说，就学生贷款这一貌似简单的事物来说就有如此多、如此复杂的研究角度。正是这样的多样性与复杂性，催生了我们团队的以学生贷款为中心的一系列的学术研究、政策分析、实践讨论。由本人定义的包含学费、学生财政资助、学生贷款还款在内的"学生财政"（student finance）只是高等教育财政中的一部分，尽管这个部分很重要。高等教育财政投入无非是两个重要部分的投入：公共投入和私人投入。我们团队进行了大量研究的是高等教育的私人投入。然而，全面意义上的高等教育财政必须研究公共投入，在中国，主要是各级政府的投入。本团队从2007年开始逐步将集中于学生财政的研究扩展到高等教育财政的研究范畴。有学生从资本转化（经济资本、社会资本、文化资本、人力资本本身及其相互关系）的角度来研究学生贷款带来的社会流动效应；有学生从教育政策主体性价值分析的角度来研究中国的学生贷款；还有学生从高等教育支出责任与财力保障的匹配关系来分析政府特别是地方政府的高等教育投入（该文获得中国高等教育学会优秀博士学位论文奖）。本套"教育经济研究·系列丛书"却把研究触角更加明确地指向教育经济学研究的经典问题上。

本套系列丛书是经我仔细挑选的七本专著：张青根博士的《中国文凭效应》、张冰冰博士的《中国过度教育》、熊俊峰博士的《大学教师薪酬结构》、王鹏博士的《中国大学科研成本》、李玉栋博士的《学科与产业的区域协同》、徐志平博士的《中国学术劳动力市场》、宋飞琼博士的《中国学生贷款的实施效益评价》。前六本都是在各位博士的学位论文基础上改写提升而来，其中张青根博士和熊俊峰博士的学位论文都曾获得中国高等教育学会优秀博士学位论文奖。张青根博士和张冰冰博士的两本专著来自于教育经济学研究的经典选题；熊俊峰博士、王鹏博士和李玉栋博士的三本专著来自中国当前的现实问题；徐志平博士的选题横跨在我本人长期专注的学术职业研究和劳动力市场研究之间；宋飞琼博士的专著则是对她本人十多年研究的具有归纳性和发展性意义的项目结题报告，也是对我本人2016年出版的《中国高校学生资助的理论与实践》专著的一个回应。

作为这些作者当年的博士学位论文指导教授，我对入选本套丛书的发展自博士学位论文的专著都非常熟悉，因为每篇论文都曾融进我的心血、智慧和劳作。今天，能将这些博士学位论文修改、深化、提升为学术专著，并由我作为丛书主编来结集出版，是我专心从事教育经济学研究20多年来的一大幸事，用心、用情来撰写这个"总序"倍感幸福。我想借此机会，列举一下我心爱的、得意的在教育经济学研究领域作出成绩和贡献的已毕业的33位博士研究生，尽管他们中的大部分博士学位论文已另行出版。他们的姓名和入学年级是：

2000级的李红桃，2002级的沈华、黄维，2003级的李庆豪，2004级的刘丽芳，2005级的宋飞琼、梁爱华、廖茂忠，2006级的季俊杰、彭安臣、毕鹤霞、胡茂波、杜驰、魏黎，2007级的孙涛、钟云华、王宁，2008级的臧兴兵，2009级的赵永辉、刘进，2010级的熊俊峰、王鹏，2013级的张青根、张冰冰、徐志平，2014级的李玉栋。还有在职攻读教育经济与管理专业获得管理学博士学位的李慧勤、肖华茵、夏中雷、梁前德、江应中。还有来华博士留学生来自加纳的 Adwoa Kwegyiriba 和来自赞比亚的 Gift Masaiti。作为曾经的导师，我感谢你们，正是你们的优秀和勤奋给了我学术研究的压力和动力，促使我永不停步！作为朋友，我感谢你们，正是你们时常的问候和关注、你们把"过去的"导师时时挂在心中的情感，给我的生活以丰富的意义！我虽然达不到"桃李满天下"的程度，但你们这些"桃子""李子"天天芬芳，时时在我心中！我真真切切地为你们的每一点进步而自豪、而骄傲！

我衷心感谢本丛书中每本著作的作者！感谢为我们的研究提供良好学术环境和工作条件的华中科技大学和本校教育科学研究院！感谢中国社会科学出版社给予的大力支持！最后要感谢阅读我们的成果、理解我们追求的每一位读者！

2019 年 5 月 1 日
华中科技大学教科院

目 录

第一章　绪论 …………………………………………………………（1）
　第一节　问题的提出 ………………………………………………（1）
　第二节　研究意义 …………………………………………………（5）
　第三节　概念界定 …………………………………………………（7）
　第四节　文献综述 …………………………………………………（11）
　第五节　研究思路与方法 …………………………………………（39）

第二章　理论基础与研究设计 ………………………………………（43）
　第一节　筛选理论与教育文凭的信号价值 ………………………（43）
　第二节　劳动力市场分割理论与教育文凭的信号价值 …………（50）
　第三节　社会资本理论与教育文凭的信号价值 …………………（54）
　第四节　本书的理论分析框架 ……………………………………（57）
　第五节　既有研究模型及其存在的问题 …………………………（59）
　第六节　模型修正及本书所用模型设计 …………………………（74）
　第七节　数据来源 …………………………………………………（82）

第三章　教育信号与文凭效应 ………………………………………（89）
　第一节　教育信号的类型与特征 …………………………………（89）
　第二节　文凭效应的层级差异 ……………………………………（92）
　第三节　文凭效应的学科差异 ……………………………………（116）
　第四节　文凭效应的质量差异 ……………………………………（122）

2　中国文凭效应

　　第五节　文凭效应的阶段性差异Ⅰ：高校扩张前后 ………… (124)
　　第六节　文凭效应的阶段性差异Ⅱ：就业初期和工作后期 …… (137)
　　第七节　不同教育信号下的文凭信号价值表现 ……………… (140)

第四章　劳动力市场分割与文凭效应 ………………………… (144)
　　第一节　劳动力市场分割的类型与特征 ……………………… (145)
　　第二节　文凭效应的性别差异 ………………………………… (149)
　　第三节　文凭效应的部门差异 ………………………………… (162)
　　第四节　文凭效应的地区差异 ………………………………… (172)
　　第五节　文凭效应的职业差异 ………………………………… (180)
　　第六节　文凭效应的公司规模差异 …………………………… (191)
　　第七节　不同劳动力市场分割下的文凭信号价值表现 ……… (202)

第五章　家庭资本与文凭效应 …………………………………… (205)
　　第一节　家庭资本类型及对就业的干扰效应 ………………… (206)
　　第二节　父母教育程度与子女的文凭效应 …………………… (210)
　　第三节　父母工作单位与子女的文凭效应 …………………… (218)
　　第四节　父母职业类型与子女的文凭效应 …………………… (226)
　　第五节　家庭经济水平与子女的文凭效应 …………………… (234)
　　第六节　不同家庭资本下的文凭信号价值表现 ……………… (242)

第六章　教育文凭信号价值的实现 ……………………………… (244)
　　第一节　教育信号特征是文凭信号价值实现的核心要素 …… (244)
　　第二节　劳动力市场特性决定文凭信号价值实现的场域特征 … (247)
　　第三节　家庭资本可干扰文凭信号价值实现的动态过程 …… (251)
　　第四节　市场分割与家庭资本共存背景下文凭信号价值
　　　　　　实现的综合模型 ……………………………………… (253)
　　第五节　保障文凭信号价值实现的政策含义 ………………… (258)

第七章 结语 ·· (263)
    第一节 主要研究结论 ································· (263)
    第二节 创新与不足 ··································· (267)

参考文献 ·· (271)

后　记 ·· (289)

第一章　绪论

　　大学是唯一被允许根据智商、努力程度和完成复杂任务的能力把年轻人分类的合法机构。众所周知，大学文凭、专业考试证书、专业许可证等是高级就业的一个条件。

——理查德·维德

第一节　问题的提出

一　高等教育规模扩张与文凭膨胀：一纸文凭价值几何？

　　教育规模扩张与经济发展之间的关系是教育经济学研究中的经典问题。早在20世纪60年代，舒尔茨的人力资本理论就宣称教育可以提高国家的人力资本存量，提高国家的认知技能和生产能力，从而提高国家的生产率，由此促进国家经济发展。反过来，经济发展水平提高也进一步扩大了技能型、知识型、复合型人才的需求，从而促进教育规模的扩展。在这种相互作用下，教育规模扩张与经济发展处于一种相对的动态均衡。然而，外生刺激性因素很有可能破坏这种均衡。某种程度上说，1999年启动的高等教育扩张性政策就是一种外生性因素。这种因素的破坏性体现在两个方面：一是高等教育规模扩张政策的出台主要是基于拉动内需，突破经济发展的障碍，彼时的经济发展尚不具备吸纳大规模教育扩张带来的人才供给的条件，无法有效发挥这些人才的作用，造成资源的浪费。二是大规模教育扩张给高等教育本身带来冲击，人才培养方案、课程体系、教师资源、硬件设备等都无法及时更新，无法保证高等教育质量。高等教育机构沦为一种生产线，在无法保障质量的情况下还加大"码力"

扩大产量,必然进一步导致整个教育系统水准的下降。同时,从"流水线"上出来的产品也无法满足经济社会发展的需求,由此影响了经济发展的动力。

这种外生性因素造成的影响具有延伸性,高等教育规模扩张也直接引起了基础教育的扩展(尤其是高中教育),引发了一系列的连锁反应,具体表现在:高等教育规模扩张给人们带来了更多的受教育机会,刺激了人们的教育需求,从而形成了持续不退的"中考热""高考热""考研热""课外辅导热"等,都试图获取更高层次的教育文凭。在这种氛围下,本来不受扩张政策影响的人们为了避免自己处于劣势地位或维持自身的优势地位,被动地加入追求教育文凭的大军,进行"防御型投资",进一步助长了"热"潮,引发了文凭膨胀。从历年各级教育的入学和升学情况上看,如图1—1所示,1998年以前,高中和高等教育的毛入学率呈缓慢平稳增长势态,初中、高中的升学率也基本处于平稳状态。1998年以后,高中升学率开始突变增长,初中升学率也呈指数化增长,由此也引起高中和高等教育的毛入学率快速增长。

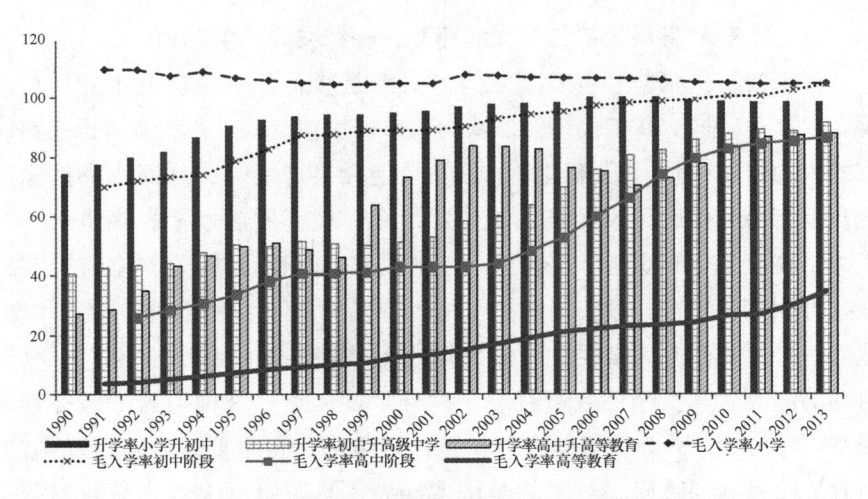

图1—1 1990—2013年各级教育升学率与毛入学率

注:①初中阶段毛入学率年龄统计口径为12—14周岁;②高中阶段毛入学率年龄统计口径为15—17周岁;③高等教育阶段毛入学率年龄统计口径为18—22周岁。

资料来源:谢焕忠:《2013年中国教育统计年鉴》,人民教育出版社2014年版。

这种外生性刺激在宏观上破坏了教育规模发展与经济发展之间的动态均衡，在微观上也影响着个人的行为及其结果，主要表现在：一是人们在疯狂追求文凭的行动中过于看重文凭的"教育身份"，并不在乎追求文凭的过程，更关心的是获得一张能够证明"自己有过一段教育经历"的凭证，这种形式的教育并不能给其自身带来真正意义上的提高。二是大规模教育扩张给劳动力市场提供了无法吸纳的、过量的劳动力，进行了教育投资的个人无法获取超额的、匹配的价值回报，从而回过头来怀疑教育投资的价值。"文凭无用论""文凭贬值""大学生农民工"等敏感性词语也刺激着社会大众和那些即将进行教育投资的后来者，大批学生选择弃考或弃读，直接进入劳动力市场。

如此，愈发严重的弃考现象与追求文凭的狂热局面形成强烈反差，为什么在开放教育机会时，有人如此狂热、盲目地追求教育文凭，也有人"离经叛道"、质疑教育投资？这种反差的存在不禁让社会思考，教育文凭到底价值几何？

二　信息不对称与逆向选择：一纸文凭角色何在？

现实社会中，在获取教育文凭之后，如何借助文凭来获取收益是教育投资者更为关心的问题。众所周知，劳动力市场中存在着信息不对称的问题，雇主无法获悉潜在员工的真实能力，在进行招聘时就存在招入低能力员工的风险，后续可能需要追加更多的成本进行员工培训以使其满足职位要求。为避免这种成本过高，雇主会选择一些易识别的特征因素来区分潜在的员工，教育文凭正是这类特征因素之一，以获取的文凭代表员工的真实能力，文凭由此成为个人能力的标签，变成雇主设置的入职门槛，化身为进入雇主考察视野的"敲门砖"，也在一定程度上直接决定了个人求职的成败。

如此招聘政策进一步刺激了人们接受更高教育的需求，不同能力的个人都期望获取更高的教育文凭，尤其是在中国当前教育规模扩张、教育质量普遍偏低等背景下，这种需求更容易得到满足。这就有可能产生逆向选择问题，低能力的人进入职业岗位，造成文凭的"门槛性"功能淡化，雇主开始寻求其他的招聘路径。需要反思的是，在中国当前教育体制的环境下，文凭到底能不能代表个人能力的信息？能不能给个人带来额外收益？从历史的角度上看，改革开放以来，劳动力分配制度发生了深刻的变化。从早期的"统包统分、包当干部"到"就业推荐、双向选择"，再到"自主就业"，在这一过程中文凭的角色如何变化？

经济学和社会学的研究证明，劳动力市场分割是存在的，典型的分割由劳动力的性别、所在的工作部门、雇用机构所在地区等方面的差异产生。经分割的劳动力市场中的供求状况不同，带来了岗位竞争机制上的不同。大学毕业生主体要涌入的是主要劳动力市场，而那里的劳动力供给过剩。雇主们为了筛选出高层次人才不断提高入职门槛，并以制度化形式将新入职者的学历要求固定下来，使得"文凭"成为有资格参与岗位竞争的入场券。在次要劳动力市场上则不同，"入口"相对宽松，雇主们不将"文凭"看作入职关键，更重要的是工作成效。因而，文凭在不同的劳动力市场中扮演着不同的角色，对劳动力个人未来收益的效应也不同。另外，随着劳动力市场制度的完善，员工选聘程序也日趋规范，一系列的招聘选拔程序也逐步成为雇主考察潜在员工能力的工具，如针对性笔试、小组面试、高压测试、心理测试等。文凭的"门槛功能"将如何变化？还能否给个人带来额外收益？进入正式的岗位之后，随着任期的增长，雇主逐渐了解到雇员的能力信息，早期对雇员能力的判断也得以修正，雇员的薪酬水平、升职、岗位调整都将重新匹配，文凭的价值似乎将逐渐淡去，然而，事实是否如此呢？

三　家庭资本与教育文凭间的关系："互为替代"还是"互为补充"？

在中国社会，人情关系对个人发展有着极为重要的作用。这一点在劳动力市场中体现得尤其明显。大量研究表明，家庭资本作为个人最直接、最核心的社会资本之一，会直接影响到子女的职业获取及其发展。在如此背景下，教育文凭的作用又该如何体现？能否发挥它应有的作用？对于那些家庭资本贫乏的个人而言，是否已经错过了"知识改变命运"的时代，踏入了"教育致贫""文凭无用"的年代？

从理论上看，家庭资本对个人职业发展及收入分配存在着两种作用机制，一是家庭资本高低一定程度上是个人能力信息的侧面反馈，伴随它们的是较为优质的社会网络关系，由此对个人职业获取及收入分配产生直接作用。以家庭人力资本为例，父母受教育程度能够在一定程度上提供子代能力的信息，帮助发送子代能力的信号，同时接受过较高教育的父母拥有较广且优质的社会网络关系，能够为子代提供更为丰富的信息资源，甚至对招聘结果产生实质性影响，这些都将弱化教育文凭的功能，父母受教育程度与教育文凭之间呈现出"替代效应"。二是家庭资本会通过加强子代的"过程性培养"而间接作用于子代未来的职业发展及收入状况。同样以家庭人力资本为例，接受过良好教育的父母能够帮助和指导子女更好地选择就业行业、岗位及发展方向等，实现个人专业知识与未来发展需求的"匹配"，由此便可能帮助子女发挥教育的信号功能，父母受教育程度与教育信号功能之间也将表现出"互补效应"。为此，在当前就业竞争日益激烈的劳动力市场状况下，上述何种作用机制发挥了主导作用，换言之，在个人就业及收入分配中，家庭资本与教育文凭之间呈现出怎样的交互作用，"替代"还是"互补"？

为此，本书的主要任务是基于全国性调查数据，系统全面地衡量教育文凭给个人带来的经济收益，并探讨在中国劳动力市场分割以及家庭资本外生干扰等客观存在的现实环境下，教育文凭的信号价值究竟如何实现。

第二节 研究意义

一 理论意义

第一，基于中国经验材料对人力资本理论与筛选理论进行再检验。教育与生产率之间的关系一直是劳动经济学研究中未解的难题，人力资本理论提出教育可以提高个人的人力资本存量，提高个人能力，进而提高劳动生产率。但这种提法也仅停留在抽象的理解层面，并未得到实证研究的验证。即使是美国20世纪60年代之后大力推进教育投资，也并没有显著提高生产率、就业率，国民收入差距反而逐渐变大。也就是这一时期，筛选理论逐渐发出自己的声音，认为教育并不能提高个人能力，只是作为一种筛选装置将不同能力的个人区分出来。筛选理论一定程度上解释了人力资本理论面临的难题。自此，人力资本理论与筛选理论之争开始登上历史舞台。然而，随着大量实证研究的进行，经济学家们都无法明确地对人力资本理论或筛选理论进行验证或验否，两个理论也开始走向融合，两者的争论焦点也发生了变化，一条主线是："从"教育到底具有哪个功能（生产性功能，还是信息功能？）"到"教育同时具有生产性功能和信息功能，但孰重孰轻？"，再到"人力资本理论和筛选理论：谁涵括谁？"等等。所有这些争论都未得到明确答案，世界各国的研究者都尝试基于不同的经验材料从不同角度对此进行研究，加入争论的大军。其中，研究文凭效应就是区分人力资本理论与筛选理论的经典方法。因此，基于中国经验材料，研究中国教育收益中的文凭效应是针对上述理论之争的再次检验，为理论发展增添来自发展中国家的素材，同时也试图回答：在中国现实背景下，何种理论更具有解释力度？教育是否同时具有生产性功能和信息功能？

第二，探讨文凭在劳动力市场上发挥作用的真实机制。在当前中国劳动力市场存在分割、市场机制不完善、信息不对称情况下，文凭是个人在劳动力市场寻求发展的重要工具，但是文凭发挥作用的机制与特征目前尚不明确。主要表现在：一是发挥作用的程度是否一致，不同行业、职业、地区、部门下文凭对个人职业取得与发展的作用是否存在差异，为什么存在差异；二是劳动力市场外的特征因素（如家庭资本、社会资本等）是否影响文凭发生作用，怎么产生影响；三是教育层面的特征因素（如教育层次、质量、类型、规模等）是否影响文凭发生作用。从微观上弄清楚这些文凭表现差异及其作用机理有利于深度了解文凭真实的作用机制，深层次剖析文凭的功能。本书将试图基于上述微观分析构建有关"教育文凭""家庭资本"与"劳动力市场"的信号"发送、干扰与接收"的多元动态模型。

二 实践意义

第一，为个人教育投资选择、教育过程中行为完善及未来职业选择等提供参考。在当前"文凭热"持续不减的情况下，从实证的角度探究文凭到底能给个人带来多大效用，有利于让潜在的教育投资者直接感受到教育投资的效用，以对教育投资进行合理选择；也给已经在教育投资过程中的个人以合理的收益预期，帮助他们理性地认识文凭可能给他们带来的价值。同时弄清楚文凭在劳动力市场中如何发挥作用及其作用差异有利于个人针对性地改善个人教育过程中的实际行为，同时也帮助他第二,有助于促进教育质量的提升。文凭在劳动力市场中如何发挥作用、发挥多大作用,不仅关系到教育投资的个人,更涉及教育提供者。文凭效应一定程度上反映的是教育的质量,教育质量高,获得该教育文凭的个人能力可能越高,因此,文凭效应可以看作劳动力市场对教育质量的一种检验。弄清楚不同学校类型、层次、学科、专业下的文凭效应,对教育机构也是一种刺激,能够提高教育机构的质量意识、品牌意识,辅助它们寻找针对性措施提高教育质量,完善人才培养体系。同时,帮助政府有效监督、评价教育机构的质量状况,优化教育资源配置,有效引导教育机构科学合理发展。

第三,有利于推动劳动力市场制度的改革。当前中国劳动力市场存在着市场分割、信息不对称、竞争机制不完善等特征是不争的事实,如何打破歧视性和制度性市场分割、如何解决信息不对称问题、如何保证机制公平公正等一直以来是社会各界关注的难题,甚至于如何揭示这些特征、如何找寻路径都存在难点。研究文凭效应对于揭示劳动力市场特征至少在三点上可以提供新路径:一是通过综合分析不同市场下的文凭效应可以比较不同市场下的歧视及制度性分割带来的影响;二是"分析文凭能否代表个人能力、能否帮助解决信息不对称问题等"有助于帮助雇主合理反思雇员招聘政策与程序,寻找更为合理的高能力雇员甄选机制;三是探究社会资本或家庭资本等因素对文凭效应的干扰可以有效判断劳动力市场的公平公正程度,从而有助于针对性完善劳动力市场机制,保证劳动力市场有序、透明、公正。

第三节 概念界定

一 教育收益

教育收益是指通过教育投资活动后获取的收益,根据收益的主体不同,可分为个人教育收益和社会教育收益。根据收益的形式不同,可以分为经济收益和非经济收益。为研究的方便,本书仅考虑个人教育收益中的经济收益,特在此限定。进一步地,从理论上可知,教育至少具有两大经济功能:一是生产性功能,以舒尔茨、明瑟等为代表人物的人力资本理论认为,教育能够提高个人能力,从而提高个人的劳动生产率,帮助个人获取高收益[1],这种教育收益可称为生产性收益;二是信号功能,以斯宾塞、斯蒂格利茨、阿克尔洛夫等为代表人物的筛选理论认为,教育充当个人在劳动力市场中的能力信号,教育程度越高,个人能力越高,未来获取的薪资水平也将越高[2],这种教育收益可称为信息收益。为此,根据收益的功能体现不同,可将教育收益分为生产性收益和信息收益。从目前的研究文献上,教育收益一般用教育收益率(也称为教育投资收益率)衡量,指的是对一个人或一个社会因增加其接受教育的数量而得到的未来净经济报酬的一种测量[3]。经典的个人教育收益率测量方法有两种:一是内部收益率法,也称为精确法,指的是当教育投资成本与未来教育收益的现值相等时的贴现率。二是明瑟收入函数法,反映的是在控制其他条件下,多接受一年教育所引起的收入变化率,这种方法计算的个人教育收益率也称明瑟收益率。本书将选择第二种方法对个人教育的生产性收益率进行衡量。

二 文凭效应

文凭一般是指反映个人受教育程度的凭证,在中国主要存在两种形式:一是学历证书。学历是指一个人的正式学习经历。通常指一个人曾接受过哪一级的正规教育以及何时在何学校毕业、结业或肄业。学历的类型主要有初中、高中、普通高等教育、成人高等教育等。学历证书就是表明具有相关学习经历的证明文件。二是学位证书。学位是指授予个人的一种学术称号或学术性荣誉称号,表示其受教育的程度或在某一学科领域里已经达到的水平,或是表彰其在某一领域中所做出的杰出贡献。中国实行三级学位制度,分为学士、硕士、博士三级。学士学位,由国务院授权的高等学校授予;硕士学位、博士学位,由国务院授权的高等

---

[1] Theodore W. Schultz, "Investment in human capital", *American Economic Review*, Vol. 51, No. 1, 1961.

[2] Spence A. Michael, "Job market signaling", *Quarterly Journal of Economics*, Vol. 87, No. 3, 1973.

[3] [美]马丁·卡诺依:《教育经济学国际百科全书》,闵维方等译,高等教育出版社2002年版,第471页。

学校和科学研究机构授予。学位证书是颁发给个人的表明其获得学位的证明文件。

文凭效应（Diploma effects，由于以前文凭证书是用羊皮制作的，所以也称为羊皮效应，sheepskin effects）是指在控制受教育年限下，相对那些未获取教育文凭的个人而言，取得教育文凭的个人获得的额外收益，衡量的是单纯一纸文凭给个人带来的额外收益，体现的是教育文凭的信号价值，反映的是教育的信息收益。这种收益也可以分为经济收益和非经济收益，本书仅对教育文凭的经济收益进行分析。然而，受限于现实中未获取教育文凭的个人较少，难以获取足够的分析样本，无法直接对比相同条件下"获取了教育文凭的个人"和"未获取教育文凭的个人"的收益差异。从目前文献上看，研究者们多是利用扩展版的明瑟收益方程来计量文凭效应，如在明瑟收入方程中加入教育文凭的虚拟变量，在控制受教育年限下，考察教育文凭对个人收入的额外影响。本书也将采取这种计量方法来计算文凭效应：在控制个人受教育年限下，分析个人获取的教育文凭给其带来的额外经济收益。

由上所述，本书的范畴是个人教育收益中的文凭效应，衡量的是"一纸文凭"带来的额外收益，反映的是教育文凭信号功能的价值，考察的是经济收益，暂不考虑非经济收益。图1—2中椭圆标记的部分便是本书的分析范畴。

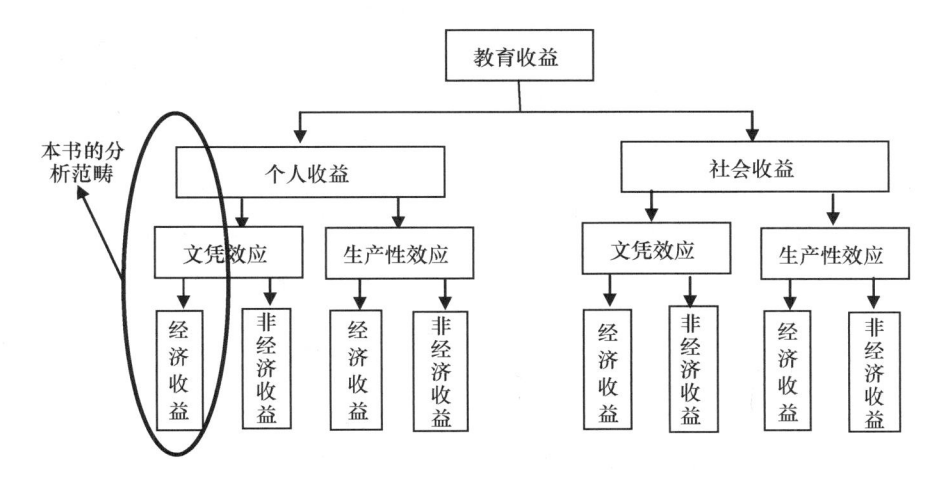

图1—2　本书的分析范畴示意图

三 辨析：文凭效应、文凭贬值、文凭膨胀、文凭主义

文凭效应反映的是微观层面上某级教育文凭给个人带来的额外收益，仅是教育收益中的一部分，一般对应的是具体的经济或非经济收益。

文凭贬值反映的是微观层面上文凭价值下降的现象，具体是指有一定学历的个人，在社会中无法获得相应的工作岗位和发展需求，只能接受低于学历资格的工作，获取的报酬和发展机遇远远低于学历自身的预期值。文凭贬值是对当前教育投资的整体收益变化情况的描述，描述的对象是教育投资的整体收益，并不仅限于文凭效应。如当研究中提到"高等教育规模扩展造成高等教育文凭贬值"，意思是"投资高等教育的整体收益下降"，而不是指"高等教育文凭给投资者带来的额外收益下降"，前者的范畴更大。

文凭膨胀反映的是宏观层面上文凭数量过度扩张的现象，具体是指在一定范围内的劳动力市场中，从业者的学历文凭普遍得到提升，同时有高学历文凭的从业者增加，超过了劳动力市场对高学历文凭从业者的实际需求。[1] 文凭膨胀现象是文凭贬值的直接原因，前者反映的是教育投资在数量上的变化，后者反映的是教育投资在收益上的变化。

文凭主义是一个社会学的概念，指社会评价个体、给予个体待遇的标准，不是看个体的实力、能力和努力，而是过分重视形式上的文凭，文凭在决定一个人社会地位时比其他因素更具有决定性的作用，社会和个人以追求文凭为目标。文凭主义分为两种，纵向文凭主义是指根据毕业学校的等级、受教育年数的不同而评价有所不同，例如高中毕业比初中毕业的评价高、大学毕业比高中毕业的评价高；横向文凭主义指即使毕业于同等级的学校，因学校的性质、排名、课程、学科等的社会威信不同，而给予不同的评价，例如，所谓"一流大学""精英高校"毕业的人比这以外的学校毕业的人评价高。文凭主义是社会学研究范畴，反映的是社会对待文凭的态度，完全不考虑获得文凭的个人的能力因素。而文凭效应属于经济学研究范畴，是新古典经济学理论框架下的概念，认

---

[1] 范皑皑：《文凭膨胀：高校扩招与毕业生就业的困境与选择》，《教育学术月刊》2013年第4期。

为文凭能够代表一定的个人能力，作为个人能力的筛选信号，以此给个人带来额外收益。因此，文凭主义观念下文凭给个人带来的收益与本书的文凭效应并不是一个概念。

第四节 文献综述

一 关于教育收益的研究

教育与收益之间的关系一直是教育经济学和劳动经济学研究中的经典问题，关于教育收益的研究可谓汗牛充栋。本书将从两方面进行回顾：一是理论层面，主要梳理的是人力资本理论的发展及其与教育收益之间的联系；二是从个人教育收益率出发，通过国际研究比较、国内研究的阶段性分解等来分析已有关于个人教育收益率的文献。

（一）人力资本理论发展与教育收益

在对教育与收益之间关系进行探讨的历史起点上，学术界并没有一致结论，有人认为应该从舒尔茨的人力资本理论正式算起，也有人认为可以追溯到亚当·斯密的《国富论》，甚至有人将时间节点延伸到春秋时期以孔子为代表的儒家学派，等等。

早期的文献中确实记载有"学徒""弟子入则孝，出则悌，谨而信，泛爱众，而亲仁。行有余力，则以学文""学而优则仕"等经典论述，触及"学"与个人发展的关系，但更多的是一种对教育思想的论述，强调的是"为学""为仕""为民""为人"的思想巨著。本书将不详细论述。

早在1776年，亚当·斯密就认为劳动者的技能是经济发展的主要动力。在《国民财富的性质和原因的研究》中他写道："学习一种才能，须受教育，须进学校，须做学徒，所费不少。这些费去的资本，好像已经实现并且固定在学习者的身上。这些才能，对于他个人自然是财产的一部分，对于他所属的社会，也是财产的一部分。……学习的时候，固然要花一笔费用，但这种费用，可以得到偿还，赚取利润。"[①] 他在著作中触及教育投资成本、收益偿还、利润等核心字眼，这也是为什么有人将

[①] [英]亚当·斯密：《国民财富的性质和原因的研究》，郭大力等译，商务印书馆2003年版，第259页。

此著作定位为教育与收益关系研究的起源的缘由。之后，阿尔弗雷德·马歇尔也在著作《经济学原理》中提及"所有资本中最有价值的是对人本身的投资"①，涉及的是"人的投资"问题，已经非常接近人力资本投资的核心。弗里德里希·李斯特也在著作《政治经济学的国民体系》提出区分"物质资本"与"精神资本"，强调教育、科学对经济发展的促进作用，涉及的是宏观层面教育的"社会收益"问题。② 可以看出，许多著名的经济学家都涉及了"人力资本"的核心内涵，但或许是由于所处时代的限制，他们都未对此进行深入发展。

后来发展到1935年，美国哈佛大学经济学家沃什尔发表了《人力资本观》，第一次提出了"人力资本"的概念，并用"现值折算法"将个人的教育投资与未来的收入相比较，计算了教育的经济效益。他将接受不同教育程度所需支付的费用与受教育者所获得的收入进行比较，并考虑了死亡率和就业率等因素，按一定的利率把各年的收入折算成现值后再相加，从而算出各级学校和不同专业的教育净收益，发现收入的现值大于所花费的现值。③

到1960年之后，美国经济学会会长西奥多·舒尔茨发表了一系列主题围绕人力资本的论文，他的研究成果为人力资本理论的形成起到了奠基性的作用。他认为，通过教育、医疗保健、劳动者的迁移、移民和信息获得等途径可形成人力资本，其中教育是一种重要的途径。"尽管在某种程度上教育可以说是一项消费活动，它为受教育的人提供满足，但它主要是一项投资活动，其目的在于获取本领，以便将来进一步得到满足，或增加个人作为一个生产者的未来收入"④，对教育的性质、成本、作用等进行了辩证性分析，"社会和个人为接受教育所付出的各项成本，都是为了获得一种存在于人体之内的，可能提供未来收益的生产性资本。这些收益包括：未来的工资收入、未来的自我雇用和家务活动能力，以及

---

① [英]阿尔弗雷德·马歇尔:《经济学原理》，朱志泰、陈良璧译，商务印书馆1981年版。
② [德]弗里德里希·李斯特:《政治经济学的国民体系》，陈万煦译，商务印书馆1961年版。
③ 曲恒昌、曾晓东:《西方教育经济学研究》，北京师范大学出版社2000年版。
④ [美]西奥多·舒尔茨:《人力资本投资——教育和研究中的作用》，蒋斌、张蘅译，商务印书馆1990年版，第62页。

未来在消费方面的满足感"。① 在特别针对"高等教育的成就"的研究中，他阐述了高等教育投资的风险与不确定性，论述了高等教育投资对整个国家经济发展的作用，"所有的高等教育投资，无论其采取何种形式，都是超前的、长期的、对未来承担义务的，因此都会遭到某种风险和不确定性的困扰"。特别是，"许多低收入国家的发展进程都明显地得益于大学所培养的工程、技术、医学、公共及私人管理工作，以及农业等各个领域的本国专业人才"。他提倡"在低收入国家的正常发展中，高等教育是必不可少的"观点。② 正是由于舒尔茨对人力资本投资的系统性阐述以及该阐述对美国经济发展乃至世界经济发展的杰出贡献，后来者都将他称之为"人力资本之父"。当然，与舒尔茨同一时期深入研究人力资本投资的经济学家还有很多，如研究微观层面增加教育投资对个人经济收益增长的内在关系的雅各布·明塞尔③、系统估计美国高等教育投资收益率的加里·贝克尔④等，他们都因在人力资本理论研究中做出突出贡献而获得了诺贝尔经济学奖。

到20世纪70年代之后，人力资本理论受到了来自筛选理论的强大挑战，甚至经历了一段被质疑的时期，但随着大量经济学家通过一系列的经验分析，人力资本理论经受住了挑战，也进一步得到发展，大致可以分为两个维度：一是宏观层面的发展，代表性论述如1986年保尔·罗默尔在《收益递增与经济增长》中提出的简单的"两时期模型"和"两部门模型"，"把知识作为主要的独立因素纳入生产函数之中，使之成为增长模型的内生变量，同时又把知识分解为一般知识和专业知识，一般知识则会产生外部效应，使所有企业都能获得规模收益，而专业知识则会产生内部效应，只给个别企业带来垄断利润"⑤；1988年罗伯特·卢卡斯

---

① ［美］西奥多·舒尔茨：《对人进行投资——人口质量经济学》，吴珠华译，首都经济贸易大学出版社2002年版，第21—45页。
② 同上书，第46—63页。
③ ［美］雅各布·明塞尔：《人力资本书》，张凤林译，中国经济出版社2001年版，第4页。
④ ［美］加里·贝克尔：《人力资本——特别是关于教育的理论与经验分析》，梁小民译，北京大学出版社1987年版，第2页。
⑤ P. Romer, "Increasing Returns and Long-Run Growth", *Journal of Political Economy*, Vol. 94, No. 5, 1986.

在《论经济发展的机制》中把舒尔茨的人力资本理论和索洛的技术决定论的增长模型结合起来并加以发展所形成的人力资本积累增长模型，在模型中强调劳动者脱离生产、从正规或非正规的学校教育中所积累的人力资本对经济增长的作用。① 经济学家们都尝试把人力资本纳入经济增长模型，从宏观上阐述人力资本理论，揭示了人力资本的外部效应。

二是微观层面的发展，经济学家们开始深入探讨教育与个人能力之间的关系，试图从本质上分析教育过程与能力发展的内在机制，并对能力本身进行重新定义、分解，探讨不同能力对个人经济收益的影响，从而深层次剖析人力资本理论的内涵。代表性的研究有，埃里克·汉纳谢克在2010年美国经济学年会上提出制定一个基于能力的"新人力资本"的研究框架，明确指出早期经济学文献认为人力资本是存在于人体之中的具有经济价值的知识、技能和体力（健康状况）等因素之和，忽略了个人"能力"的内在作用。他认为能力才是新人力资本理论的核心，传统人力资本理论中强调的教育、健康等被视为个人基于自身能力和外部环境进行选择的结果。当然，教育、健康水平会反过来影响能力的后期形成。② 这一理论框架可以更好地指导家庭的人力资本投资，帮助个人获取更高的教育收益。进一步地，越来越多的经济学家开始认识到能力的重要性，尝试将能力区分为认知能力与非认知能力，并用经验材料对非认知能力对个人产生的经济价值进行实证分析，以自尊为例，大量实证研究发现，自尊确实和工作存在积极的正相关关系，是个人工资收益的显著预测变量。③

---

① R. Lucas, "On the Mechanics of Economic Development", *Journal of Monetary Economics*, Vol. 22, No. 1, 1988.

② 李晓曼、曾湘泉：《新人力资本理论——基于能力的人力资本理论研究动态》，《经济学动态》2012年第11期。

③ Judge T. A. & Bono J. E., "Relationship of core self-evaluations trits-self-esteem, generalized self-efficacy, locus of control, and emotional stability-with job satisfaction and job performance: A meta-analysis", *Journal of Applied Psychology*, Vol. 86, No. 1, 2001; Wang L. Y., Kick E., Fraser J. & Burns T. J., "Status attainment in America: The roles of locus of control and self-esteem in educational and occupational outcomes", *Sociological Spectrum*, Vol. 19, No. 3, 1999; Murnane R. J. et al, "Do different dimensions of male high school students' skills predict labor market success a decade later? Evidence from the NLSY", *Economics of Education Review*, Vol. 20, No. 1, 2001; Drago F., "Self-esteem and earnings", *Journal of Economic Psychology*, Vol. 32, No. 3, 2011.

随着人力资本理论的发展，教育与个人未来经济收益的内在关系、作用机制、使用条件等逐渐深化、明确，也更好地促进了教育经济学的发展，成为指导政府与家庭进行教育投资的重要理论参考，促进了经济社会的发展。正是在这一理论的指导下，大量的实证研究开始探讨更加微观层面的问题，如教育投资到底何种程度上影响个人的经济收益；个人教育收益率大小如何；又是如何随着经济发展变化而变化；是否会受其他外界因素的影响；是否存在结构性差异等。接下来，本书将对此进行详细回顾，系统梳理一下有关个人教育收益率的实证研究。

（二）有关个人教育收益率的研究

1. 国际比较

国际上对教育收益率的研究很多，一大批知名的教育经济学家在这一领域进行了长期的研究，如乔治·萨卡洛普洛斯、马丁·卡诺依、亨利·莱文、华特·麦克马洪、埃尔查南·科恩、特雷·G. 盖斯克等，基本上都是基于各个国家的调查数据，利用明瑟收入方程或精确法进行计算，对比分析不同体制、经济发展水平等维度下不同国家的教育收益率差异。以经济发展水平维度为例，尽管不同研究者使用的调查数据、年代特征、计量方法、计量结果等存在着差异，但从反映的总体结果上看，大致可以总结出一些相对普遍的规律，如巴尔比尔·杰恩所概括的那样：

（1）所有的教育收益率都为正，且综合看来，教育收益率要高于物质资本的收益率；

（2）发达国家的教育的个人收益率按三级教育依次递减，依次是：初等教育、中等教育、高等教育。但发展中国家的情况略有不同，表现为，初等教育的个人收益率最高，大学次之，中学的最低；

（3）教育个人收益率大都要高于社会收益率，越是贫穷的国家，这种差距就越大；

（4）从整体上看，发展中国家的教育收益率要高于发达国家的教育收益率。[①]

另外，还有大量研究基于国际数据比较不同性别、地区的教育收益

---

① "Return to Education: Further Analysis of Cross Country Data", *Economics of Education Review*, Vol. 10, No 3, 1991.

率，以及教育收益率的变化趋势情况，以萨卡洛普洛斯的研究为例，他利用 98 个国家的数据对比分析教育收益率后，发现：

（1）女性的平均收益率（9.8%）高于男性（8.7%），特别是女性接受中等教育的收益率（18%）大大高于男性（14%）；而女性高等教育的收益率（10.8%）只略微低于男性（11.0%），并且这之间的差距还在缩小；

（2）亚洲地区的教育明瑟收益率（9.9%）位于世界的平均水平（9.7%），OECD 的高收入国家的收益率（7.5%）较低；非 OECD 的欧洲国家、中东和北非国家的平均教育收益率（7.1%）最低。拉丁美洲和加勒比海等国家的收益率（12.0%）最高；

（3）在过去的 12 年里，虽然教育平均收益率下降了 0.6%，但教育水平得到了提高。因此认为，教育供给的增加已导致教育收益率的轻微下降。[①]

同样地，克劳迪奥·E. 曼缇尼琛和哈利·安东尼·帕特尼斯基于全世界 131 个国家和 545 个家庭的抽样调查数据对不同地区不同阶段教育的教育收益率进行了比较分析，详细的拟合结果见表 1—1 所示，世界范围内小学的平均收益率为 10.3%，中学的平均收益率为 6.9%，大学的平均收益率最高，达到了 16.8%。分地区看，撒哈拉以南的非洲地区各阶段教育收益率均最高，高收入地区的小学教育收益率最低，中东和北非的中学和大学教育收益率最小。[②]

表 1—1　　不同地区不同阶段的教育个人收益率（2013 年）

地区	小学（%）	中学（%）	大学（%）	GDP/人均（按 2005 年 PPP 计算）	国家数（个）
世界范围	10.3	6.9	16.8	6719	74
中东和北非	9.4	3.5	8.9	3645	7

[①] Geoge Psacharopoulas, Harry Anthony Patrinos, "Returns to Investment in Education: A Further Update", *World Bank Policy Research* (working paper), 2002.

[②] Claudio E. Montenegro & Harry Anthony Patrinos, "Returns to Schooling around the World", 2013, http://siteresources.worldbank.org/EXTNWDR2013/Resources/8258024 - 1320950747192/8260293 - 1320956712276/8261091 - 1348683883703/WDR2013_ bp_ Returns_ to_ Schooling_ around_ the_ World. pdf.

续表

地区	小学（%）	中学（%）	大学（%）	GDP/人均（按2005年PPP计算）	国家数（个）
南亚	9.6	6.3	18.4	2626	4
欧洲东部和中部	8.3	4	10.1	6630	7
高收入地区	4.8	5.3	11	31748	6
东亚和太平洋地区	11	6.3	15.4	5980	6
拉丁美洲和加勒比海地区	9.3	6.6	17.6	7269	20
撒哈拉以南的非洲地区	13.4	10.8	21.9	2531	24

资料来源：Claudio E. Montenegro & Harry Anthony Patrinos. "Returns to Schooling around the World", 2013, http：//siteresources. worldbank. org/EXTNWDR2013/Resources/8258024－1320950747192/8260293－1320956712276/8261091－1348683883703/WDR2013_ bp_ Returns_ to_ Schooling_ around_ the_ World. pdf.

经济学界和教育经济学界对教育收益率进行跨国比较研究，一方面，带动了世界各国对教育投资的思考和相应政策的调整，各国逐渐对教育与个人收入、社会发展之间的关系有了明确认识，也落实到教育规划、资源配置和劳动力市场工资体制上，这反过来又促进了教育收益率研究的进展，给国际比较研究提供了广泛的经验材料。另一方面，带动了各发展中国家的教育经济学研究学者加入研究阵营，于中国而言更是如此，由此促进了发展中国家的教育经济学学科的发展，也产生了一大批基于本国经验数据的特色研究。

2. 关于中国个人教育收益率的研究

普遍的观点认为，关于教育经济学的系统介绍和专门研究始于20世纪70年代末80年代初[1]。而最早开始关于中国个人教育收益率的研究则起源于20世纪80年代中期[2]，这一时期经济收入分配领域典型的特征是"脑体收入倒挂"现象较为严重，教育经济学研究者们开始关注教育与个人收入分配的关系。随着国家出台了一系列关于收入和物价的改革措施，

---

[1] 王善迈：《教育投入与产出研究》，河北教育出版社1996年版，第13页。
[2] 孙百才：《中国教育扩展与收入分配研究》，北京师范大学博士学位论文，2005年，第42页。

如确定"工效挂钩"的国有企业工资管理制度,在国家机关和事业单位实行结构工资制,调整不合理的农产品价格,对城镇居民发放价格补贴等,到20世纪90年代中期,"脑体收入倒挂"现象得以缓解,教育与个人收入之间的关系趋于合理。这一时期是关于中国个人教育收益率研究的初期阶段,代表性研究有汀·贾米森和雅克·加格基于甘肃徽县家户调查资料对城乡教育收益率的研究[1]、朱国宏基于《人民日报》公布的不同受教育程度者的收入资料及北京抽样调查中得到的不同年龄组的收入资料估算出教育内部收益率的研究[2]、李实和李文彬利用1988年城镇住户调查数据估算教育的个人明瑟收益率[3]、邵利玲基于国有企业改革中的职工问题调查数据估算的教育明瑟收益率[4]、诸建芳等利用中国劳动力市场的调查数据比较了专业教育和基础教育的个人收益率[5]以及赖德胜使用1995年经济研究所收入分配课题调查数据的研究[6]等,概括起来,有以下主要结论:

(1) 中国教育收益率为正值,表明在中国,教育投资能够影响个人收入的形成和分配;

(2) 中国各级各类教育投资的个人收益率远远低于其他国家相应层次教育的个人收益率,甚至明显低于教育收益率最低的发达国家,存在收入分配的"脑体相对倒挂";

(3) 与其他多数国家的情况相似,初等教育收益率在所有教育层次中最高,高等教育的收益率在三级教育中最低;

(4) 女性职工的教育收益率高于男性职工的教育收益率。

这一时期关于中国个人教育收益的研究呈现以下几个特点:

---

[1] Jamison D., Gaag J., "Education and Earning in the People's Republic of China", *Economics of Education Review*, Vol.6, No.2, 1987.

[2] 朱国宏:《中国教育投资的收益:内部收益率的衡量》,《复旦教育论坛》1992年第3期。

[3] 李实、李文彬:《中国教育投资的个人收益率的估计》,载赵人伟等《中国居民收入分配研究》,中国社会科学出版社1994年版。

[4] 邵利玲:《国有企业内部职工个人收入差异的因素》,载杜海燕《管理效率的基础:职工心态与行为》,上海人民出版社1994年版。

[5] 诸建芳、王伯庆、[美]恩斯特·使君多福:《中国人力资本投资的个人收益率研究》,《经济研究》1995年第12期。

[6] 赖德胜:《教育、劳动力市场与收入分配》,《经济研究》1998年第5期。

①研究数据相对匮乏，大规模、全国性、代表性的大数据相对较少；

②缺乏对农村教育收益率的专门研究，大部分研究集中在城镇居民、国企职工等群体上，这与当时劳动力市场、户籍制度、经济发展水平与结构等密切相关；

③在研究方法、技术上相对单一，这一方面受限于当时数据可得性，另一方面与当时统计技术、统计软件等操作性工具匮乏有关。

从 20 世纪 90 年代后期至 2005 年左右，随着中国教育规模快速扩展、市场化改革、国有企业制度变革等逐步深化，劳动力市场结构发生变化，职工收入分配体系进行了调整，同时城乡居民收入差距随之扩大。在这一时期，关于中国个人教育收益率的研究为解释教育与收入关系、居民收入分配制度改革等提供了经验依据。魏新和邱黎强应用明瑟收入法，估算了 7 个省市的教育个人收益率，从整体上看，1996 年 7 个省市的教育平均个人收益率为 6.4%；分地区看，中部的个人收益率最高，东部和西部比较接近。[①] 陈晓宇和闵维方使用中国教育收益率调查数据，将教育程度分别处理为文盲、小学、初中、高中、大专、中专、本科等不同的虚拟变量后，得到了各级教育的明瑟收益率。[②] 陈晓宇等使用国家统计局年度城镇住户调查数据，分别计算了 1991 年、1995 年和 2000 年的明瑟教育收益率。[③] 张俊森和赵耀辉利用北京、辽宁、浙江、四川、广东、山西 6 个省市 1988—1999 年的数据，估算了每个年份的城镇职工的教育个人收益率，1988 年的教育收益率为 4.7%，1999 年为 11.5%，该研究还引入了一些控制变量，对不同性别、工龄、地区估算了私人的明瑟收益率。[④] 同样地，李实和丁塞利用抽样调查数据对 1990—1999 年中国城镇私人教育收益率的动态变化进行了经验估计，并根据不同的学历水平估算了大学、大专、中专、高中和初中的教育收益率；另外，在模型中加入了性别、党员身份、工作单位性质、单位赢利状况、单位所在产业、

[①] 魏新、邱黎强：《中国城镇居民家庭收入及教育支出负担率研究》，《教育与经济》1998 年第 4 期。

[②] 陈晓宇、闵维方：《我国高等教育个人收益率研究》，《高等教育研究》1998 年第 6 期。

[③] 陈晓宇、陈良焜、夏晨：《20 世纪 90 年代中国城镇教育收益率的变化与启示》，《北京大学教育评论》2003 年第 2 期。

[④] Zhang J., Zhao Y., "Economic Returns to Schooling in Urban China, 1988 - 1999", *World Bank Discussion Draft*, 2002.

地区等控制变量,分别计算了平均教育收益率和不同学历结构的教育收益率。[1]

上述阶段关于个人教育收益率的研究相对初始阶段在范围、数据样本量、研究方法等上都有了明显的提升,研究文献数量也大规模增长。但在研究技术、细节、样本内部关系、聚焦对象等上仍然存在着不足,较多的文献在计量个人教育收益率的大小及其变化趋势,在关于个人教育收益率产生及其影响机制的研究上较为缺乏。

从 2005 年左右至今,随着广泛开展的全国性调查保障了数据获取、统计软件技术的推广保证了数据的转化以及教育经济学者的学科背景分布更趋合理,有关个人教育收益率的研究呈井喷式增长,这一阶段的研究呈现出以下几点特征:

(1) 横向分布上,研究对象的范围更为广泛,分类更为细致,研究结果的参考性更强。如王海港等关于城镇居民教育收益率的地区差异研究[2]、刘万霞关于中国农民工教育收益率的研究[3]、杜育红等关于欠发达地区城镇个人教育收益率的研究[4]、孙百才关于西北地区少数民族农村居民教育收益率的研究[5]、方长春关于教育收益率的部门差异研究[6]、王云多对不同地区、行业和性别因素下人力资本收益率的研究[7]以及廖娟关于中国残疾人教育收益率的研究[8]等;

(2) 纵向分布上,大量研究尝试基于实证数据分析外部因素对个人

---

[1] 李实、丁塞:《中国城镇教育收益率的长期变动趋势》,《中国社会科学》2003 年第 6 期。

[2] 王海港、李实、刘京军:《城镇居民教育收益率的地区差异及其解释》,《经济研究》2007 年第 8 期。

[3] 刘万霞:《我国农民工教育收益率的实证研究——职业教育对农民收入的影响分析》,《农业技术经济》2011 年第 5 期。

[4] 杜育红、周雪飞、金绍梅:《欠发达地区城镇个人教育收益率——以内蒙古赤峰市为例的研究》,《西北师大学报》(社会科学版) 2006 年第 1 期。

[5] 孙百才:《西北少数民族地区农村居民的教育收益率研究》,《西北师大学报》(社会科学版) 2013 年第 1 期。

[6] 方长春:《教育收益率的部门差异及其引发的思考——以东部一个发达城市为例》,《贵州社会科学》2011 年第 9 期。

[7] 王云多:《试析地区、行业和性别因素对人力资本收益率的影响》,《人口与经济》2009 年第 6 期。

[8] 廖娟:《中国残疾人教育收益率研究》,《教育学报》2015 年第 1 期。

教育收益率的冲击作用，并试图探讨外界因素与受教育程度对个人收入的交互作用机制。如吴克明和孟大虎从劳动力流动制度的视角分析高等教育收益率上升的原因[①]、何亦名分析教育扩张对教育收益率产生的影响[②]、周金燕和钟宇平从产权制度上解释经济转轨中教育收益率的变动[③]、齐良书分析国有部门劳动工资制度改革对教育收益率的影响[④]等；

（3）分析技术上，主要表现在两方面：一是研究开始越来越关注数据结构本身的特性，强调对数据样本的代表性、准确性及无偏性；二是开始注重所用计量模型的准确性，变量在设置、选取、转换等上是否存在遗漏或相关等，统计手段是否科学合理等。代表性文献如刘泽云明确指出在很多根据明瑟收入方程估计教育收益率研究中存在遗漏变量、测量误差、选择偏差和异质性等问题[⑤]、王明进和岳昌君[⑥]、钱争鸣和易莹莹[⑦]以及戴平生[⑧]使用半参数GAM模型重新计量中国教育收益率、简必希和宁光杰分析异质性对教育回报的影响[⑨]、于洪霞探讨生命周期偏误与中国教育收益率的关系[⑩]、赵西亮和朱喜利用倾向指数匹配方法重新估计城镇居民的大学教育收益率[⑪]、郭小弦和张顺基于分位数回归模型探讨中国城市居民教育收益率的变动趋势及其收入分配效应[⑫]以及孙志军利用双胞

[①] 吴克明、孟大虎：《高等教育收益率上升新解：劳动力流动制度的视角》，《高等教育研究》2007年第1期。

[②] 何亦名：《教育扩张下教育收益率变化的实证分析》，《中国人口科学》2009年第2期。

[③] 周金燕、钟宇平：《教育对中国收入不平等变迁的作用：1991—2006》，《北京大学教育评论》2010年第4期。

[④] 齐良书：《国有部门劳动工资制度改革对教育收益率的影响——对1988—1999年中国城市教育收益率的实证研究》，《教育与经济》2005年第4期。

[⑤] 刘泽云：《教育收益率估算中的几个方法问题》，《北京大学教育评论》2009年第1期。

[⑥] 王明进、岳昌君：《个人教育收益率的估计与比较：一个半参数方法》，《统计研究》2009年第6期。

[⑦] 钱争鸣、易莹莹：《中国教育收益率统计估计与分析——基于参数和半参数估计方法的比较》，《统计研究》2009年第7期。

[⑧] 戴平生：《半参数GAM模型下我国教育收益率的分析》，《数理统计与管理》2015年第1期。

[⑨] 简必希、宁光杰：《教育异质性回报的对比研究》，《经济研究》2013年第2期。

[⑩] 于洪霞：《生命周期偏误与中国教育收益率元分析》，《经济研究》2013年第8期。

[⑪] 赵西亮、朱喜：《城镇居民的大学教育收益率估计：倾向指数匹配方法》，《南方经济》2009年第11期。

[⑫] 郭小弦、张顺：《中国城市居民教育收益率的变动趋势及其收入分配效应——基于分位回归模型的分析》，《复旦教育论坛》2014年第3期。

胎数据分析教育收益率①等。

综上而言，从20世纪80年代中期至今，关于中国个人教育收益率的研究取得了巨大进步，有效带动了教育经济学新兴学科的发展，也帮助政府、家庭、个人有效地选择教育投资及其相关资源配置。研究文献整体上呈现为四大特征：

（1）研究对象逐步扩大，横向分布逐渐延伸；

（2）关于个人教育收益率的外部影响机制的研究逐渐深化，剖析了教育在劳动力市场中发挥的作用机制，纵向上推动个人教育收益率研究扩展；

（3）研究数据来源越来越具有科学性、代表性、综合性、准确性、结构性等；

（4）研究的计量模型更强调无偏性、避免内生、自选择、异质性等因素干扰，同时在统计方法和计量软件使用上更强调科学性。

然而，需要指出的是，尽管关于个人教育收益率的研究无论在数量上还是在质量上都显著提升，但是目前为止，依然很少有关于教育这一因素本身如何给个人带来收益的内在机制的研究，更多的是假定教育与生产率之间存在着正相关关系。然而这种假定是未经过验证，即使人力资本理论发展至今经历了60多年，依然没有足够的实证研究证明了这种假设。教育与个人能力、劳动生产率的关系依然停留在"黑箱"之中。20世纪70年代国外兴起的筛选理论尝试将这个"黑箱"揭开，并提出教育具有信号功能，对人力资本理论提出了巨大挑战。尽管这两个理论从"对立""互认"开始走向"融合"②，研究者们在对教育具有生产性功能和信息功能的认识逐渐取得一致，然而新的问题也随之出现，教育的两大功能何者更为重要？各功能能够解释多大程度的个人收入差异？这些问题都推动了个人教育收益率研究的深入发展，从教育作用于人的内在机制出发，探讨个人教育收益率的组成成分。这将是个人教育收益率研

---

① 孙志军：《基于双胞胎数据的教育收益率估计》，《经济学》（季刊）2014年第3期。

② ［美］马丁·卡洛依：《教育经济学国际百科全书》（第2版），高等教育出版社2000年版，第42页；Weiss A., "Human capital vs. signaling explanations of wages", *Journal of Economic Perspectives*, Vol. 9, No. 4, 1995; Chatterji M., Seaman P. T., Singell L. D., "A test of the signaling hypothesis", *Oxford economic papers*, Vol. 55, No. 2, 2003.

究新的方向和难点。而目前来看，中国在这方面的研究很少，需要进一步推动研究。

二 关于文凭效应的研究

（一）文凭效应研究的理论缘起

20 世纪 60 年代初至 70 年代中期，人力资本理论经历了风靡全球的黄金时代，在这一时期，各国依据该理论大规模发展教育，以期实现经济社会快速发展。然而教育大规模扩展后并未实现期望中的经济增长，反而出现了一系列人力资本理论无法解释的问题，如大学生失业现象、居民间以及国家间的贫富差距拉大、国家生产率不升反降等。以美国为例，美国受过高等教育的劳动力的年均增长率，50 年代为 3%，60 年代为 6%，但 60 年代人均生产率仅有 50 年代的一半；70 年代美国进入了高等教育大众化时代，但人均生产率的年增长率仅为 50 年代的 1/3。劳动生产率不仅没有像人力资本断言的那样，随教育水平的提高而相应提高，反而有所下降。[①] 为什么现实与人力资本理论的一些基本论点大相径庭？教育与社会经济发展到底什么关系？这是当时学界迫切需要回答的问题。正是在这一时期，起源于非对称信息研究领域的筛选理论开始崭露头角，并能够很好地回答这些现实中的难题。其中最经典的三篇文献分别是 1970 年乔治·阿克尔洛夫在《经济学季刊》发表的文章"柠檬市场：质量不确定性与市场机制"[②]、1973 年迈克尔·斯宾塞在《经济学季刊》上发表的文章"就业市场中的信号传递"[③] 以及 1975 年约瑟夫·斯蒂格利茨在《美国经济评论》上发表的文章"信号理论，教育和收入分配"[④]。正是由于阿克尔洛夫、斯宾塞和斯蒂格利茨三人在信息不对称领域产出的杰出成果，共同推动了人们对信息经济学领域的关注，他们也因此共同获得了 2001 年诺贝尔经济学奖。他们三人的研究成果也构成了筛选理

---

① 曲恒昌：《"筛选理论"与"文凭疾病"的防治》，《北京师范大学学报》（社会科学版）1998 年第 3 期。

② Akerlof G., "The market for 'lemons': quality uncertainty and the market mechanism", *Quarterly Journal of Economics*, Vol. 84, No. 3, 1970.

③ Spence M., "Job market signaling", *Quarterly of Journal of Economics*, Vol. 87, No. 3, 1973.

④ Stiglitz J., "The theory of 'screening', education, and the distribution of income", *American Economics Review*, Vol. 65, No. 3, 1975.

论的核心,并给人力资本理论带来了极大挑战,同时也拉开了历时四十多年的理论论战。教育到底是提高个人能力,还是仅作为筛选装置分离不同能力的个人,是这两大理论争论的核心。研究者们试图从多个维度、方法来证实或证伪某一理论,代表性的方法有,第一,威尔斯·皮特提出的"学用结合收入效应法",假如教育仅作为个人能力的信号装置,并不能提高个人能力,则个人所学专业与未来从事工作的劳动生产率并无关系,由此可通过验证学用结合状况与个人未来收入间的相关关系来验证筛选理论是否成立。[①] 如保罗·米勒和保罗·沃尔克分析澳大利亚科技和经济学专业毕业生的起薪后得出了混合结果,经济学专业毕业生、科技专业女性毕业生的学用结合状况与起薪并无显著关系,而科技专业男性毕业生的学用结合状况与收入呈正相关关系。[②] 这种方法的难点在于如何定义"学用结合",这与当前高校专业及课程体系设置、劳动力市场自身结构特性等有关,难以形成一个有说服力的划分标准。第二,约翰·雷利提出的"筛选组"与"非筛选组"的"教育—收入"之间关系的组别差异法,在真实劳动力市场中,不同工作环境下的信息不对称程度并不一致,将那些"信息不对称程度较为严重,需要教育信号功能筛选员工"的环境定义为"筛选组",而将那些"信息不对称程度较低,教育信号作用需求较弱"的环境定义为"非筛选组",如果现实中教育与收入之间的关系在"筛选组"与"非筛选组"之间存在显著差异,则证明了教育的信号功能。[③] 如何定义"筛选组"与"非筛选组"是该方法的弊端,个人是否进入"筛选组"与其自身的风险偏好程度也有关,如风险厌恶型的个人倾向于接受更高程度教育以进入风险较低的"筛选组"职业,但可能该职业的收入水平较低,由此影响该方法的结果判断。第三,观察过度教育发生率,曼欧吉·查特吉等认为,在其他条件相同的状况下,不同规模企业、工作环境下的监督成本存在差异,为避免高昂的培训成

[①] Wiles P., "The correlation between education and earnings: the external-test-not-content hypothesis (ETNC)", *Higher Education*, Vol. 3, No. 1, 1974.

[②] Miller P. W., Volker P. A., "The screening hypothesis: an application of the Wlies test", *Economic Inquiry*, Vol. 22, No. 1, 1984.

[③] Riley J. G., "Testing the educational screening hypothesis", *Journal of Political Economy*, Vol. 87, No. 5, 1979.

本或较低的培训效益,监督成本大的企业倾向于招聘教育程度高的个人,并给予其高工资,由此造成工作岗位所需的教育程度低于员工实际接受的教育程度,产生的过度教育现象则是教育信号功能的体现。[1] 该方法的弊端是,现实中的劳动力市场并不是完全竞争的,过度教育的产生也可由人力资本理论进行解释。第四,比较绝对教育年限与相对教育位置的收入效应,尤金·罗克和克里斯·组布姆认为,假如教育充当能力信号,将存在着"物以稀为贵"的市场原则,教育信号价值的大小取决于个人教育程度在劳动力群体教育程度分布中的相对位置,如果个人教育程度不变但劳动力群体教育程度整体上升,则个人相对教育位置下降,教育信号功能降低。[2] 该方法对分析对象的要求较高,如需在相同性别、年龄段、时间段等条件下的样本进行分析。第五,文凭效应法,理查德·莱亚德和乔治·萨卡洛普洛斯认为,如果教育充当能力信号,那么能否拿到毕业证就是个人能力高低的体现,如果不能毕业,说明个人无法通过教育的筛选,间接反映出个人的低能力,为此,通过验证高等教育文凭是否使个人获得额外收益来区分人力资本理论与筛选理论[3]。该方法对数据样本量及其结构要求较高,必须同时拥有样本的受教育年限、最高教育文凭、是否辍学等相关变量。在上述众多方法中,最为常用的是"文凭效应法",许多不同国家的研究者从不同角度研究了文凭效应,并使得文凭效应的测度成为检验筛选理论最为常用的方法之一。[4]

(二) 文凭效应的实证检验

关于文凭效应的实证研究很多,其中关于美国文凭效应的研究最多,其他发达或发展中国家均有研究,如新西兰、加拿大、爱尔兰、英国、日本、以色列、新加坡等,具体如表1—3所示。从目前文献上看,大致可以将关于文凭效应的研究划分为三类:一是利用各国的经验材料来验证文凭效应是否存在,不同学科、学历层次的文凭效应是否存在差异;

---

[1] Chatterjji M., Seaman P. T., Singell L. D., "A test of the signaling hypothesis", *Oxford Economic Papers*, Vol. 55, No. 2, 2003.

[2] Kroch E. A., Sjoblam K., "Schooling as human capital or a signal: some evidence", *Journal of Human Resources*, Vol. 29, No. 1, 1994.

[3] Layard R., Psacharopoulous G., "The Screening Hypothesis and the Returns to Education", *Journal of Political Economy*, Vol. 82, No. 5, 1974.

[4] 李锋亮:《教育的信息功能与筛选功能》,北京大学出版社2008年版,第61页。

二是考虑文凭效应的异质性问题，对比不同类别群体的文凭效应大小，如种族、性别、部门、公司大小等；三是如何解释已经被发现或被证伪的文凭效应等。接下来，本书将对上述三类文献进行梳理，并在最后呈现国内关于文凭效应研究的现实状况。

第一，检验文凭效应是否存在。

托马斯·亨杰福德和加里·索洛伦利用断点样条函数来分析1978年美国人口现状调查（CPS）中年龄在25—64岁的白人男性非农样本数据（N=16498），发现，美国白人男性在文凭获取年份（第8、12、16年）的收益率比其他非文凭获取年份的收益率高，其中，第7、8、9年分别为5.8%、8.2%、4.2%，第11、12、13年分别为4.2%、7.7%、4.5%，第15、16、17年分别为4.5%、13.4%、0.7%。[1] 赫克曼也发现在文凭获取年份的教育收益率更高，因此断定劳动力市场中存在着教育收益率的不连续跳跃现象。[2] 同样使用CPS1991和1992年数据（N=18699），大卫·积家和玛丽安·佩奇对比不同计量方法发现，仅使用受教育年限进行测度时，美国男性白人的本科文凭效应为12%，而同时使用连续型的受教育年数变量和学位获得状况数据进行测度时发现本科教育文凭效应大大提高，达到了31%。进一步地，将连续型的受教育年限转化成为离散的受教育年限变量，分析不同受教育年份的收益状况，拟合结果如图1—3所示，加入文凭变量之后，在第13年明显降低（下降部分反映出"入学的门槛效应"），在第16、18年收益显著下降（下降部分体现出文凭带来的额外收益），再一次验证了教育收益的不连续跳跃现象。[3] 与此研究相似的，洛·万和克里斯·萨克拉里乌利用危地马拉1989年全国家庭调查（NHS）中年龄在21—65岁的非农工作的男性样本（N=5863）

---

[1] Hungerford T. & Solon G., "Sheepskin effects in returns to education", *The Review of Economics and Statistics*, Vol. 69, No. 1, 1987.

[2] Heckman J., Lochner L. J. & Todd P. E., "Human capital pricing equations with an application to estimating the effect of schooling quality on earnings", *Review of Economics and Statistics*, Vol. 78, No. 4, 1996.

[3] Jaeger D., Page M., "Degrees matter: new evidence on sheepskin effects in the returns to education", *Review of Economics and Statistics*, Vol. 78, No. 4, 1996.

同样证明了教育存在非线性回报，教育收益是不连续的。[1]

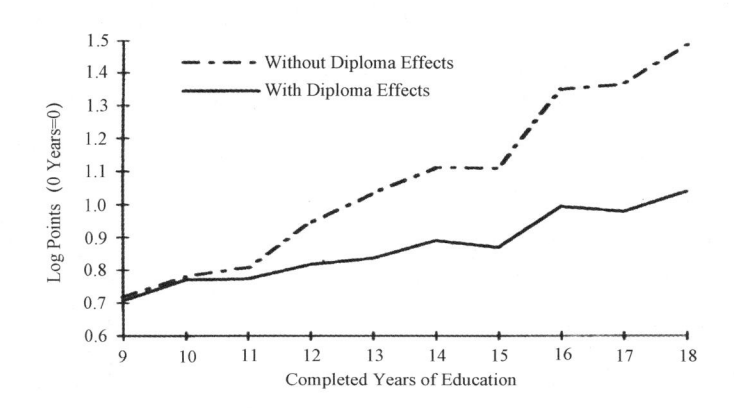

图1—3 不同受教育年限下个人收入对数的变动情况

资料来源：Jaeger D., Page M., "Degrees matter: new evidence on sheepskin effects in the returns to education", *Review of Economics and Statistics*, Vol. 78, No. 4, 1996.

戴尔·贝尔曼和约翰·海伍德利用美国1991年人口调查数据中年龄在25—64岁的白人男性样本（N=68838）计量出高中和大学的文凭效应分别为7.14%和15%。[2] 同样地，金·帕克则对1990年现代人口调查中年龄在25—64岁的样本（N=12187）计算出高中和大学的文凭效应分别为9.3%和23.5%。[3] 研究结果与贝尔曼和海伍德的结果存在差异。菲利普·特罗斯特尔和伊恩·沃克尔重新匹配1991年和1992年美国人口现状调查数据，分析年龄在25—64岁的非自我雇用的样本（N=71371），发现，高中、社区大学、职业副学士、学术副学士、学士、硕士、专业硕士和博士的边际文凭效应分别为11.3%、6.8%、7.9%、17.6%、

---

[1] Ve Low Wan, Chris Sakellariou, "Sheepskin Effects in the Returns to Education", https://www.researchgate.net/publication/2508150_Sheepskin_Effects_in_the_Returns_to_Education.
[2] Belman D., Heywood J. S., "Sheepskin effects by cohort: implications of job matching in a signaling model", *Oxford Economic Papers*, Vol. 49, No. 4, 1997.
[3] Park J. H., "Estimation of sheepskin effects using the old and the new measures of educational attainment in the Current Population Survey", *Economics Letters*, Vol. 62, No. 2, 1999.

30.7%、7.8%、26.1%和16.5%。[1] 哈特戈·乔普发现，文凭效应在基础教育中并不明显，但在大学层次中显著存在。[2] 杰里米·阿克斯利用1993年全国青年纵向调查（NLSY1993）中年龄在28—30岁的男性样本（N=1064）验证了高中和大学的文凭效应均显著存在，大小分别为5.7%和21.2%。[3] 帕特里诺斯·哈里·安东尼和玛丽亚·保拉·萨凡蒂利用阿根廷2002年城镇家庭调查（EPH）中年龄14—65岁的样本（N=9309），发现初中、高中和高等教育的文凭效应分别为2.1%、10%和17.4%。[4] 琨利用匈牙利毕业生职业追踪系统2011年和2012年数据（HGCTS，$N_{2011}=20453$，$N_{2012}=24890$）直接对比有文凭和没有文凭的个体的平均工资，发现在BA/BSc，Pre-Bologna college，Pre-Bologna or undivided university，MSc均存在明显的文凭效应。[5] 从国际比较上看，凯文·丹尼和科尔姆·哈尔莫同时分析美国（N=815）、加拿大（N=1066）、瑞士（N=740）、英国（N=987）和爱尔兰（N=531）5国的国际成人艺术调查数据（IALS），发现，除加拿大外，其他四国在各层次教育均存在显著的文凭效应，以瑞士为例，lower secondary、upper secondary、third level-non-degree和third level-degree & postgard的文凭效应分别为7.4%、15.1%、30.2%和36.2%。[6]

第二，文凭效应的组别差异。

安娜·费勒和克雷格·里德尔利用1996年美国人口调查数据分析了不同学科下不同层级教育的文凭效应的性别差异，详细的研究结果如表1—2所示，他们发现，不同层级教育的文凭效应存在性别差异，且在

---

[1] Philip Trostel, Ian Walker, "Sheepskin effects in work behavior", *Applied Economics*, Vol. 36, No. 17, 2004.

[2] Hartog J., "To graduate or not: does it matter?" *Economics Letters*, Vol. 12, No. 2, 1983.

[3] Arkes J., "What do educational credentials signal and why do employers value credentials?" *Economics of Education Review*, Vol. 18, No. 1, 1999.

[4] Patrinos Harry Anthony, Maria Paula Savanti, "The Screening Hypothesis and the Returns to Schooling in Argentina", *Research in Applied Economics*, Vol. 6, No. 3, 2014.

[5] Kun A. I., "The Sheepskin Effect in the Hungarian Labour Market 2010 – 2012", *Annals of the University of Oradea: Economic Science*, Vol. 23, No. 1, 2014.

[6] Denny K. J, Harmon C. P., "Testing for sheepskin effects in earnings equations: evidence for five countries", *Applied Economics Letters*, Vol. 8, No. 9, 2001.

不同学科上表现并不一致。① 恩帕·庞斯基于 1991 年西班牙社会传记和阶层结构调查（ECBC）中年龄在 19—65 岁、有工资的非自我雇用系列样本数据（N=2195）发现，男性中仅有高中文凭获取年份存在显著收益，女性中所有文凭获取年份均不存在显著的额外收益。② 贝尔曼和海伍德发现，相对白人而言，少数族裔高中教育的文凭效应较低，但大学和研究生教育的文凭效应较高。③ 约翰·葛碧森利用新西兰 1996 年教育和培训调查（ETS）数据（N=10895）分析文凭效应的种族差异发现，在较低层次教育上，European/Pakeha 和少数民族 Maori/Pacific 之间并不存在显著差异，但在研究生层次上差异显著，少数民族的文凭效应远远高于非少数民族④。约翰·毕泽安混合 1999—2003 年美国人口现状调查数据后分析发现，白人持本科或其以下层次教育的文凭就可获取较高收益，而黑人则需要研究生教育文凭才能获取高收益。⑤ 而积家和佩奇发现文凭效应并不存在显著的性别和种族差异，但职业教育与普通教育之间的文凭效应存在显著差异。⑥ 皮特·范德梅尔在混合 1999 和 2003 年荷兰设施和服务使用情况调查数据后，发现高中和大学的文凭效应为 9.3% 和 32.4%，而中等职业教育和高等职业教育的文凭效应分别为 7% 和 17.9%，也证明了文凭效应在职业教育与普通教育之间存在差异。⑦

---

① Ana Ferrer & W. Craig Riddell, "Sheepskin Effects and the Returns to Education", 2001, http://qed.econ.queensu.ca/pub/jdi/deutsch/edu_ conf/Ferrer.pdf.
② Empar Pons, "Diploma effects by gender in the Spanish Labour Market", *Labour*, Vol.20, No.1, 2006.
③ Belman D. & Heywood J. S., "Sheepskin effects in the returns to education: an examination of women and minorities", *Review of Economics and Statistics*, Vol.73, No.4, 1991.
④ Gibson J., "Sheepskin effects and the returns to education in New Zealand: do they differ by ethnic groups?" *New Zealand Economic Papers*, Vol.34, No.2, 2000.
⑤ John D. Bitzan, "Do sheepskin effects help explain racial earnings differences?" *Economics of Education Review*, Vol.28, No.6, 2009.
⑥ Jaeger D., Page M., "Degrees matter: new evidence on sheepskin effects in the returns to education", *Review of Economics and Statistics*, Vol.78, No.4, 1996.
⑦ Van der Meer Peter H., "Educational credentials and external effects: A test for the Netherlands", *Research in Social Stratification and Mobility*, Vol.29, No.1, 2011.

表1—2　　　　　　　　不同学科下文凭效应的性别差异　　　　　　　　（%）

高中	男性	5.3				
	女性	6.4				
		社会科学	商学	工程	卫生	理学
专科文凭/行业证书	男性	0	6	10	4	-7.7
	女性	0	5.7	15.4	18	0
学士学位	男性	14	33	47	34	27
（相对于高中毕业生）	女性	25	35	55	48	32
硕士学位	男性	6	15	0	0	0
（相对于学士学位）	女性	8	13	0	0	0

资料来源：Ana Ferrer & W. Craig Riddell, "Sheepskin Effects and the Returns to Education", 2001, http://qed.econ.queensu.ca/pub/jdi/deutsch/edu_conf/Ferrer.pdf.

　　安娜·克雷斯波和毛里西奥·科尔特斯·里斯基于巴西国家家庭抽样调查（PAND）中年龄在25—60岁的非自我雇用都市样本数据（N_{1982} = 71366、N_{1992} = 55542、N_{1998} = 63920、N_{2004} = 83988），利用样条函数分析文凭在1982年到2004年巴西劳动力市场中的价值变化，发现，巴西劳动力市场中文凭效应显著存在，但文凭效应模式（Patterns）改变非常大，文凭的重要性随着时间在减少。相对基础教育而言，低学位在1982年显著影响收入，但到2004年已经不重要了，高学位的作用也在减少，但依然发挥作用。[1] 刘旭和莫里·冈德森利用1995年和2002年中国家庭收入调查数据中年龄在16—65岁的非自我雇用的城镇样本数据（N_{1995} = 10230，N_{2002} = 8954）分析文凭效应的变动情况发现，1995年初中、高中、技校、两年制学院、四年制大学的文凭效应分别为10.2%、10.6%、21%、17.8%和32.6%。而2002年初中、高中、技校、两年制学院、四年制大学和研究生的文凭效应分别为20.6%、18.8%、36.6%、49.8%、59.8%和87%，文凭效应显著上升，原因与中国在该时段的市场经济发展及人才

---

[1] Anna Crespo & Mauricio Cortez Reis, "Sheepskin effects and the relationship between earnings and education: analyzing their evolution over time in Brazil", *Revista Brasileira de Economia*, Vol. 63, No. 3, 2009.

资源配置体系变化等有关。① 胡安·穆罗和杰恩·詹姆斯·莫拉利用英属哥伦比亚国家家庭调查（NHS）数据考察文凭效应的年代变化，发现，高中和大学的文凭效应在 1996 年为 6.2% 和 -4.2%，而在 1997 年为 11.2% 和 8.9%，在 1998 年为 8.4% 和 27.6%，在 1999 年为 17% 和 30.9%，在 2000 年为 14.4% 和 46%，整体上呈上升趋势。②

胡安·穆罗利用 2000 年哥伦比亚全国家庭调查数据发现，高中毕业文凭带来 13% 的额外收益而大学文凭带来 17% 的额外收益，并采用分位数回归对不同收入人群进行细分，认为高中文凭带来的额外收益在 7%—17% 范围内波动，而大学文凭的波动范围为 17%—27%。③

此外，文凭效应还与劳动力市场的组织结构有关，约翰·海伍德发现，在没有工会组织的私有部门中文凭效应最大，在公共部门以及有工会组织的部门中文凭效应很小甚至不显著。④ 埃姆帕·庞斯和胡安·布兰科的研究结果与海伍德的研究发现正好相反，他们基于西班牙 1991 年社会传记和层级结构调查（ECBC）中年龄在 19—65 岁的非自我雇用样本（N=2195）分析文凭效应的部门差异发现，文凭效应在公共部门明显，但在私立部门相对较小，从具体数字上看，公共部门的 EGB 和大学的文凭效应分别为 20.2% 和 13.3%，而私立部门的 EGB 和大学的文凭效应分别为 10% 和 7.6%。⑤ 托马斯·鲍尔等对日本不同规模公司的文凭效应进行比较，小公司文凭效应显著但大公司文凭效应并不明显，他们认为这一结果与日本公司职员招聘与晋升的方式密切相关，大公司更多依靠内部劳动力市场完成招聘与晋升，而小公司多利用证书的信号作用来招聘

---

① Liu Xiu, Morley Gunderson, "Credential effects and the returns to education", *Labour: Review of Labour Economics and Industrial Relations*, Vol. 27, No. 2, 2013.

② Mora J. J., Muro J., "Sheepskin effects by cohorts in Colombia", *International Journal of Manpower*, Vol. 29, No. 2, 2008.

③ Mora J. J., "Sheepskin effects and screening in Colombia", *Colombia Economic Journal*, Vol. 1, No. 1, 2003.

④ Heywood J. S., "How widespread are sheepskin returns to education in the U. S. ?" *Economics of Education Review*, Vol. 13, No. 3, 1994.

⑤ Pons E. & Blanco J. M., "Sheepskin effects in the Spanish labour market: a public-private sector analysis", *Education Economics*, Vol. 13, No. 3, 2005.

新职员。[1]

第三，如何解释已经被证实或被证伪的文凭效应。

从既有文献上看，不管是否发现或证实文凭效应，学者们对文凭效应的解释存在很大的分歧。在文凭效应的内涵解读上，沙巴尔·塔伊布基于巴基斯坦家庭收入与支出调查（HIES）和移民调查（MS）中男性工人数据（N=541）探讨文凭效应背后表征的真实信息及其作用机制，发现，在巴基斯坦劳动力市场中所有文凭（四种：Matric/Intermediate/B. A. /M. A.）均存在显著的文凭效应（大小分别为 9.4%、32.3%、17.4% 和 49.2%），但加入家庭背景变量（以父亲受教育程度、父亲收入、母亲收入为代理变量）之后，文凭效应未发生明显变化，研究结果是稳健的，由此作者认为，被观察到的文凭效应应该表征除了家庭背景外的其他方面的能力信息或其他相关影响因素。[2] 相反的是，欧内克·迈克尔发现，在控制了受教育年限下拥有文凭的人比没有文凭的人具有更高的收益率，进一步控制个人能力与家庭背景的变量后，文凭效应则大大下降。[3] 弗洛雷斯·拉冈尼斯·阿方索和奥德丽·莱特基于 1979 年开启的美国全国青年纵向调查（NLSY79）数据（N=12686）分析辍学生和毕业生的技能差异，在控制学位状况下，对于高中和大学辍学者而言，接受教育的边际效用为正，而对于高中和大学毕业者而言，边际效用为负，即待在学校时间越长的辍学生技能越高，而待在学校时间越短的毕业生技能越高，原因在于：（1）个人的能力是不同的；（2）在相同年限下，高能力个体比低能力个体取得更多技能；（3）当个体能力达到一个给定门槛时就会被授予学位；（4）不同能力个人终止学习的速度是有差异的。[4]

在研究结果的理论倾向上，部分研究者认为筛选理论更能解释文凭

---

[1] Thomas K. Bauer, Patrick J. Dross & John P. Haisken-DeNew, "Sheepskin effects in Japan", *International Journal of Manpower*, Vol. 26, No. 4, 2005.

[2] Shabbir Tayyeb, "Sheepskin Effects of Investment in Schooling: Do They Signal Family Background? Case of Pakistan", *Pakistan Journal of Commerce & Social Sciences*, Vol. 7, No. 1, 2013.

[3] Olneck Michael, "The Effects of Education", In Christopher Jencks C. et al. ed., *Who gets ahead? The determinants of economic success in America*, New York: Basic Books, 1977, pp. 159–190.

[4] Flores-Lagunes Alfonso & Audrey Light, "Interpreting degree effects in the returns to education", *Journal of Human Resources*, Vol. 45, No. 2, 2010.

效应，由此支持筛选理论。皮特·范德梅尔基于荷兰 1999 年和 2003 年设施与服务利用率调查（ASUS99/03）数据（N = 6976），使用两种方法比较个人的收入影响（相同教育年限下比较个人获得学位差异下的影响；相同学位程度下比较不同受教育年限下的影响），发现，一方面，学位文凭被作为一种证书，比受教育年限的作用更大；另一方面，教育投资会导致正的外部性，教育的社会回报高于私人回报，支持了信号理论。[1] 部分学者认为文凭效应并不能直接否认人力资本理论，原因至少有三点：一是文凭效应可能由样本的"自选择"偏差造成[2]，辍学的可能多是那些意识到自身学习能力弱的人，而拿到文凭的多是学习能力强的人，这些人受教育后能够更好地提高劳动生产率；二是知识的积累是起伏的，拿到文凭那年表明学完一整套课程，提高的劳动生产率可能比只学完 3/4 课程内容提高的劳动生产率高出 1/4，由此造成教育收益率的不连续跳跃现象；[3] 三是在受教育的不同阶段，个人的努力程度是不连续的，在文凭获取年份需要付出更多的努力，甚至需要复习、综合应用前面阶段的知识，达到"温故而知新"，这就使得个人的人力资本在文凭获取年份猛增。[4] 同样，对于那些并没有发现文凭效应的少数研究，学者们认为也不能由此拒绝筛选理论，这也存在自选择问题，那些辍学的人是因自身的高能力得到了除教育外的更好选择，可以显著提高收益率，从而造成辍学者与拿到文凭的个体教育收益率不存在差异[5]，甚至出现辍学者的收益率高于拿到文凭者收益率现象[6]。这非但不与筛选理论相悖，反而更是支持了筛选理论。因此，要准确检验和解释文凭效应，必须注意两个问题：一是弄清楚辍学的理由，理由不同的辍学者的教育收益率的计量结果可

---

[1] Van der Meer, Peter H., "Educational credentials and external effects: A test for the Netherlands", *Research in Social Stratification and Mobility*, Vol. 29, No. 1, 2011.

[2] Chiswick B. R., "Schooling, Screening and Income", In: Solmon L. C. & Taubman P. J. ed. *Does College Matter*? New York: Academic Press, 1973.

[3] Liu P. W. & Wong Y. C., "Educational screening by certificates: an empirical test", *Economic Inquiry*, Vol. 20, No. 1, 1982.

[4] 李锋亮：《教育的信息功能与筛选功能》，北京大学出版社 2008 年版，第 67—69 页。

[5] Riley J. G., "Testing the educational screening hypothesis", *Journal of Political Economy*, Vol. 87, No. 5, 1979.

[6] Blaug M., *The economics of education and the education of an economist*, Aldershot: Edward Elgar Publishing, 1987.

能不同;二是要考虑到人力资本积累的实际过程,受个体的努力程度、知识体系结构、课程安排以及外界环境等方面的影响。

　　第四,国内关于文凭效应的研究状况。

　　从目前的文献检索上看,国内关于文凭效应的实证研究很少,除了一些《教育经济学》课程教材书中提到了文凭效应的含义以外,仅有四篇文献对文凭效应进行了梳理,一是李锋亮在2008年出版的著作《教育的信息功能与筛选功能》,这本书对2005年之前国外关于文凭效应检验的文献进行了系统梳理,并做出了文献评价,但是他本人也指出,由于种种原因,中国高等教育的辍学生较少,所以有关文凭效应的研究并不多,他也曾使用北京大学教育学院一个课题组进行的2005年全国范围内毕业生抽样调查数据,简单比较了没有拿到学历的毕业生与拿到学历的毕业生的平均月薪差异,但是并没有发现文凭效应;[①] 二是刘志民等在回顾高等教育个人回报的国际进展研究时,用一个小节简单回顾了国外关于文凭效应"测定"的研究,但未对中国教育收益中的文凭效应进行实证研究;[②]（需要提及的是,还有少量文献,如唐可月和张凤林[③]、贺尊[④]等都类似于刘志民等的研究,都只是做了简单的阐述和回顾。在此不做详细论述,仅以刘志民等的文献为代表进行分析。）另外,沈红和张青根利用"文凭效应法"对中国劳动力市场中教育经济功能的表现进行了2篇实证检验,一篇利用2008年中国综合社会调查数据对1978年至2008年间中国各级教育收益中的文凭效应进行考察,发现中国个人教育收益中存在显著的文凭效应,高中、大专以及本科的文凭效应分别为29.6%、27.6%、35.3%,个人教育收益中存在不连续跳跃现象,受教育的第13年的收益率增幅最大,第16年的收益率最高。[⑤] 另一篇综合使用2006年、2008年和2010年的中国综合社会调查数据探讨劳动力市场分割与家

[①] 李锋亮:《教育的信息功能与筛选功能》,北京大学出版社2008年版,第74页。

[②] 刘志民、刘路、李馨儿:《高等教育个人回报的国际进展研究》,《教育与经济》2014年第1期。

[③] 唐可月、张凤林:《教育信号发送作用的经验验证研究综述》,《经济评论》2006年第1期。

[④] 贺尊:《教育信号的经济解释》,华中科技大学博士学位论文,2006,第23页。

[⑤] 沈红、张青根:《我国个人教育收益中文凭效应的计量分析》,《教育与经济》2015年第1期。

庭资本对教育信号功能的交互影响,验证了教育信号功能在中国劳动力市场中的确存在,且随市场类型和家庭资本的差异而变化。[1] 由此看来,国内关于文凭效应的研究还停留在起始阶段,研究数量严重不足,更谈不上研究内容的深度与广度,究其原因主要有两点:一是数据的严重匮乏,研究文凭效应的前提条件是能够获得大规模、代表性的抽样调查数据,这种数据必须涵括个人的年收入、各层次学校教育的实际教育年限、获得的教育文凭、详细的工作经历及任职单位信息等,需要有系统的数据变量,而研究者很难系统地获取这些信息;二是对教育经济功能缺乏足够认识,很多实证研究在分析中国个人教育收益率时并没有考虑到教育的信号功能,大量的研究只考虑人力资本理论下的生产性功能。虽然部分实证研究关注到教育的信号功能,但是分析的维度不同,如通过关注过度教育发生率,李锋亮、岳昌君和侯龙龙利用2003年全国高校毕业生调查数据,考察毕业生初始工作过度教育的情况与所在企业的规模之间的关系,发现,企业规模越大,毕业生出现过度教育的概率更大,而且过度教育的幅度更高,由此认为过度教育是在高等教育规模大扩展的背景下雇主筛选毕业生求职者的一种机制。[2] 或者,通过学用结合状况检验教育信号作用在中国劳动力市场中的表现,李锋亮和丁小浩发现,无论是男性毕业生还是女性毕业生,学用结合状况对其起薪均无显著影响,认为高等教育的经济价值更多是通过信号功能得以实现。[3] 另外,也有部分研究通过研究绝对教育年限与相对教育位置的收入效应来区分教育经济收益中的生产成分和信息成分。李锋亮、摩根和陈晓宇的研究基于2000年全国城镇住户调查数据分析后发现了混合的研究结果,认为教育一方面具有显著提高劳动者劳动生产率的生产性功能;另一方面还具有反映劳动者生产率的信号功能。同样使用上述方法,王骏和刘泽云利用2005年全国1%人口抽样调查数据也检验了在中国城镇劳动力市场上教育

---

[1] 沈红、张青根:《劳动力市场分割与家庭资本交互作用中的文凭效应》,《教育研究》2015年第8期。

[2] 李锋亮、岳昌君、侯龙龙:《过度教育与教育的信号功能》,《经济学》(季刊)2009年第2期。

[3] 李锋亮、丁小浩:《学业结合状况对毕业生起薪的影响》,《北京大学教育评论》2005年第4期。

的生产性功能和信号功能，但研究结论存在性别差异，对女性而言，在整个职业生涯周期中教育体现出生产性和信号的双重功能，但对男性而言，职业生涯早期教育呈现出双重功能，职业生涯中后期教育仅体现出生产性功能。

表1—3　　　　　　基于不同国家数据的文凭效应研究

国别	作者
中国	刘旭和莫里·冈德森、沈红和张青根
美国	欧内克·迈克尔、威利斯·罗伯特和罗森·舍温①、约翰·伽仁②、托马斯·亨杰福德和加里·索洛伦、戴尔·贝尔曼和约翰·海伍德、弗瑞茨③、约翰·海伍德、大卫·积家和玛丽安·佩奇、杰里米·阿克斯、金·帕克、约翰·泰勒等④、哈利·弗瑞茨⑤、弗洛雷斯·拉冈尼斯·阿方索和奥德丽·莱特
日本	托马斯·鲍尔等
荷兰	哈特戈·乔普、海塞尔·乌斯特比克、格鲁特·维姆和海塞尔·乌斯特比克⑥
哥伦比亚	胡安·穆罗、胡安·穆罗和杰恩·詹姆斯·莫拉⑦
西班牙	埃姆帕·庞斯和胡安·布兰科、埃姆帕·庞斯⑧

---

① Willis R. J., Rosen S., "Education and Self-Selection", *International library of critical writings in economics*, Vol. 159, No. 1, 2003.

② Garen J., "The returns to schooling: A selectivity bias approach with a continuous choice variable", *Econometrica: Journal of the Econometric Society*, Vol. 52, No. 5, 1984.

③ Frazis H., "Selection bias and the degree effect", *Journal of Human Resources*, Vol. 28, No. 3, 1993.

④ Tyler J. H., Murnane R. J., Willett J. B., "Estimating the labor market signaling value of the GED", *Quarterly Journal of Economics*, Vol. 115, No. 2, 2000.

⑤ Frazis H., "Human capital, signaling, and the pattern of returns to education", *Oxford Economic Papers*, Vol. 54, No. 2, 2002.

⑥ Groot W., Oosterbeek H., "Earnings effects of different components of schooling: Human capital versus screening", *The review of Economics and Statistics*, Vol. 76, No. 2, 1994.

⑦ Mora J. J., Muro J., "Sheepskin effects by cohorts in Colombia", *International Journal of Manpower*, Vol. 29, No. 2, 2008.

⑧ Pons E., "Diploma effects by gender in the Spanish labour market", *Labour*, Vol. 20, No. 1, 2006.

续表

国别	作者
新加坡	刘宝华和王永庆
以色列	艾德里安·齐德曼①
北爱尔兰	西莫斯·麦吉尼斯②
加拿大	安娜·费勒和克雷格·里德尔③、克雷格·里德尔④
巴基斯坦	塔耶布·沙比尔和阿利亚·汗⑤、塔耶布·沙比和贾维德·阿什拉夫⑥
新西兰	约翰·葛碧森⑦
利比亚	雷扎·阿拉贝巴尼和拉明·马佛⑧
危地马拉	哈利·帕曲娄斯⑨

三 对现有文献的评价

教育投资不仅关系到个人成长与发展，更影响到国家的经济社会发展，教育由此也成为社会各界持续关注的焦点，学界有大量关于教育投资与教育收益率的研究。从上述文献梳理上看，可以大致将现有文献总

---

① Ziderman A., "The role of educational certification in raising earnings: evidence from Israeli census data", *Economics of Education Review*, Vol. 9, No. 3, 1990.

② McGuinness S., "Graduate overeducation as a sheepskin effect: evidence from Northern Ireland", *Applied Economics*, Vol. 35, No. 5, 2003.

③ Ferrer A. M., Riddell W. C., "The role of credentials in the Canadian labour market", *Canadian Journal of Economics/Revue canadienne d'économique*, Vol. 35, No. 4, 2002.

④ Riddell C. W., Understanding "Sheepskin Effects" in the returns to education: *The role of cognitive skills*, Canada: Department of Economics, University of Toronto, 2008.

⑤ Shabbir T., Khan A. H., "Mincerian earnings functions for Pakistan: A regional analysis", *Pakistan Economic and Social Review*, Vol. 29, No. 2, 1991.

⑥ Shabbir T., Ashraf J., "Interpreting Sheepskin Effects of Investment in Schooling", *Pakistan Journal of Commerce and Social Sciences*, Vol. 5, No. 2, 2011.

⑦ Gibson J., "Sheepskin effects and the returns to education in New Zealand: Do they differ by ethnic groups", *New Zealand Economic Papers*, Vol. 34, No. 2, 2000.

⑧ Arabsheibani G. R. & Manfor L., "Non-linearities in returns to education in Libya", *Education Economics*, Vol. 9, No. 2, 2001.

⑨ Patrinos H. A., "Non-linearities in the returns to education: sheepskin effects or threshold levels of human capital?", *Applied Economics Letters*, Vol. 3, No. 3, 1996.

结出三大特征：

第一，从理论层面上看，有关个人高等教育投资的理论主要是人力资本理论与筛选理论，这两种理论经历了从"对战""妥协"到"融合"的历史过程，双方都在这一过程中发展壮大，更好地为社会实践提供解释。但是依然存在许多可以进一步深挖的内涵，如人力资本理论的外延扩展、筛选理论的假设放松等，相关研究也开始深入教育与能力之间的内部"黑箱"，不仅关注"提高"或"筛选"，更为关注如何"提高"、怎么"筛选"，以及提高哪类"能力"等。

第二，从中国有关个人教育收益的研究上看，从 20 世纪 80 年代至今，有关个人教育收益率研究的研究对象迅速扩大、研究深度逐渐加深、研究数据日益科学精准、研究技术和方法日益成熟规范。然而，目前为止，依然很少有关于教育这一因素本身如何给个人带来收益的内在机制的研究，更多的是假定教育与个人能力、生产率之间存在着正相关关系。到底"能力"在个人发展中如何发挥作用、何种能力发挥作用、何种能力发挥的作用更大等依然有待深入的实证研究。

第三，关于文凭效应的研究起源于验证筛选理论，其本质含义衡量的是一纸文凭给个人带来的额外收益，一定程度上代表的是一纸文凭背后所隐藏的"能力"对个人经济收入的作用。国外对文凭效应的研究主要集中在文凭效应是否存在、不同群体是否有差异、如何解释文凭效应三部分，并在这三部分形成了大量的研究成果。但在文凭如何在劳动力市场中发挥作用、外界因素是否会干扰文凭的功能、文凭效应如何变化等内部作用机制方面仍缺乏深入研究，需要进一步的经验材料支持。中国关于文凭效应的研究更多停留在理论阐释及现象分析阶段，缺乏足够的实证研究进行检验，缺少对文凭效应的产生、变化及其影响因素等的深入研究。基于以上评述，本书尝试对中国个人教育收益中的文凭效应进行实证研究，探索文凭在中国劳动力市场中的表现，并尝试分析教育信号因素、劳动力市场分割、家庭背景等是否影响文凭发挥信号作用，以此来探讨教育文凭信号价值如何得以实现。

第五节 研究思路与方法

一 研究思路

本书旨在分析中国个人教育收益中的文凭效应状况,研究过程贯彻的是"问题提出—理论分析—研究设计—实证检验—理论发现—结论"路线。在综合分析筛选理论、劳动力市场分割理论及社会资本理论之后形成本书的理论分析框架;紧接着对既有研究模型进行详细梳理,并对其中存在的技术问题进行修正;接下来基于中国公开的全国性调查数据进行计量分析;然后基于这些经验研究结果,形成一个多元动态的 DMF 模型,分析教育文凭信号价值如何得以实现;最后,呈现本书的研究结论以及可能存在的创新与不足。本书全文共有七章,每章的内容简介如下:

第一章,绪论。提出本书拟要解决的问题及其可能存在的理论和现实意义,同时对本书中的关键概念进行界定,并对当前关于文凭效应研究的文献进行详细梳理分析,然后呈现本书的研究思路和方法。

第二章,理论基础与研究设计。从筛选理论出发,系统梳理筛选理论的核心文献及其发展,并对筛选理论的前定假设进行探讨,结合现实劳动力市场特征及其场外因素,试图放松其中的四个假设,引入劳动力市场分割理论和社会资本理论,探讨它们之间存在的相互作用,形成本书的理论框架。紧接着,系统梳理既有文凭效应研究的计量模型,并对模型中可能存在的问题进行修正,主要引入分位数回归、heckman 两阶段回归、代理变量法、工具变量法以及综合 heckman 两阶段法和工具变量法的综合模型。之后,详细介绍本书的数据来源,并交代后续研究所用变量的处理方法及内涵。

第三章,教育信号与文凭效应。这是经验分析的第一部分,探讨的是不同类型的教育信号(如教育层级、学科、质量等)下文凭效应的表现差异,同时分析教育文凭在高等教育规模扩张前后和不同工作经验下的信号价值差异,试图探讨教育信号特征与教育文凭信号功能的实现状况。

第四章,劳动力市场分割与文凭效应。这是经验分析的第二部分,探讨的是外部劳动力市场环境对教育信号价值的影响,不同特性的劳动力市场如何甄选潜在员工,教育文凭在个人求职过程中的作用是否存在市场异质性。本书主要分析的市场分割类型有性别、部门、地区、职业、公司规模等分割。

第五章,家庭资本与文凭效应。这是经验分析的第三部分,探讨的是家庭资本对教育信号价值实现的影响,试图回答在个人劳动力市场求职与职业发展中,家庭资本与教育文凭之间呈现为替代还是互补作用。

第六章,教育文凭信号价值的实现。综合前面三部分的经验分析结果及第二章的理论框架,形成一个多元动态的 DMF 模型,分析该模型内含的信息反馈路径及其特点,探讨教育文凭信号价值如何得以实现,并揭示相关的政策含义。

第七章,结语。主要呈现研究结论及可能存在的创新与不足,并指出未来进一步研究的方向。

图 1—4 的技术路线图直观地呈现了本书的研究框架和结构。

二 研究方法

本书使用的是实证研究方法。实证研究是在特定的研究范畴上综合了一系列的具体的研究方法,如实验法、准实验法和调查法等,通过这些方法来收集和处理所需要的数据,并结合所设计的理论框架来论证观点。从思维方式来看,研究者所遵循的研究原则表现出一种相对稳定的"认识框架",具体来说,可将其归纳为三个方面:"第一,提出一个理论假说;第二,从这一理论假说逻辑地推出可观测的具体结论;第三,将收集到的经验材料与逻辑推论相比较,证明或推翻理论假说"[1]。按照实证研究经验材料的来源可分为案例实证研究和量化的实证研究,前者重视研究中的第一手资料,不刻意追求普遍意义的结论,而后者通过逻辑推理和数学分析等策略来把握复杂现象之间的内在联系。本书属于后者。从具体的研究方法上看,主要有三种:

1. 文献研究法

本书尝试分析中国个人教育收益中的文凭效应,因此主要从以下四

---

[1] 冯向东:《关于教育的经验研究:实证与事后解释》,《教育研究》2012 年第 4 期。

```
研究内容                                    研究程序

   ┌─→ 问题提出：
   │   教育文凭呈现何种经济功能及其可能的实现路径  ──→ 拟解决的问题
   │            ↓
   │        理论基础
   │   ┌─────────────────────────────┐
   │   │           ┌→ 劳动力市场分割理论│
   │   │  筛选理论 ─┤                  │──→ 理论分析框架
   │   │           └→ 社会资本理论    │
   │   └─────────────────────────────┘
   │            ↓
   │   研究设计：计量模型及数据来源
   │   ┌────────┬─────────┬─────────┐
   │   │  内核： │  场域： │ 外生干扰：│──→ 经验分析结果
   │   │教育信号│劳动力市│家庭资本  │
   │   │ 特征   │场分割  │  作用    │
   │   └────────┴─────────┴─────────┘
   │            ↓
   │   教育文凭信号价值的实现：
   └── 多元态DMF模型及其信息反馈路径   ──→ 理论发现
                ↓
            研究结论                    ──→ 解决问题
```

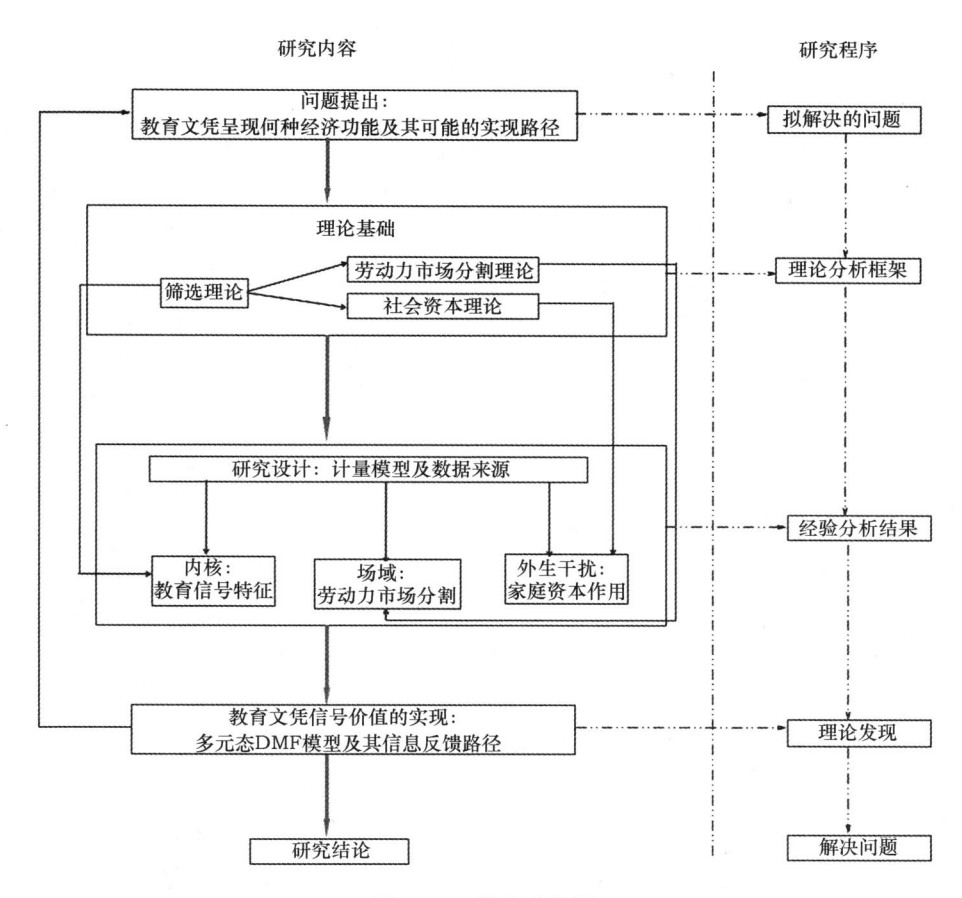

图1—4 技术路线图

个方面进行文献收集：一是有关文凭效应研究的理论起源的文献，集中分析人力资本理论与筛选理论的本质争论点，文凭效应研究的出发点及其对理论发展的促进；二是关注当前国内外关于教育收益率研究的现状、难点、突破点，关注前沿技术和方法，尽可能把握当前教育收益率研究的宽度与深度进展，为文凭效应研究开拓思路；三是关注国外关于文凭效应的实证研究文献，系统分析已有文献的研究模型、可能遇到的技术难题、尝试进行的改进与创新等，以期为本书提供参考；四是有关中国劳动力市场分割的类型与特征、中国家庭资本类型及其对就业干扰效应等的研究文献，从整体上概括目前中国劳动力市场分割及家庭资本呈现的特点及其作用机制，以期更深入地分析教育文凭如何在中国劳动力市场中发挥作用。

2. 比较研究法

由于目前关于中国教育收益率中文凭效应的研究很少，需要大量阅读国外方面的研究，同时在研究过程中也要将基于本国数据的研究结果与国外发达国家（如美国、日本、加拿大等）或发展中国家（如以色列、巴基斯坦等）的研究结果进行比较，分析造成差异的原因，如教育规模差异、人才招聘机制差异、劳动力市场的特征差异、家庭资本因素作用差异等，这非常有利于本书清楚地认识中国文凭发生作用的外在条件与机理，有利于推动本书的深入开展。

3. 计量分析法

计量分析法是本书最主要的方法，利用目前国内公开的三套全国调查数据，整理有关个人受教育状况、家庭背景、就业岗位及市场的特征、收入情况等详细的变量信息，然后根据这些变量进行经验分析。本书主要借助于目前向全社会公开的 CGSS、CFPS、CHIP 三类全国性调查数据，笔者已获得这三类调查数据的使用权（注册相关信息并签订使用协议），需要说明的是，本书全篇以 CGSS 历年调查数据为主，仅在部分章节上使用 CFPS、CHIP 的数据（原因是 CGSS 数据库中并不能完全提供本书所需要的变量信息，具体信息会在后续研究设计及实证检验环节进行详细说明）。本书运用的具体定量分析方法有描述统计分析法、OLS 回归分析法、Heckman 两阶段分析法、工具变量法、代理变量法以及综合 Heckman 两阶段法和工具变量法的综合模型。通过这些具体的计量分析方法来系统地衡量教育文凭给个人带来的额外收益。

第二章 理论基础与研究设计

本章将主要呈现三部分内容：一是阐述与文凭效应相关的理论基础，探讨可能存在的理论扩展，并构建本书的理论分析框架；二是系统分析目前文献中关于文凭效应的研究模型，比较不同模型下的估计结果，并探讨已有模型中可能存在的技术问题及其对估计结果带来的影响，在此基础上，寻找可能的解决办法，构建出新的估计模型，探讨新模型的使用条件、可能存在的技术瓶颈、可能造成的估计偏误和对已有研究模型的修正程度，以期更精确地估计出中国个人教育收益中的文凭效应；三是介绍本书使用的全国性调查数据，并详细介绍本书的样本选择、变量处理及其描述性统计分布，以期在后续深入研究之前呈现出一个整体的数据框架、样本分布概貌以及粗略呈现基础性的数据结果。

第一节 筛选理论与教育文凭的信号价值

20 世纪 60 年代，舒尔茨等人提出的人力资本理论强调教育能够提高个人能力，并由此提高个人未来劳动生产率，帮助个人获取高收益。该理论一经提出便因能很好地解释当时各国经济发展状况而受到经济学家、社会人士、国家政府等各界人士的积极响应和认可，许多国家甚至由此大肆扩张教育，以期通过教育投资提升社会劳动生产率，提高经济发展水平。然后，人力资本理论经过十多年的全球风靡之后，许多国家并未因实施人力资本战略而取得预期结果，经济发展水平并没有显著提高，相反的是，这些国家内部的收入分配差距有扩大趋势，投资教育的个人也面临着日益严重的就业难题。① 也正是在这种状况下，20世纪70年代，起源于非对称信息研究领域的筛选理论逐渐崭露头角，该理论认为，教育并不能提高个人能力，仅是作为一种筛选装置，将不同能力的人区分开来，个人通过接受高等教育向未来劳动力市场上的雇主发送自身能力高的信号，从而获取高收入。② 该理论一定程度上能够很好地解释上述人力资本理论无法解释的现象。首先，高等教育并不能提高个人能力，因此无法提高个体的劳动生产率；其次，接受教育仅是个人天生能力的一种反映，教育规模扩张只能在同等层次上提高各教育层次的收入水平，并不能改变或缩小各教育层次群体之间的相对收入差别，无法缩小收入分配差距；③ 最后，劳动力市场上可供选择的岗位是有限的，是与经济发展水平密切相关的，高等教育扩张只会单方面增加高素质劳动力的供给，从而造成毕业生就业难现象。正因为筛选理论在现实中的解释力与适切性，使人们开始注意到教育的信号功能，也由此引发了与人力资本理论的经典论战。文凭效应的研究便起源于这一历史论战之中，核心是用来反映和验证教育的信号功能。关于筛选理论论述的经典文献有三篇：一是阿克尔洛夫关于"二手车市场"的经典分析，二是斯蒂格利茨的"筛选模型"，三是斯宾塞的"信号模型"，他们也因在信息不对称领域的卓越贡献而共同获得2001年诺贝尔经济学奖。下面将逐一介绍这三篇文献的核心观点：

一 二手车市场、逆向选择与教育信号

1970年阿克尔洛夫在《经济学》季刊发表了一篇文章"柠檬市场：质量不确定性与市场机制"，引起了巨大的轰动与广泛的讨论。文章讲述的是在一个信息不对称的二手车交易市场，只有卖主知道自己的车的质量是好还是差，买主完全无法获悉车的真实质量。在这种情况下，阿克

---

① 曲恒昌：《"筛选假设"与"文凭疾病"的防治》，《北京师范大学学报》（社会科学版）1998年第3期。

② Arrow K. J., "Higher education as a filter", *Journal of Public Economics*, Vol. 2, No. 3, 1973; Spence A. M., "Job market signaling", *Quarterly Journal of Economics*, Vol. 87, No. 3, 1973.

③ 曲恒昌：《"筛选假设"与"文凭疾病"的防治》，《北京师范大学学报》（社会科学版）1998年第3期。

尔洛夫假定二手车市场上车的质量服从由最好到最差的均匀分布。因此买主只能推测自己买到好车和差车的概率各占50%，那么对于任何车都只愿意以平均价格购买。这种情况下，拥有质量最好的车的卖主肯定不会在这个市场中交易，由此退出二手车市场，从而又拉低了市场的整体质量。买主知道好车退出市场后，会继续降低自己的购买价格，这又进一步逼退了质量稍微好点的车，这样周而复始循环，最后市面上只剩下质量很差的车。这就是所谓的"差车驱逐好车"现象。[①] 造成这种现象的原因就是信息不对称造成的逆向选择。这种现象在现实生活中非常普遍，会对个人、社会、市场的运行造成损害。至于如何规避这个现象，阿克尔洛夫提出几点建议：一是给卖主发放质量保证证书，二是建立品牌，三是建立许可制度以减少市场中的鱼龙混杂等。这三点建议的核心内涵是，向买主发送出自己的车的质量信号，以实现市场交易。

这篇文章主要是揭示了市场机制中的信息不对称及其带来的价值损害，在建议部分则道出了质量信号发送对于个人、社会的有利影响。这一现象的揭示具有开创性贡献，对社会许多领域都有参考价值。这一思想也可以引荐到普通的劳动力市场之中，劳动力市场中劳动力的能力参差不齐，劳动力需求者无法准确判断潜在劳动力的能力，如果选中低能力者，后期会花费很多的培训成本以使其满足岗位工作需要，因此，对于劳动力需求者而言，这是一个带有风险的选择，他们很有可能放弃选择，或者寻找其他规避方式。参照阿克尔洛夫的思想，只需要劳动力供给者想办法发送自己高能力信息就能有效解决这一问题，而教育文凭就是劳动力供给者最好的能力信号。至此，教育的信号价值的概念得以提出。阿克尔洛夫文章中有提及教育信号问题，但是并没有阐述如何发送教育信号，教育信号为什么能够得以规避逆向选择问题等。而关于教育到底如何发挥信号功能的具体机制问题，斯蒂格利茨和斯宾塞分别从信息劣势方和优势方出发，设计了一套教育信号筛选和发送机制，以期在信息不对称的劳动力市场中区分出高能力和低能力人群，两种模型互为补充。

[①] Akerlof G., "The market for 'lemons': quality uncertainty and the market mechanism", *Quarterly Journal of Economics*, Vol. 84, No. 3, 1970.

二 就业市场、信息劣势方和筛选模型

斯蒂格利茨最早是针对信息不对称领域中的信贷市场（解释贷款利率为什么在市场均衡利率之下）以及土地租赁市场（为什么土地租赁市场中农户与土地主更多的是约定固定比例租金形式）等进行研究的，由此引申到劳动力市场中雇员与雇主间在劳动生产率的信息不对称的研究上来，他从信息劣势方出发，设计了一个教育筛选机制，以期实现信息不对称下不同劳动生产率的人自然分离。在就业市场中，由于雇主对雇员的能力知之甚少，因而雇主并不知道哪些是高能力员工，哪些是低能力员工，这种情况下，雇主只能给所有员工以平均能力的工资，这样的话就会造成能力低的人满意（获得超过自身边际生产率的收益）而继续留下来工作，而能力高的人不满意而离开这个工作（或者选择更多的闲暇时间，因为高能力个人能够很快完成任务，有充足时间。这样会造成效率损失）。为了避免最后公司只剩下低能力员工或难以实现员工的真实生产率，斯蒂格利茨建议雇主通过给高教育程度的员工提供高工资，低教育程度的提供低工资，从而激励高能力的人去追求高受教育程度，而低能力的人由于追求高受教育程度的成本过大，只能接受低工资的合同。这样就实现高能力和低能力的员工的有效分离。[①]

该模型的一个潜在假设是，获得高教育程度的成本与能力呈负相关，只有这样才能实现分离均衡。关于这一假设的论述，斯宾塞的研究更为直接且全面，系统地阐述了教育是如何发送信号的。下面将重点阐述信号模型：

三 就业市场、信息优势方和信号模型

斯宾塞最早关注教育信号问题起源于对一个现象（"默默无名的人士在经过一年的哈佛大学 MBA 教育之后成为劳动力市场中的抢手货，一毕业就能取得高收入"）的好奇，在对此展开研究后在《经济学》季刊上发表了《就业市场中的信号传递》一文。这篇文章从信号优势方论述在信

---

① Stiglitz J., "The theory of 'screening', education, and the distribution of income", *American Economics Review*, Vol. 65, No. 3, 1975.

息不对称的就业市场中主动投资去获得信号、发送信号的现象。斯宾塞认为，每个求职者身上都具有两种特征或属性：一是很容易被观察的，如性别、肤色、种族、年龄、婚姻、是否有犯罪记录、受教育程度等；另一种是很难在短期内被观察到的，如能力、生产率、性格、偏好等。雇主只能获悉求职者第一类特征，但是更为关注的是求职者的第二类特征，因此雇主在招聘过程中只能依靠一些可观测到的信息对求职者进行筛选。斯宾塞将求职者身上的可被观测到的特征信息进一步分类，那些后天无法改变、与生俱来的特征被称为标识，如性别、种族、肤色等；后天可以改变、完善的特征被称为信号，如受教育程度、兴趣爱好等。为了提高自己被雇主雇用的概率，求职者只能通过后期努力提高自己的信号，也有动力去迎合雇主的需要。受教育程度就是求职者能够后天改变的直接信号，但是由于逆向选择的存在，存在一个问题，即如何保证自己的信号不被干扰，或者说，如何证明教育信号就能代表个人能力，他人无法模仿。为此，斯宾塞提出了四个在实际生活中具有一定合理性的假设：

假设一：个人的能力是先天不变的，教育并不会提高个人能力。

假设二：教育信号的获取成本与自身先天能力呈负相关，即并不是每个人都能轻松地获取较高受教育程度，他们可能因需要付出高昂代价而选择放弃追求高程度教育，由此分离不同能力的个人。

假设三：劳动力市场中的买方和卖方之间存在信息不对称，雇主不知道潜在员工的真实生产率，但雇员对自己的生产率很清楚。

假设四：潜在雇员能够免费发送个人的教育信号，信号发送成本为零。

以上四个假设保证了受教育程度是个人能力信号的有效性，不容易受到外界干扰。这四个假设也是他提出的信号模型的基础。图2—1是斯宾塞提出的信号模型反馈机制，这个循环机制会一直进行下去，直到新雇员创造的价值与其工资相等，也即达到了信号均衡。[1]

---

[1] Spence M., "Job market signaling", *Quarterly of Journal of Economics*, Vol. 87, No. 3, 1973.

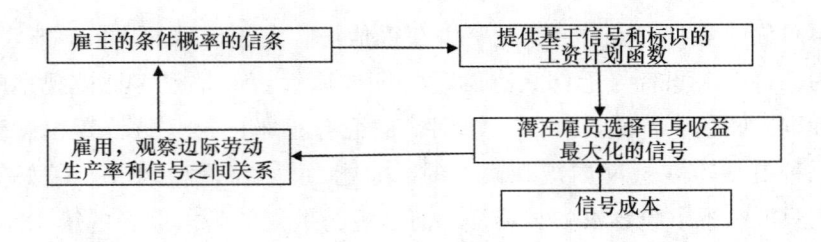

```
┌─────────────────┐      ┌─────────────────┐
│ 雇主的条件概率的信条 │─────▶│ 提供基于信号和标识的 │
│                 │      │    工资计划函数    │
└─────────────────┘      └─────────────────┘
         ▲                        │
         │                        ▼
┌─────────────────┐      ┌─────────────────┐
│ 雇用,观察边际劳动  │      │ 潜在雇员选择自身收益│
│ 生产率和信号之间关系│      │    最大化的信号    │
└─────────────────┘      └─────────────────┘
                                  ▲
                         ┌─────────────────┐
                         │     信号成本     │
                         └─────────────────┘
```

图 2—1　在就业市场中信息反馈过程

资料来源：Spence M., "Job market signaling", *Quarterly of Journal of Economics*, Vol. 87, No. 3, 1973.

斯宾塞的信号模型最大的突破点是假定了能力是天生固定的，教育只是作为一种筛选装置，把个人按照能力大小进行分类，并不会提高个人能力。因此，增加教育所带来的收益率只是信息收益率，与生产性收益率无关，这也是筛选理论与人力资本理论最大的争论点。

阿克尔洛夫、斯蒂格利茨、斯宾塞三人关于信息不对称领域研究的著述共同促使了筛选理论的形成与发展，并引发了经济学界广泛的讨论。值得注意的是，尽管筛选理论与人力资本理论在信息是否对称、教育是提高能力还是对个人进行分类等上存在着分歧，但它们均属于新古典经济学理论，都认为人是理性的，是追求自身利益最大化的经济人，并且劳动力市场是完全竞争的。这是筛选理论的大前提假设，本书将此设为假设五。在随后的研究中，经济学家们开始不断检验和发展筛选理论，并试图对上述五个假设进行放松、修正、完善，甚至取消，以更好地解释现实中的问题。

四　信号模型几个前定假设的再讨论

假设一是筛选理论与人力资本理论形成对战的核心争执点，关于这一点的讨论异常丰富，经济学家们尝试放开这一假定来探讨筛选理论是否成立，其中最具代表性的研究是朗在 1994 年的著述，他在放松这一假定之后（教育也存在着生产性功能），依然论证了教育的信号功能。[①] 其

[①] Lang K., "Does the human-capital / educational-sorting debate matter for development policy?", *American Economic Review*, Vol. 84, No. 1, 1994.

他学者通过理论演绎模型或者逻辑论证等也多次证实了即使在放松甚至取消假设一的条件下，筛选理论依然是成立的。① 这个假设的放松一定程度上调和了筛选理论与人力资本理论之间的对战局面，研究者们开始普遍意识到教育同时具有生产性功能和信号功能，人们的关注焦点开始转移到哪个理论更有解释力度上来，如教育的生产性功能和信号功能分别解释了多大程度的个人收入差异等。

假定二是教育能够作为信号的基础性假设，也是现实劳动力市场中利用教育信号来分离开高能力和低能力的员工的必要假设。该假设中最重要的是指出了信号成本这一概念，高能力个体的信号成本较低，低能力个体的信号成本过高，由此实现分离均衡。然后研究者们争论的是，在现实教育过程中，教育信号的获取到底多大程度上体现了信号成本，尤其是在教育大规模扩展的现实背景下，教育质量低下，进门和出门都相对简单，教育投资者并不需要付出较大的信号成本就能获取教育信号，造成教育信号鱼龙混杂，无法实现分离均衡。这种情况实际上是与假设二有分歧的，能力与教育信号成本并不是呈现负相关，反而成为一种无序状态。如此情况下，筛选理论是否成立，教育信号功能是否体现，该选用哪些新的信号指标等是研究者们普遍关注的问题。

假设三很好地解释了为什么现实中需要教育的信号功能。在信息不对称情况下，信息优势方为了获取更多的利益会主动采取行动去发送个人能力信号，信息劣势方也为了避免可能的逆向选择所带来的利益或效率损失，会设置更多的关卡去筛选潜在的目标群体。然而，需要注意的是，在现实劳动力市场中存在多种途径来缓解信息劣势方和优势方之间的信息不对称问题，如买方提出的结构化面试、内部推荐人渠道等，卖方的家庭背景信息、社会网络关系等，均会一定程度上帮助获取能力信息，甚至某种状态下直接忽略任何信息的作用，如此便造成教育信号功能的弱化。社会资本理论便能很好地解释这一现象，并可以分析教育信号功能的差异化表现及其原因，后文中会详细梳理该理论的形成与

---

① Riley J. G., "Information, screening and huaman capital", *American Economic Review*, Vol. 66, No. 2, 1976; Riley J. G., "Testing the educational screening hypothesis", *Journal of Political Economy*, Vol. 87, No. 5, 1979; Weiss A., "Human capital vs. signaling explainations of wage", *Journal of Economic Perspectives*, Vol. 9, No. 4, 1995.

发展。

假设四保障了教育信号作为考察指标的可行性。无论是赞成人力资本理论的学者，还是支持筛选理论的学者，在这一假设上并没有太多的异议。

假设五是筛选理论成立的大前提假设，认为劳动力市场是完全竞争的。但学者们对这一假设提出了很多质疑，现实中的劳动力市场由于受各种社会性、制度性、歧视性等因素的影响，劳动力并不能在市场中自由流动，不同劳动力市场间存在着隔离与进入屏障。因此，许多学者们指出该假设存在疑义，需要进行修正，并需要在修正假设后探讨筛选理论是否依然成立，换句话说，教育信号功能是否在不同劳动力市场中存在差异。这也是后来在经济学领域中逐渐发展起来的劳动力市场分割理论对教育信号功能差异的解释。

上述关于筛选理论的五个假设的讨论也决定了本书的理论方向，在陈述本书的综合分析框架之前，先对本书中主要涉及的劳动力市场分割理论和社会资本理论进行梳理。

第二节 劳动力市场分割理论与教育文凭的信号价值

劳动力市场分割理论与传统古典新经济学理论最大的争执点在于劳动力市场的竞争性假定上，认为劳动力市场并不是完全竞争的，强调社会或制度性因素对劳动力市场造成的影响。关于劳动力市场分割理论的历史起源，很多学者认为可以追溯到约翰·穆勒时代。[①] 穆勒在研究19世纪农业和非农业劳动力市场时提出了"非竞争性群体"的概念，在非农业劳动力市场中市场性因素的作用并不大，相反，行会、地方法规与社会文化习俗等非市场性因素在工资决定和劳动力资源配置中发挥重要作用，同时，这些因素及社会结构、空间隔离、职业差异等共同形成了

---

① 姚先国、黎煦：《劳动力市场分割一个文献综述》，《渤海大学学报》（哲学社会科学版）2005年第1期。

"非竞争性群体"内外部之间的屏障，阻碍了劳动力在市场间的自由流动。[1] "非竞争性群体"概念至少在两方面对传统的新古典经济学理论形成对峙：一是非市场性因素的重要作用，二是劳动力自由流动的外在严格限制。

最早明确提出分割概念和特征的研究可以追溯到以科尔、邓洛普、罗斯、利佛纳什等为代表的制度主义经济学家的研究之上。这些研究者提出结构化或结构主义概念，以科尔研究为例，他指出劳动力市场是由多个彼此封闭的"巴尔干化"且非竞争性的区间组成的，描述了市场中存在的制度规则、公司内部的工作特征、工资制定和岗位获得条件等。[2]

皮特·多林格和迈克尔·皮奥利最早对二元劳动力市场分割理论进行了阐述。他们依据工资决定、福利和晋升机制等特点将劳动力市场划分为主要劳动力市场和次要劳动力市场。[3] 这种划分方法也得到了戈登和托宾[4]、博桑奎特·尼古拉斯和皮特·多林格[5]等研究者的支持。主要劳动力市场一般由那些高端企业或大型公司组成，生产的是资本密集型产品，特性是收入高、待遇好、工作稳定、培训制度完善等，具有独特的内部劳动力市场，设置了明确的晋升通道及其上升条件，工资高低取决于雇员在内部劳动力市场中的相对位置，与边际生产率无关。次要劳动力市场主要由那些竞争力弱的小公司或边缘企业组成，生产的是劳动密集型产品，特性是工资低、环境差、不稳定、培训制度缺乏、管理制度不完善等，工资取决于在激烈的市场竞争中的表现，与边际生产率挂钩。次要劳动力市场可以看作竞争性市场，雇员随时有被外界劳动力替代的可能。而主要劳动力市场是非竞争性市场，雇员一旦进入便获得"局内

---

[1] [英]约翰·穆勒：《政治经济学原理及其在社会哲学上的若干应用》，朱泱等译，商务印书馆1991年版，第433页。

[2] C. Kerr, "The Balkanization of labor markets", E. W. Bakke et al. ed., *Labor mobility and economic opportunity*, Technology Press of MIT, Cambridge, Mass, 1954.

[3] Peter Doeringer & Michael Piore, *Internal labor markets and manpower analysis*, Lexington, MA: D. C. Heath, 1971.

[4] Gorden & Tobin, "Inflation and unemployment", *American economics review*, Vol. 62, No. 1, 1972.

[5] Nicholas & Doeringer, "Is there a dual labor market in Great Britain?" *The economic journal*, Vol. 83, No. 330, 1973.

人"优势，雇主为保证专用型人力资本、节约培训成本、稳定员工队伍等，并不会轻易考虑那些愿意低薪水进入主要劳动力市场的外界劳动力，从而弱化了市场性功能。因此，劳动力都希望进入主要劳动力市场，主要劳动力市场供过于求，成为买方市场，雇主可以提高劳动力入职门槛，如要求高学历、挑选种族和肤色等。那些未能进入主要劳动力市场的劳动力只能被动选择进入次要劳动力市场，但由于主次要劳动力市场在工作考核、员工培训、晋升条件等上存在差异，在次要劳动力市场上工作的劳动力缺乏系统的工作培训、经验积累或其他职业素养的提升，后期进入主要劳动力市场的概率更低，次要劳动力市场劳动力向主要劳动力市场流动的通道几乎关闭，由此造成主次要劳动力市场的长期分割。

此后，许多学者从不同角度对上述二元结构理论和内部劳动力市场进行扩展和延伸，如瑟罗和卢卡斯基于信息不对称基础下提出的"职位竞争假说"，认为职位有好坏之分，其取决于技术进步状况，也由此决定了生产力水平及其工资水平。工人的收入取决于其在劳动力市场中的相对位置，教育能够作为能力信号帮助求职者提高入职可能。[1] 希克斯利用阶级层次对劳动力市场分割进行了解释，采用马克思主义的分析方法，将劳动力重新划分为较高等级、中间等级、最低等级三种类型，每一等级对应于相应社会阶层的劳动力，跨级流动存在着非市场性因素的障碍，并将劳动力市场分割归因于阶级斗争。[2]

上述理论或假说的提出对新古典经济学理论提出了严峻挑战，强调了制度或社会性因素对劳动力市场的影响，并很好地解释了劳动力市场中长期存在的贫穷、歧视、收入分配与人力资本不匹配等现实问题，但更多的是基于定性或历史层面的分析，缺乏足够的经验验证和更为严格的概念界定和计量标准，劳动力市场分割理论的说服力略显不足。直到20世纪80年代后期，大量基于调查数据和先进实证计量工具的研究对劳动力市场分割进行了理论检验，产生了一系列新的理论假说，如不完全信息理论、效率工资理论、委托—代理理论等，由此奠定了劳动力市场

---

[1] L. C. Thurow, R. E. B. Lucas, *The American distribution of income: a structural problem*, Joint Economic Committee, Washington, D. C., 1972.

[2] [美] 希克斯：《经济史理论》，厉以平译，商务印书馆2003年版，第126页。

分割理论的价值。如威廉·迪肯斯和凯文·朗利用收入调查面板数据证明了二元结构劳动力市场及限制劳动力在主次要市场间流动的非经济壁垒的存在。[1] 效率工资理论的核心内涵是，企业为了减少对雇员行为的监督成本、降低员工的离职率、提高雇员的努力程度和工作积极性、提升整体的劳动生产率等，给予雇员高出劳动边际成本的工资水平，从而优化内部劳动力市场的劳动力资源配置。[2] 该理论中最具代表性的三个研究模型是夏普里奥和斯蒂格利茨的"怠工模型"[3]、布罗和萨摩的"二元劳动力市场模型"[4] 以及卡左西罗·阿拉尔的"信任关系模型"。[5] 索玛斯·马克和瓦力·里克利用喀麦隆工人数据验证了政府法规管制是非正式部门和正式部门形成分割的最显著原因。[6] 丹尼尔·海贝尔特利用加拿大三个城市的数据证明了性别分割和移民分割的存在，并发现这些分割在不同城市之间存在差异。[7] 莱斯利·威廉斯·雷德和贝斯·如宾基于1974年至2000年的长期跟踪调查数据分析了美国四部门（核心产业——一级市场、核心产业——二级市场、外围产业——一级市场、外围产业——二级市场）分割状况，证明了性别、种族、产业和职业分割的存在。[8]

如此，在劳动力市场分割普遍存在的现实环境中，理性人都期望自己进入主要劳动力市场，由此引起主要劳动力市场岗位的激烈竞争。买方为了筛选出高层次高能力符合自身发展需求的人才，不断地提高岗位

---

[1] William T. Dickens & Kevin Lang, "A test of dual labor market theory", *The American economic review*, Vol. 75, No. 4, 1985.

[2] Yellen Janet L., "Efficiency Wage Models of Unemployment", *American Economic Review*, Vol. 74, No. 2, 1984.

[3] Shapiro C., & Stiglitz J. E., "Equilibrium unemployment as a worker discipline device", *The American Economic Review*, Vol. 74, No. 3, 1984.

[4] 姚先国、黎煦：《劳动力市场分割理论：一个文献综述》，《渤海大学学报》（哲学社会科学版）2005年第1期。

[5] Kazuhiro Aral, "Cooperation, job security, and wages in a dual labor market equilibrium", *The journal of socio-economics*, Vol. 26, No. 1, 1997.

[6] Thomas Mark, Vallee Luc, "Labor market segmentation in Cameroonian Manufacturing", *The journal of development studies*, Vol. 32, No. 6, 1996.

[7] Daniel Hiebert, "Local Geographies of labor market segmentation: Montreal, Toronto, and Vancouver, 1991", *Economic Geography*, Vol. 75, No. 4, 1999.

[8] Lesley Williams Reid & Beth A. Rubin, "Integrating economic dualism and labor market segmentation: the effects of race, gender, and structural location on earnings, 1974–2000", *sociological quarterly*, Vol. 44, No. 3, 2003.

门槛，如用制度化的形式强调潜在员工的学历要求，重视入职者的教育信号，使得教育文凭成为有资格参与岗位竞争的入场券。但在次要劳动力市场中，其"入口"相对宽松，雇主们不将"文凭"看作入职的关键，更重要的是看工作成效。由上可知，教育文凭在不同的劳动力市场中扮演着不同的角色，对劳动力个人未来收益产生的效应也应该不同。这也说明了在放松假设五的前提下，筛选理论强调的教育信号功能可能存在异质性，后续需要更多的理论分析与实证检验。

第三节 社会资本理论与教育文凭的信号价值

布迪厄的社会资本理论。布迪厄认为，资本具有"可获利性"和"自身再生产性"，是一种"包含了坚持自身存在的意向"且"被铭记在事物客观性之中的力量"。[1] 他认为资本发挥作用的先决条件是在它的作用场中进行资本转换时必须付出高昂的代价，并将资本划分为三类：经济资本、文化资本和社会资本，其中，社会资本是"实际的或潜在的资源的集合体，那些资源是同对某种持久性的网络的占有密不可分的，这一网络是大家共同熟悉的、得到公认的，而且是一种体制化关系的网络"[2]，社会资本的有效数量取决于特定目标行动者可运用的网络规模以及网络所辖人群占有的资本数量。这三类资本之间在一定条件下可以相互转化，由此提出了资本转化理论。

詹姆斯·科尔曼的社会资本理论。科尔曼将社会资本定义为一种特定的社会结构资源，具有生产性，"可以使某些特定目的的实现成为可能，而在缺乏社会资本时，这些目的将不可能实现或者实现的代价非常高昂"[3]。社会资本与其他类型资本的区别在于，后者大部分依附于独立的个体或物质生产过程之中，而前者仅嵌入交往中个体间的社会关系结构中但可被利用的个人资源，该关系结构的外在形式是一种基于权威、

---

[1] ［法］皮埃尔·布迪厄：《文化资本与社会资本》，载张人杰《国外教育社会学基本书选》，华东师范大学出版社1989年版，第189页。

[2] 同上书，第202—203页。

[3] Coleman J., "Social capital in the creation of human capital", *American Journal of Sociology*, Vol. 94, No. 595–5120, 1988.

信任、规范、多功能、有目的的组织。① 在此基础上，科尔曼将经济资本、人力资本和社会资本纳入影响个体教育获得与职业发展的分析之中，形成了一个解释"代际传递"的多维度的理论框架。

强弱关系理论。社会资本在劳动力市场中对个人职位获得、发展及其收入增长等的作用存在异质性，这与社会资本自身的强弱有关，马克·格兰诺维特提出通过测量四个维度（互动频率、情感投入、亲密程度、互惠交换）来衡量社会资本的强弱程度（均成正比，维度指数越高，社会资本越强），并认为社会资本在劳动力市场中发挥作用主要存在两种作用方式：一是社会资本带来的"信息"资源，这种资源能够给社会资本拥有者更多的劳动力市场信息，如招聘需求、岗位设置、员工要求、发展规划、薪酬分配等相关信息，一定程度上缓解了市场上信息不对称问题，帮助他们寻找到更为合适、匹配的工作岗位，提高工作找寻效率；二是社会资本引起的直接"影响"力度，这种"影响"能够给社会资本拥有者在职业找寻、岗位上升以及收入分配中产生实质性的作用，甚至直接影响到最后的结果。格兰诺维特认为，在劳动力市场中弱关系能够发挥更大程度的作用，能够帮助人们获取更多的异质性信息，强关系更多存在于交往群体内部，信息同质性较强，作用其实并不大。② 与格兰诺维特观点相反的是，边燕杰在研究中指出，强关系在东亚国家更为重要，尤其是在人情关系社会的中国，强关系对人们工作找寻及其收入有着直接的实质性影响。③ 后来研究者们基于不同国家的劳动力市场数据对强弱关系理论展开了大量研究，如瓦塔纳贝·信④、陈海平⑤、胡永远和邱

---

① Coleman J., "Social capital in the creation of human capital", *American Journal of Sociology*, Vol. 94, 1988.

② Granovetter M., "The strength of weak ties", *American Journal of Sociology*, Vol. 78, No. 6, 1973.

③ 边燕杰：《找回强关系：中国的间接关系、网络桥梁和求职》，《国外社会学》1998 年第 2 期；边燕杰、洪洵：《中国和新加坡的关系网和职业流动》，《国外社会学》1999 年第 4 期。

④ Watanabe Shin, *A comparative study of male employment relations in the United States and Japan*, Los Angeles: University of California, 1987.

⑤ 陈海平：《人力资本、社会资本与高校毕业生就业——对高校毕业生就业影响因素的研究》，《青年研究》2005 年第 11 期。

丹[1]、乔志宏等[2]、孟大虎[3]、苏丽锋和孟大虎[4]等。

其他相关理论或假说。普特南·罗伯特、弗朗西斯·福山在定义社会资本时均强调它存在于社会组织间的具体特征，如信任与规范等，这些特征能够促进组织或个体间的合作，从而提高特定目标的实现效率。[5]林南则侧重于从微观角度出发，强调个体行为的主动性，认为社会资本是一种在社会网络关系中有目的的投资，类似于教育投资，但投资手段是"工具性行动"或"表达性行动"，这些手段实施时能够给个体带来社会资源的获取和使用权限，给个体未来活动带来收益。[6]同时，林南还将影响社会资本的因素归结为三点：主体间的社会网络关系强度、网络的异质性以及网络本身可达到的地位高度。[7]而亚历杭德罗·波茨从经济学视角将社会资本定义为生存于社会网络关系中个体拥有的一种具体能力，这种能力能够在特定目的下动员或调配社会中的稀有资源。[8]

社会资本理论主要影响筛选理论的假设三，会通过多种途径对信息不对称状况产生实质性影响，由此可能影响教育信号功能的发挥，同样教育文凭的信号作用可能会因所拥有的社会关系差异而变化。如拥有强社会关系的个人，能够直接利用社会关系谋寻工作机会，甚至都不需要教育文凭来发送个人能力信号。为此，本书需要进一步关注的是，在放松假定三的前提下，教育信号价值将如何呈现。需要指出的是，由于社

---

[1] 胡永远、邱丹：《个性特征对高校毕业生就业的影响分析》，《中国人口科学》2011年第2期。

[2] 乔志宏等：《人力资本和社会资本与中国大学生就业的相关研究》，《中国青年研究》2011年第4期。

[3] 孟大虎：《人力资本、社会资本与大学生就业研究综述》，《经济学动态》2012年第1期。

[4] 苏丽锋、孟大虎：《强关系还是弱关系：大学生就业中的社会资本利用》，《华中师范大学学报》（人文社会科学版）2013年第5期。

[5] Putnam Roborts D., "The prosperous community: social capital and public life", *The American Prospect*, Vol. 4, No. 13, 1993；[英]佛朗西斯·福山：《信任：社会美德与创造经济繁荣》（序），彭志华译，海南出版社2001年版，第4页。

[6] [美]林南：《社会资本——关于社会结构和行动的理论》，张磊译，上海人民出版社2005年版，第24页。

[7] Lin Nan, "Social resources and instrumental action", in P. Marsden & N. Lin. *social structure and network analysis* Sage Publications, 1982: 131–147.

[8] Alejandro Portes, "The social origins of the Cuban enclave economy of Miami", *Sociology Prospect*, Vol. 30, No. 4, 1987.

会资本所涵盖的资本内涵太广，本书仅选择家庭资本作为社会资本的代表进行分析，其依据是家庭资本处在社会资本"圈层"的最里层，在以家庭为单位的伦理社会中，家庭资本一定程度上决定了社会资本拥有的数量与质量。

第四节 本书的理论分析框架

基于上述筛选理论、劳动力市场分割理论及社会资本理论的详细梳理，本书将从放松筛选理论的假设出发，综合利用劳动力市场分割理论和社会资本理论分析在当前中国劳动力市场中教育文凭的信号功能究竟如何表现及其原因如何等，图2—2是本书的理论分析框架示意图。

本书关注的核心问题是，在当前中国劳动力市场中教育文凭的信号功能如何体现及其大小如何，试图基于中国的经验材料进一步验证和发展筛选理论。由前面的理论阐述我们知道，经典的筛选理论存在着五个假设，然而这些假设在当前劳动力市场环境中并不完全成立，如此情形下，有关筛选理论的论述是否依然成立，教育信号功能是否依然强劲及其表现是否受到外界环境影响等是本书需要回答的问题，因此，本书将尝试逐渐放松五个假设中的四个假设（其中的假设四是目前学界公认成立的假设，本书依然保留）。

首先，放松假设一。从目前学界对教育的经济功能的观点来看，许多研究者认为教育除了筛选不同能力的个体外，还能提高个人的劳动生产率，也即是，教育既表现出筛选功能，也表现出生产性功能，筛选理论与人力资本理论大部分是同时成立的。为此，本书遵循这一观点，由此放松假设一，试图探讨在筛选理论与人力资本理论同时成立的情况下，何种理论在中国劳动力市场中更具有解释力度。

其次，放松假设二。教育信号成本与个人能力呈负相关的假定在当前教育规模大扩展的背景下让人产生质疑，尤其是在中国高等教育扩招之后，高等教育规模空前扩大，能力参差不齐的个体均有机会进入高等教育学习，并且在耗费相同信号成本的情况下获取同等的教育文凭。为此，本书结合中国当前教育实践背景，放松假设二，试图探讨在教育信号成本与个人能力负相关关系渐弱甚至是无关的情况下，筛选理论是否依然成立，并试图回应现实中的棘手问题，如果教育信号功能被弱化，未来应该如何改善和提升教育信号，同时，劳动力市场中又该如何规避信息不对称问题？

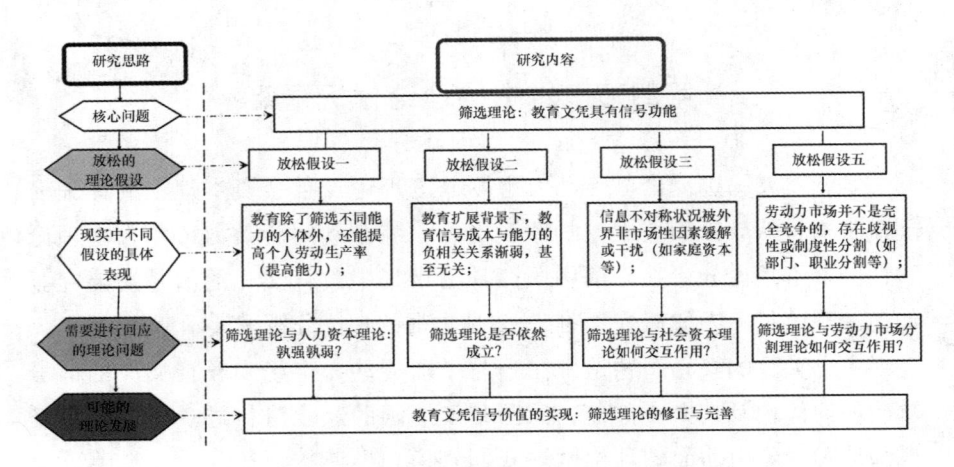

```
研究思路                    研究内容

核心问题  ------>  筛选理论：教育文凭具有信号功能

放松的      放松假设一      放松假设二      放松假设三      放松假设五
理论假设

现实中不同   教育除了筛选不   教育扩展背景下，  信息不对称状况被   劳动力市场并不是完
假设的具体   同能力的个体外，  教育信号成本与能   外界非市场性因素   全竞争的，存在歧视
表现        还能提高个人劳动   力的负相关关系渐   缓解或干扰（如家   性或制度性分割（如
            生产率（提高能力）； 弱，甚至无关；     庭资本等）；       部门、职业分割等）；

需要进行回应  筛选理论与人力资   筛选理论是否依然   筛选理论与社会资   筛选理论与劳动力市
的理论问题   本理论：孰强孰弱？  成立？             本理论如何交互作用？ 场分割理论如何交互作用？

可能的     ------>  教育文凭信号价值的实现：筛选理论的修正与完善
理论发展
```

图2—2 本书的理论分析框架示意图

紧接着，放松假设三。中国还是个人情社会，在个人职业发展及收入分配等中，外生性因素一定程度上发挥着干扰作用，可能会缓解或降低在中国劳动力市场中的信息不对称状况，如此情况下，教育信号功能将如何表现，筛选理论的解释力度是否强劲等需要进行实证检验。为此，本书将结合中国经验材料来探讨在中国劳动力市场中筛选理论与社会资本理论是如何相互作用的。

最后，放松假设五。中国劳动力市场中存在典型的市场分割是当前学界不争的事实，如部门、职业、地区等分割，劳动力市场并不是完全竞争的，不同市场间的劳动力并不能自由流动，由此造成不同市场间的竞争程度并不一致，如此情况下，教育信号功能在不同市场间如何表现是本书需要关注的问题，探讨在中国劳动力市场中筛选理论与劳动力市场分割理论是如何相互作用的。

在完成上述四个假设的放松之后，本书将对实证研究结果进行归纳，试图呈现一个更具有现实解释力的教育信号模型，尽可能地修正和完善筛选理论，深入探究教育文凭如何在劳动力市场中发挥出信号功能。

第五节　既有研究模型及其存在的问题

从目前文献上看，研究文凭效应的模型大都是在明瑟收入方程的基础上进行扩展演化，由于不同研究时期在技术处理及数据获取限制上存在着差异，从而呈现出明显的阶段性模型分类，总体上看，主要呈现出以下几类估计模型：

一　基于"构建"文凭变量的样条函数

从目前文献上看，最早构建出实证模型对文凭效应进行计量分析的文献可以追溯到亨杰福德和索洛伦的研究，后续大量研究利用他们的模型分析不同国家、经济体制结构下各种群体的文凭效应。这一时期的研究模型主要存在两种类型：一是在经典的明瑟收益方程基础上进行演变，经典明瑟收入方程如下：

$$\ln Y = \alpha + \beta S + \gamma \vec{X} + \varepsilon \qquad (1)$$

其中，Y 一般为小时工资数，有研究也是用年收入、月工资等，S 为连续型的受教育年限变量，β 即为经典的明瑟收益率，表示的是，每多接受一年教育，个体收入的增长情况。向量 X 包含一组控制变量，如工作经验、工作经验的平方、性别、地区、工作类型、职业等。

最早的文凭效应模型是在此基础上，将连续型的受教育年限转换成多个离散的受教育年限变量，判断个体的教育收益率在不同教育年份上是否存在不连续跳跃现象，模型如下：

$$\ln Y = \alpha + \sum \beta_i S_i + \gamma \vec{X} + \varepsilon \qquad (2)$$

一般而言，这种不连续跳跃现象将会出现在教育文凭获取的年份上（如第9年、第12年、第16年、第19年等可能获取文凭的教育年份上），若实证结果显示在这种教育文凭获取的节点上存在这种不连续跳跃现象，则说明存在文凭效应，因为个体在文凭获取年份获得了向潜在雇主展示自身高能力的文凭，文凭的信息功能给其带来高收益。也有研究者在此模型基础上，探讨入学年份（如第13年，也即大学入学年份）对个人收益的影响，这种入学信息也是一种信号，证明自己有能力进入更高层次教育，发送出自己高能力信息，从而获取高收益，这种现象的出现也直接证明了阿罗的过滤理论[①]。

第二种类别是，同样基于经典的明瑟收益方程，加入虚拟的教育文凭变量，这种变量的"构建"基础是各阶段教育的常规的毕业年份。受数据获取的限制，研究者无法获取样本个体准确的文凭获取信息，仅获悉到个体所接受的教育年限，只能基于常规的文凭获取年限推断样本个体可能获取的教育文凭，如接受了9年教育的个体可能获取了初中文凭，接受了12年教育的个体取得了高中文凭，接受了16年教育的样本获取了本科教育文凭，接受了19年教育的个体取得了研究生教育文凭等。如此推断下，研究者们"构建"出一系列的文凭虚拟变量，加入明瑟方程中，具体模型如下：

$$\ln Y = \alpha + \beta S + \sum \lambda_j D_j + \vec{\gamma} \vec{X} + \varepsilon \quad (3)$$

其中，D_j 为"构建"的文凭虚拟变量，如当 $S \geq 9$ 时，$D_2 = 1$，反之，则为0；当 $S \geq 12$ 时，$D_3 = 1$，反之，则为0；当 $S \geq 16$ 时，$D_4 = 1$，反之，则为0；当 $S \geq 19$ 时，$D_5 = 1$，反之，则为0；以此类推，一般以 D_1（初中以下教育）为参照组。若该虚拟文凭变量的估计系数显著大于零，则表明存在显著的文凭效应。由此，将传统研究估计的教育收益率划分为两部分：一是人力资本理论下的人力资本效应，也称为生产性效应，这一部分以模型（3）中的 β 系数表示，系数越高，表明生产性效应越大；二是筛选理论视角下的文凭效应，这一部分以模型（3）中的 λ 系数表示，这种效应是相对较低层级教育文凭而言，衡量的是每一较高阶段教育文凭给个人带来的额外收益，系数越大，表明文凭效应越高。正是基于这一模型，研究者们大都依据估计结果选择性支持人力资本理论或筛选理论，若生产性效应显著但文凭效应不显著，则支持人力资本理论；若文凭效应显著但生产性效应不显著，则支持筛选理论；若生产性效应和文凭效应均显著，则同时支持人力资本理论和筛选理论。另外，模型（1）和模型（3）中受教育年限的估计系数之差表示的是教育文凭对个人教育收益的整体解释力度，反映的是信号价值在总体教育收益中的占比。

[①] Arrow K. J., "Higher education as a filter", *Journal of Public Economics*, Vol. 2, No. 3, 1973.

也有研究者尝试对模型（3）进行改进，在模型中加入"构建"的文凭虚拟变量与各阶段教育年限的交叉项，以期更为准确地衡量文凭效应和生产性效应，具体模型如下：

$$\ln Y = \alpha + \beta S + \vartheta D_9 + \chi D_9(S-9) + \delta D_{12} + \varphi D_{12}(S-12) +$$
$$\eta D_{16} + \mu D_{16}(S-16) + \rho D_{19} + \gamma \vec{X} + \varepsilon \quad (4)$$

其中，D_9、D_{12}、D_{16}、D_{19} 为 0—1 虚拟变量，与模型（3）一样，当 $S>=9$、$S>=12$、$S>=16$、$S=17$、$S=18$ 时取值为 1，反之为 0；(S_n-m) 为在各阶段实际接受的教育年限，取值范围在 $0-k_n$（k_n 为各阶段教育的"常规"教育年限）。各阶段教育下详细的生产性效应和文凭效应的取值情况如表 2—1 所示：

表 2—1　　不同受教育年限下的生产性效应和文凭效应

受教育年限（S）	生产性效应	文凭效应
$S \leq 8$	β	—
$S = 9$	β	ϑ
$9 < S < 12$	$\beta + \chi$	ϑ
$S = 12$	$\beta + \chi$	$\vartheta + \delta$
$12 < S < 16$	$\beta + \chi + \varphi$	$\vartheta + \delta$
$S = 16$	$\beta + \chi + \varphi$	$\vartheta + \delta + \eta$
$16 < S < 19$	$\beta + \chi + \varphi + \mu$	$\vartheta + \delta + \eta$
$S = 19$	$\beta + \chi + \varphi + \mu$	$\vartheta + \delta + \eta + \rho$

二　基于真实文凭变量的明瑟方程分析

尽管大量研究基于上述模型进行了实证分析，但也有学者（如积家和佩奇[1]、鲍尔等[2]）对这一模型提出了质疑，原因是该模型由于无法取得准确的文凭变量信息，只能通过"常规"的受教育年限来推断文凭获取状态，但这种推断是不准确的，不同个体需要花费不同的时间才能获

---

[1] Jaeger D. & Page M., "Degrees matter: new evidence on sheepskin effects in the returns to education", *Review of Economics and Statistics*, Vol. 78, No. 4, 1996.

[2] Bauer Thomas K., Patrick J. Dross & John P. Haisken-DeNew, "Sheepskin effects in Japan", *International Journal of Manpower*, Vol. 26, No. 4, 2005.

表2—2 交叉表——最高受教育程度与受教育年限

受教育年限（年）	最高受教育程度										各教育年限总数，N	各教育年限，%
	高中以下	高中	大专（无学位）	大专（职业）	大专（学术）	本科	硕士（学术）	硕士（专业）	博士		
0—8	655	41	3	0	0	2	2	0	0	703	0.038
9	302	33	2	1	0	1	0	0	0	339	0.018
10	446	62	2	0	0	0	0	0	0	510	0.027
11	348	131	6	2	0	0	1	0	0	488	0.026
12	236	6331	797	92	25	44	6	1	0	7532	0.403
13	9	165	1083	80	39	23	4	0	0	1403	0.075
14	8	109	1016	413	428	70	8	2	0	2054	0.11
15	3	18	325	74	93	104	4	5	2	628	0.034
16	3	31	101	52	65	2542	115	9	2	2920	0.156
17	0	5	10	4	5	267	212	11	9	523	0.028
18年及其以上	0	13	12	4	8	197	987	211	167	1599	0.086
各教育程度总数N	2010	6939	3357	722	663	3250	1339	239	180	18699	
各教育程度%	0.108	0.371	0.18	0.039	0.036	0.174	0.072	0.013	0.01		

注：数据来源于1991年和1992年现代人口调查中年龄在25—64岁，有正工资收入，每周工作的匹配样本。

资料来源：Jaeger D. & Page M.. "Degrees matter: new evidence on sheepskin effects in the returns to education". *Review of Economics and Statistics*, Vol. 78, No. 4, 1996.

取文凭（复读、跳级、休学等），有的甚至没有取得文凭。这种粗略推断会造成研究结果偏差。以积家和佩奇的研究为例，如表2—2所示，自我报告的最高受教育程度为高中学历的6939个体中，只有91.23%真实接受了12年教育，4.92%的个体受教育年限超过12年，还有3.85%的个体受教育年限小于12年；反过来看，自我报告接受了12年教育的7532样本中只有84.05%的个体拿到了高中文凭，自我报告接受了16年教育的2920样本中只有87.05%的个体获得了本科文凭，然而3250个拿到本科文凭的样本中只有78.22%的个体接受了16年教育，14.28%的个体接受了超过16年的教育。由此说明，仅依据常规的受教育年限推断个体最高教育文凭是不准确的，以此为基础的估计模型的估计结果会存在明显的偏差。

随着准确取得文凭变量信息成为可能，研究者用真实的文凭变量替代原先模型中构建的文凭信息变量，模型如下：

$$\ln Y = \alpha + \beta S + \sum \lambda_j D_j + \gamma \vec{X} + \varepsilon$$

或 $\ln Y = \alpha + \beta S + \sum \lambda_j D_j + \sum \mu_j D_j (S - S_n) + \gamma \vec{X} + \varepsilon$ （5）

其中，D_j表示真实的文凭变量。S_n为各教育阶段所需的总教育年限，如高中需要9年，则$S_n = 9$。积家和佩奇基于1991—1992年美国现期人口调查数据（CPS）同时对比了上述两种模型的研究结果，"构建"文凭变量模型下初中和高中并不存在显著的文凭效应，但大学教育的文凭效应显著存在，大小为12%。使用真实的文凭变量信息后，高中和大学教育存在显著的文凭效应，大小分别为11%、31%，均显著高于前一模型的估计结果，这也再次证明前面对早先模型的判断。后续大量文献采用这种方法，如吉森基于上述模型利用新西兰劳动力市场调查数据比较分析不同性别、种族间的文凭效应差异，发现女性、少数民族的本科教育的文凭效应较高，分别达到了40.5%、56.7%。[1]

同样，有研究者将模型（5）中的连续型受教育年限转换成多个离散的受教育年虚拟变量，以期分析是否存在教育回报的不连续跳跃现象，

---

[1] John Gibson, "Sheepskin effects and the returns to education in New Zealand: Do they differ by ethnic groups?" *New Zealand Economic Paper*, Vol. 34, No. 2, 2009.

模型变为：

$$\ln Y = \alpha + \sum \beta_i S_i + \sum \lambda_j D_j + \gamma \vec{X} + \varepsilon$$

$$\text{或} \ln Y = \alpha + \sum \beta_i S_i + \sum \lambda_j D_j + \sum \mu_j D_j (S - S_n) + \gamma \vec{X} + \varepsilon \qquad (6)$$

值得注意的是，很多文献中试图分析不同种族、性别、地区、部门等类型的文凭效应差异，主要存在两种估计方法：一是在模型（5）或（6）中加入教育文凭变量与类型变量的交叉项，通过判断交叉项系数的显著性来分析不同类型群体的文凭效应差异，以模型（5）为例，新的模型如下：

$$\ln Y = \alpha + \beta S + \sum \lambda_j D_j + \sum \theta_j D_j \times Type + \gamma \vec{X} + \varepsilon$$

$$\text{或} \ln Y = \alpha + \beta S + \sum \lambda_j D_j + \sum \mu_j D_j (S - S_n) + \sum \theta_j D_j \times Type + \gamma \vec{X} + \varepsilon \qquad (7)$$

其中，$Type$ 为类型虚拟变量，若系数 θ_j 显著异于零，则表明存在显著的类型差异。该模型同样可以用来分析不同工作经验、单位任期、公司规模等状态变量对文凭效应的影响。第二种方法是直接使用模型（5）或（6），将原始总体样本拆分成不同的子样本进行单独分析，然后比较不同估计系数的差异。

上述7个模型是笔者所阅读文献最为常见的基础性模型，表2—3呈现了基于上述模型进行实证研究的部分文献及其估计结果：

三 基于技术问题解决方案的扩展模型

尽管目前文凭效应研究文献大都使用上述两类模型，但仍然与传统研究教育收益率的文献一样，面临着两个重要的技术问题：一是遗漏变量，最典型的就是遗漏能力变量，能力越高的人能够接受更多的教育，获取的教育文凭更高，因此使用上述模型进行文凭效应计量时会造成内生性问题，不能准确衡量教育文凭的真实作用。以模型（3）为例，传统的 OLS 回归的一个重要条件是"满足前定变量假设"，也即解释变量与扰动项之间不相关，否则无论样本容量多大，估计结果都无法收敛到真实

表2—3 不同研究模型下的文凭效应估计结果

编号	作者	年份（年）	数据	模型	文凭效应
1	Hungerford & Solon	1987	美国 CPS 1978 年，白人男性，年龄在 25—64 岁，N=16498；没有关于具体文凭变量的信息	(2) (4)	高中 3.6% 大学 9.36%
2	Jaeger & Page	1996	美国 CPS 1991 年和 1992 年，白人男性，年龄 25—64 岁，N=8957；有准确的文凭获取信息	(2) (4) (5)	高中 11% 大学 31%
3	Belman & Heywood	1997	美国 CPS 1991 年，白人男性，年龄 25—64 岁，N=68838；没有准确的文凭变量信息	(2) (4)	高中 7.14% 大学 15%
4	Arkes	1999	美国 NLSY 1993 年，男性，年龄 28—30 岁，N=1064；含有准确的文凭获取信息	(2) (3)	高中 5.7% 大学 21.2%
5	Park	1999	美国 CPS 1990 年，年龄 25—64 岁，N=12187；使用真实的文凭变量	(2) (4)	高中 9.3% 大学 23.5%
6	Liu & Morley	2013	中国 CHIP 1995 年和 2002 年，城市非自我雇用样本，年龄 16—65 岁，N_{1995}=10230，N_{2002}=8954；有真实的文凭变量信息	(5)	1995 年：初中 10.2%；高中 10.6%；技校 21%；两年制学院 17.8%；四年制大学 32.6%； 2002 年：初中 20.6%；高中 18.8%；技校 36.6%；两年制学院 49.8%；四年制大学 59.8%；研究生 87%

66　中国文凭效应

续表

编号	作者	年份（年）	数据	模型	文凭效应
7	Anna & Mauricio	2009	巴西 PNAD 1982 年、1992 年、1998 年、2004 年，年龄 25—60 岁，都市非自我雇用样本；$N_{1982}=71366$，$N_{1992}=55542$，$N_{1998}=63920$，$N_{2004}=83988$；没有真实的文凭变量信息	(2) (4)	1982 年：小学 12.3%，初中 11.6%，高中 37.4%，大学 36.4%；1992 年：小学 3.6%，初中 22.4%，高中 50%，大学 24.4%；1998 年：小学 −3.3%，初中 12.3%，高中 36.9%，大学 24.3%；2004 年：小学 −3.3%，初中 14.6%，高中 31.2%，大学 21.2%
8	Shabbir	2013	1979—1980 年巴基斯坦 HIES 和 MS，男性工人，$N=541$；没有真实的文凭变量信息	(2) (3)	Matric 文凭 9.4%，Intermediate 文凭 32.3%，学士 17.4%，硕士 49.2%
9	Alfonso & Audrey	2009	美国 NLSY 1979 年，$N=11712$；具有真实的文凭变量信息	(5)	高中 21.7%，本科 58.7%，研究生 85%
10	Peter	2011	荷兰 ASUS 1999 年和 2003 年，$N=6976$；有真实的文凭信息	(5)	高中 9.3%，中等职业教育 7%，高等职业教育 17.9%，大学 32.4%
11	Mary	2008	英国 NCDS 1978 年，$N_{men}=2706$，$N_{women}=1994$；有真实的文凭信息	(5)	男性 O 水平证书 11%，女性 O 水平证书 15%；加入数学和英语阅读的测试分数后，文凭解释力度很小，而且不显著[1]

---

[1] Mary Silles, "Sheepskin effects in the returns to education", *Applied economics letters*, Vol. 15, No. 3, 2008.

续表

编号	作者	年份（年）	数据	模型	文凭效应
12	Harry & Maria	2014	阿根廷 EPH 2002 年，年龄 14—65 岁，N = 9309；有真实的文凭信息	(5)	初中 2.1%，高中 10%，高等教育 17.4%
13	Mora & Muro	2008	英属哥伦比亚 NHS，N = 50429；没有真实的文凭信息	(4)	1996 年高中 6.2%，大学 -4.2%；1997 年高中 11.2%，大学 8.9%；1998 年高中 8.4%，大学 27.6%；1999 年高中 17%，大学 30.9%；2000 年高中 14.4%，大学 46%
14	Riddell	2008	加拿大 IALSS 2003，加拿大出生，非土著人，N = 14637，周工资 50—20000 美元，非自我雇用样本，工人样本 N = 7766；有真实的文凭信息	(5)	高中 22.5%，中等高中后教育（无高中文凭）27.4%，中等高中后教育（有高中文凭）18.6%，大学 50.8%，研究生 7%；加入平均认知技能得分作为代理变量后，文凭效应变为 17.6%，24.4%，17.5%，46.4%，6%[①]
15	Trostel & Walker	2004	美国 CPS 1991 和 1992 年，年龄 25—64 岁，非自我雇用样本，N = 71371；有真实的文凭信息	(6)	边际效应：高中 11.3%，社区大学 6.8%，职业副学士 7.9%，学术副学士 17.6%，学士 30.7%，硕士 7.8%，专业硕士 26.1%，博士 16.5%

---

① Riddell C. W., "Understanding 'Sheepskin Effects' in the returns to education: The role of cognitive skills", Canada: Department of Economics, University of Toronto, 2008.

续表

编号	作者	年份（年）	数据	模型	文凭效应
16	Kun	2014	匈牙利HGCTS 2011年和2012年，$N_{2011}=20453$，$N_{2012}=24890$；有是否获取文凭信息	*	在BA/BSc，Pre-Bologna college，Pre-Bologna or undivided university，MSc均存在明显的文凭效应
17	Denny & Harmon	2001	美国，加拿大，瑞士，英国，爱尔兰5国IALS，样本量分别为815，1066，740，987，531；无真实文凭信息	(2)	除加拿大外，其他四国在各层次教育均存在显著的文凭效应，以瑞士为例，lower secondary 7.4%，upper secondary 15.1%，third level-non-degree 30.2%，third level-degree & post-gard 36.2%
18	Pons	2006	西班牙ECBC 1991，非自我雇用系列，年龄19—65岁，有工资数据工人，N=2195，其中男性1317，女性878	(5)	男性：EGB 2.7%，USEC 17.7%，UNI 2.6%；女性：EGB 1.1%，USEC 9.1%，UNI 1.3%
19	Gibson	2000	新西兰ETS 1996，N=10895；有真实的文凭变量信息	(6)	在较低层次教育上，European/Pakeha和少数民族Maori/Pacific之间并不存在显著差异，但在研究生层次上差异显著，少数民族的文凭效应远远高于非少数民族
20	Bitzan	2009	混合美国CPS 1999—2003，白人样本167306，黑人样本11791；有真实的文凭变量信息	(6)	白人男性：GED 13%，高中16.1%，职业教育4.8%，副学士7.2%，学士22.3%，硕士7.8%，专业硕士17.9%，博士16.4%；黑人男性：8.7%，14.5%，7.1%，3%，14.7%，10.2%，22.7%，34.6%

续表

编号	作者	年份（年）	数据	模型	文凭效应
21	Pons & Blanco	2005	西班牙ECBC 1991年，非自我雇佣系列，年龄19—65岁，有工资数据工人，N=2195，其中私立部门1344，公立部门851	(5)	公共部门：EGB20.2%，大学13.3%；私立部门：EGB10%，大学7.6%
22	Low & Chris	—	危地马拉NHS 1989年，年龄21—65岁，男性工人，非农部门，N=5863	(2)	教育存在非线性回报，存在不连续跳跃现象
23	Bauer et al	2005	日本JPSC 1993—1997年，735个全职工作男性，五年构成2814总量的样本	(5) (6)	整体上，高中26%，专科21.8%，本科50.7%，本科辍学31.7%；大公司26.5%，10%，31.1%，13.1%；小公司：10%，2.4%，33.2%，38.4%

注："*"表示的是原始考察文凭效应的模型，该模型由莱亚德利萨卡德普洛斯提出，直接对有文凭和没有文凭的个体的平均工资进行比较，也称为L-P检验（Layard-Psacharopoulous Test）；"—"表示未发表论文。

的总体参数，估计结果是不一致的。遗漏的能力变量不仅与受教育程度 S 相关，还与各教育文凭变量 D_j 相关，这将使得残差项 ε 与受教育年限、教育文凭变量相关，也即 Cov（ε, S）≠0，Cov（ε, D_j）≠0，未满足前定变量假设，传统 OLS 估计结果存在偏差。

解决此类问题的办法一般有三种思路：一是寻找遗漏变量的代理变量，借鉴传统研究教育收益率的研究可知，大量研究尝试引入父母的受教育程度、家庭经济水平、考试成绩或者自编多维度量表测量个体智商等[1][2][3]来衡量个体自身能力的代理变量。具体到本书而言，也即是在模型中加入这些代理变量进行重新估计，新的模型如下（其中 proxy 为代理变量）：

$$\ln Y = \alpha + \beta S + \sum \lambda_j D_j + \gamma \vec{X} + \varphi proxy + \varepsilon \qquad (8)$$

从目前关于文凭效应研究的文献上看，有两篇文献借鉴了这一方法：一是玛丽·希尔斯基于英国全国儿童发展调查（NCDS1978）数据估计 O 水平证书的信号价值，发现，传统 OLS 估计下男性的文凭效应为 11%，女性的为 15%，但是加入数学和英语阅读的测试分数后，文凭效应都不显著，教育文凭本身对个人收益的解释力度很小；[4] 二是里德尔利用加拿大 2003 年国际成人艺术和技能调查数据（IALSS），采用四种方法来寻找个人能力的代理变量，一是父母的教育水平，二是父母是否为移民，三是个人高中数学学习状况（考试成绩和数学老师的教学进度感知），四是通过综合四种技能（Prose Literacy/Document Literacy/Numeracy/Problem Solving）的测试分数并取其平均数，发现，文凭效应下降，以加入平均认知技能得分作为代理变量为例，加入之前，高中、中等高中后教育（无高中文凭）、中等高中后教育（有高中文凭）、大学教育及研究生教育的边际文凭效应分别为 22.5%，27.4%，18.6%，50.8%，7%，加入之

---

[1] Blackbum M., Neumark D., "Unobserved ability, efficiency wages, and inter-industry wage differentials", *The Quarterly Journal of Economics*, Vol. 107, No. 4, 1992.

[2] 李实、丁赛：《中国城镇教育收益率的长期变动趋势》，《中国社会科学》2003 年第 6 期。

[3] Card D., "The causal effects of education on earnings", *Handbook of Labor Economics*, Vol. 3, 1999.

[4] Mary Silles, "Sheepskin effects in the returns to education", *Applied economics letters*, Vol. 15, No. 3, 2008.

后相应变为 17.6%，24.4%，17.5%，46.4%，6%。① 这种思路的逻辑很清晰明了，但是在现实研究中也存在问题，如何寻找合适的代理变量、如何全面且权威地测试个人能力（异质性、工作岗位差异性、阶段性等）、如何解读家庭成员的受教育程度变量的背后意义（普通解释变量、代理变量还是工具变量？）等，如何回答这些问题将决定了这一思路的有效性，未来在这方面的研究需要更多的实践探索。

第二种思路是，既然遗漏的能力变量会造成扰动项和内生变量（受教育程度和教育文凭）相关，致使 OLS 回归不满足前定假设，那么可以从内生变量着手，将其拆分成两部分：一部分与扰动项相关，一部分与扰动项不相关，利用与扰动项不相关的一部分得到一致估计。"工具变量法"则是用来分离出这一部分信息。这种方法在传统教育收益率的研究中得到广泛使用，很多研究采用出生季度、教育政策（"文化大革命"、义务教育法、高等教育扩张等）、教育的可获得性等②作为工具变量来计算教育收益率，但从目前文献上看，尚未找到使用这种方法来估计文凭效应的研究，究其原因，主要在于，传统的教育收益率研究只需要寻找到一个连续型变量受教育年限的工具变量就能进行实证分析，但是在文凭效应研究中不仅有连续型的受教育年限变量，还有多个离散的教育文凭虚拟变量，因此需要寻找"N+1"个工具变量才能适度估计（N 为需要估计文凭效应的教育文凭种类数）。而寻找单个工具变量都是研究中的难点问题，不完善的工具变量不仅难以解决内生性的遗漏变量问题，更可能引发其他更大的偏差，更何况研究文凭效应需要同时使用多个工具变量进行估计。因此，这是这种方法的难点。当然，这也是本书尝试开展的一个突破点（后文会详细介绍本书如何使用这一方法。）

第三种思路是，寻找能力相同或差异不大的个体，一般有两种途径：

---

① Riddell C. W.，*Understanding "Sheepskin Effects" in the returns to education：The role of cognitive skills*，Canada：Department of Economics，University of Toronto，2008.

② Angrist J. D.，Krueger A. B.，"Does Compulsory School Attendance Affect Schooling and Earnings?"，*Quarterly Journal of Economics*，Vol. 106，No. 4，1991；吴要武：《寻找阿基米德的"杠杆"："出生季度"是个弱工具变量吗?》，《经济学》（季刊）2010 年第 2 期；Meng X. & Gregory R.，"Exploring the impact of interrupted education on earnings：the educational cost of the Chinese cultural Revolution"，*IZA Discussion Paper*，2007；Li H. & Luo Y.，"Reporting errors，ability heterogeneity，and returns to schooling in China"，*Pacific Economic Review*，Vol. 9，No. 3，2004.

一是寻找双胞胎数据①，从而控制个体能力的差异，传统的 OLS 回归依然满足前定变量假设，可以得到一致估计。但是由于现实中很难找到大样本、代表性的双胞胎数据，这一途径是受限的。第二种途径是构造能力相差不大的样本群体，从而避免内生性问题。这种构造途径一般是通过寻找某场能力测试的某个区间，假定这区间内群体能力差异不大，从而控制能力变量。这种途径中最经典的方法是断点回归分析法，从目前文献上看，仅搜索到一篇利用这一方法进行文凭效应研究的文献。达蒙·克拉克和佩科·马尔托雷尔在最近的研究中采用模糊型断点回归方法来估计高中教育的文凭效应，他们发现，得克萨斯州所有高中生必须通过标准化的学校结业考试才能有机会获取高中文凭，每个学生可以多次参加考试，在第 12 年中存在高中期间最后一次考试，那些在前面多次考试中未通过的个人必须在最后一次考试中通过，否则无法获取文凭。正是基于这样一个州政策的现实，他们利用得克萨斯州高中和高中后教育的行政管理数据（详细记录了个体人口统计学信息、高中参加结业考试信息、入读大学信息以及进入劳动力市场的表现等）来构建准随机试验，比较在第 12 年中重新参加结业考试的刚刚达到及格线（很大可能获取文凭）与差一点达到及格线（较低可能获取教育文凭）的个体之间的收益，由于这类群体之前参加多次考试均未通过，表明这类群体在能力上并不存在显著差异，从考试及格成绩前后选择分析样本更是进一步控制了个人能力因素，从而可以准确判断是否存在显著的文凭效应。具体模型如下：

$$D_i = a_0 + a_1 PASS + g(p_i) + \omega_i \tag{9}$$

$$Y_i = \beta_0 + \beta_1 D_i + f(p_i) + \varepsilon_i \tag{10}$$

他们以是否通过结业考试作为文凭的工具变量，在第二阶段回归中 $f(p_i)$ 捕获的是劳动力市场结果与结业考试分数之间的关系。若系数 β_1 显著大于零，则表明高中教育存在显著的文凭效应。而他们的研究结果是，高中教育并不存在显著的文凭效应。②

---

① 孙志军：《基于双胞胎数据的教育收益率估计》，《经济学》（季刊）2014 年第 3 期。
② Damon Clark & Paco Martorell, "The signaling value of a high school diploma", *Journal of Political Economy*, Vol. 122, No. 2, 2014.

尽管这种准随机试验的方法能够准确捕获教育文凭的信号价值，但目前来看这种研究模型也存在几个难题：一是现实中难以获取如此详细的追踪调查数据，尤其是行政管理部门的跟踪数据，不利于文凭效应研究的深入开展与推广；二是如何选择临界值左右的取值范围（"带宽"），既要考虑到样本点在临界值两边都比较平滑，又要在一定程度使得样本点在临界值处的跳跃能够显现出来，这需要更多的经验尝试。

二是存在选择性偏差问题，既有文献都是基于进入劳动力市场中的雇员样本进行分析，并未考虑那些拥有教育文凭却未进入劳动力市场（如全职在家或处于工作找寻状态）或进入劳动力市场但非雇用系列（如创业、自家公司打工、自由职业等）的样本，这就有可能致使研究样本不具有总体代表性，如那些能力高（或能力低）的人具有更多的就业选择（或无法获取工作）。或者说，存在其他决定性变量会影响个人进入劳动力市场（或进入劳动力市场但非雇用系列）的选择，因此这种影响对个人的收入产生了断尾作用（对于未进入劳动力市场而言；对于进入非雇用系列而言，是对被解释变量产生混淆干扰无法区分个人收入是来自教育年限和教育文凭及其他解释变量，还是来自资本或其他收入等），这种决定性变量对个人形成一种"自我选择"，由此造成研究结果存在偏差（偏高或偏低取决于分析样本的选择性偏差程度及其分布）。以模型（3）为例，假如存在一个未被观测到的决定性变量 U，该变量会影响个人进入劳动力市场的行为，从而影响未来个人收入，而且这种影响因个体受教育度高低而异，则模型变为模型（11），如下所示：

$$\ln Y = \alpha + \beta S + \sum \lambda_j D_j + \gamma \vec{X} + \sigma U + \psi SU +$$
$$\sum \rho_j D_j U + \varepsilon \qquad (11)$$

如若简单使用模型（3）进行估计，被遗漏的变量及其与解释变量之间的交叉项的效应会被体现在 β 和 λ 的估计结果上，造成估计结果向上偏差。这种情况下必须考虑使用 heckman 两阶段方程，试图找出未被观测的决定性变量，以消除这种估计偏差。极少数研究文凭效应的文献指出了这个潜在的偏差问题，如佛瑞兹使用 1972 年全国高中生班级长期调查数据（NLS-72），利用 heckman 方法修正选择性偏差，并通过放松模型使用假定来检验结果的稳健性，认为估计结果对"排他性约束"条件的变化尤为敏感。① 另外，奇西克②、刘宝华和王永庆③等也做了类似的分析和检验。

除了上述两大技术难题外，文凭效应研究同时也面临着其他问题，如测量偏误和异质性问题，也值得后续研究深入剖析。

由上述基于文凭效应研究模型的回顾可知，目前关于文凭效应的计量模型大都存在着各种技术或现实难题，需要进一步深入地改进并发展这些研究模型，以期更为准确地衡量教育文凭的信号价值。本书将尝试性解答上述三种问题（异质性、内生性、自选择）：首先是尝试利用上述多种基础性模型分析不同部门、职业、性别、地区、家庭背景、年代、单位任期等群体的文凭效应差异，探讨文凭效应的异质性呈现何种特征；其次是试图寻找可能的决定性变量，利用经典的 heckman 方程尝试解决自选择偏差问题；接下来是寻找可能的教育年限与教育文凭的工具变量，避免内生性干扰问题；最后是由于本书中可能同时存在着自选择和内生性问题，需要构建新的综合模型同时加以避免，以期获得较为准确的估计结果。接下来将主要呈现本书为达到上述目的所需要用到的实证模型（基础性模型与上述梳理相同，不作赘述）。

第六节 模型修正及本书所用模型设计

一 分位数回归

传统 OLS 回归考察的是解释变量 x 对被解释变量 y 的条件期望 $E(y|x)$ 的影响，本质上是一种均值回归，条件期望只能反映出整个 $y|x$ 条件分布的集中趋势，如果研究者关心的 x 对整个 $y|x$ 条件分布的全过程影响，OLS 回归并不能整体刻画出来。正如本书中需要分析各解释变量（教育年限、教育文凭、工作经验、地区等）对不同收入群体的影响

---

① Frazis H., "Selection bias and the degree effect", *Journal of Human Resources*, Vol. 28, No. 3, 1993.

② Chiswick B. R., "Schooling, Screening and Income", Solmon L. C. & Taubman P. J. ed. *Does College Matter?* New York: Academic Press, 1973.

③ Liu P. W. & Wong Y. C., "Educational screening by certificates: an empirical test", *Economic Inquiry*, Vol. 20, No. 1, 1982.

差异，进而分析不同收入群体下的文凭效应，普通 OLS 回归并不能概括全貌，但若单纯将样本按收入进行分组分析，又会造成很大的信息损耗，在这种情况下，本书需要考虑使用分位数回归（Quantile Regression，QR）。以上述模型（3）为例，将模型（3）改写为向量线性函数，即

$$f_q(M_i) = \ln Y = M'_i \beta_q + \varepsilon \qquad (12)$$

其中，M 是各解释变量的向量形式，条件分布 $lnY \mid M$ 的总体 q 分位数 $f_q(M)$ 是解释变量 M 的线性函数，β_q 是 q 分位数回归系数，拟合估计值 $\hat{\beta}_q$ 可通过以下最小化问题来定义

$$\min_{\beta_q} \sum_{i:f_i \geq M'_i\beta_q}^{n} q \mid f_i - M'_i\beta_q \mid + \\ \sum_{i:f_i \leq M'_i\beta_q}^{n} (1-q) \mid f_i - M'_i\beta_q \mid \qquad (13)$$

若 $q = 1/2$，上述目标函数简化为

$$\min_{\beta_q} \sum_{i=1}^{n} \mid f_i - M'_i\beta_q \mid \qquad (14)$$

也即是中位数回归（median regression），也称为最小绝对离差估计值（least absolute deviation estimator），与传统 OLS 的均值估计相比，不容易受到极端值的影响，估计结果更加可靠。样本分位数回归系数 $\hat{\beta}_q$ 一般使用线性规划求解，该系数是总体分位数回归系数 β_q 的一致估计量，服从渐进正态分布。

二 赫克曼两阶段法

使用赫克曼两阶段法（Heckman Two-stage Regression，HTR）分析文凭效应的核心是搞清楚样本进行"自选择"的具体形式，关键在于寻找影响"自选择"（是否进入劳动力市场或雇用系列）的决定性变量，在决定性变量的作用下形成"选择机制"，得到了一个最终是否进入的行为变量（设为 s，若 $s=1$，个体的收入可观测到，$s=0$ 时，个体的收入无法观测到）。s 的取值可通过以下 Probit 模型衡量

$$s^* = Z'_i k + \zeta \qquad (15)$$

其中，Z_i 为包含各种解释变量和决定变量的向量，若 $s^* > 0$，则 $s = 1$，反之为 0。ζ 服从正态分布。由此，可观测样本的条件期望为：

$$E(\mathrm{f}_i \mid \mathrm{f}_i \text{可观察}) = E(\mathrm{f}_i \mid s^* > 0) = E(M'_i\beta + \varepsilon_i \mid Z'_i k + \zeta_i > 0)$$
$$= E(M'_i\beta + \varepsilon_i \mid \zeta_i > -Z'_i k) = M'_i\beta + E(\varepsilon_i \mid \zeta_i > -Z'_i k)$$
$$= M'_i\beta + r\sigma_\varepsilon \lambda(-Z'_i k)$$

(16)

其中，r 为相关系数，$\lambda(\cdot)$ 为反米尔斯比率函数（inverse mills ratio），σ_ε 为模型（12）的扰动项的标准差。由式（16）可知，简单的 OLS 回归将遗漏 $r\sigma_\varepsilon\lambda(-Z'_i k)$ 项的影响，导致不一致估计。

使用赫克曼两阶段法的步骤为：首先用 Probit 估计方程：

$$P(s^* = 1 \mid Z) = \Phi(Z'_i k) \tag{17}$$

得到估计值 $\hat{k}$，进一步估计 $\hat{\lambda}(-Z'_i\hat{k})$；接下来，将 $\hat{\lambda}(-Z'_i\hat{k})$ 结果加入普通 OLS 回归方程中进行估计，得到 β 的一致估计值 $\hat{\beta}$。

应用该方法的关键是寻找到影响样本是否进入劳动力市场的决策变量，然后将这种决策变量纳入 Heckman 两阶段模型中进行分析，第一阶段是样本选择方程，需要纳入所有解释变量和决策变量，第二阶段是样本收入方程，需要纳入反米尔斯比率进行分析。本书的关注点是教育收益中的文凭效应，分析的是教育文凭对个人在劳动力市场中的作用，因此核心样本群体是那些利用了自身教育文凭进入了劳动力市场的个体。然而这里会存在两种"自选择"问题，一是由于本书使用的数据是全国性抽样调查类的横截面调查数据，如果我们仅是把那些进入了劳动力市场的样本单独抽出来进行分析，难以保证这些样本群体的随机性，忽视了那些未进入劳动力市场的样本群体，如此，可能存在一种选择偏差；二是即使调查样本进入了劳动力市场，但被调查样本可能进入的是非雇用系列（也称为"自我雇用群体"，包括 CGSS 调查问卷中的"自己是老板""个体工商户""在自己家的企业中工作/帮忙，不领工资""在自己家的企业工作/帮忙，领取工资""自由职业者""其他"等），这些样本进入劳动力市场并不需要依靠自身教育文凭的作用，因此我们无法衡量这些教育文凭给他们带来的额外收益，另外，他们的收入取决于更多的来源，如资本收入、家庭最优惠待遇、经营性收入等，无法获取他们真实的工资性收入。针对第一类"自选择"问题，本书的做法是按照传统路径，寻找可能影响他们进入劳动力市场的决策变量，参照已有文献，本书选择两个变量作为决策变量,"子女数"和"父母是否60岁以上"。之所以选择这两个变量的原因有三方面:一是与中国传统文化、家庭观念相关,"培养子女、赡养父母""上有老,下有小""家庭照料"等是家庭作为中国社会基本单元的内在属性,也是家庭主要劳动力需要考虑的经济压力来源和时间分配选择,这些变量会影响到家庭主要劳动力选择是否工作、何时及何种工作等,二是关于教育收益率的研究已经证明这些变量会影响到个体的工作选择[①],可以给本书带来参考;三是与中国现实社会更吻合的选择方案寻找变量是"18岁以下未成年子女总数""父母当前是否需要经济照料"等变量,但由于在部分年份的CGSS调查中缺失这些变量,只能折中处理。针对第二类"自选择"问题,一般也有多种处理方式,最普遍的做法是在选择方程和收入分析方程中都不考虑这些非雇用系列样本,这种做法简单便捷,但是对于本书而言,忽视这些群体会造成本书的目标群体"拥有教育文凭的个体"范畴缩小,不能保证所分析样本的随机性;二是在选择方程和收入方程中都考虑这些群体,把这些群体的收入当成一般性工资收入,然而这种做法会很大程度上高估了教育的真实作用,因为这种收入中可能涵括了其他来源收入,而这种来源收入与教育可能具有相关性,从而影响教育作用的评估;三是在选择性方程中考虑这些群体,但在收入方程中放弃这些群体,这样做有两大好处,一方面尽可能保证了样本的随机性,另一方面又避免了因其他因素混杂了因变量"收入",因此本书使用第三种方案。

三 工具变量法

工具变量的选择一般需满足两个条件:一是相关性,工具变量(iv)与内生性变量(x)相关,即 $Cov(iv, x) \neq 0$;二是外生性,工具变量与扰动项不相关,即 $Cov(iv, \varepsilon) = 0$,也称为排他性约束,工具变量对因变量的影响只能通过与其相关的内生性变量来实现,必须排除与其相关的其他渠道产生的影响。在同时满足这两个条件下,工具变量法(In-

---

[①] Zhang J., Zhao Y. H., Park A. & Song X., "Economic returns to schooling in urban China: 1988 – 2001", *Journal of Comparative Economics*, Vol. 33, No. 4, 2005; 王骏、刘泽云:《教育:提升人力资本还是发送信号》,《教育与经济》2015年第4期;刘泽云:《上大学是有价值的投资吗——中国高等教育回报率的长期变动(1988—2007)》,《北京大学教育评论》2015年第4期。

strumental Variables, IV) 才能得到一致估计。如果工具变量与内生性变量不相关或微弱相关，均无法准确捕获内生性变量对被解释变量的影响，回归结果很难收敛到真实的参数值，这种工具可称为"弱工具变量"。如果工具变量与扰动项相关，表明工具变量存在其他渠道对被解释变量产生影响，如此估计结果也必然产生更大偏差。因此，选择工具变量一直是个很谨慎的操作，很容易产生"治疗比疾病本身更严重"的问题。[1]

同样以模型（12）为例，为说明工具变量法的计算原理，假设该模型中仅有一个内生性解释变量 m_{ik}，即 Cov (m_{ik}, ε_i) $\neq 0$，则所估计的 OLS 结果是不一致的。假设存在一个有效的工具变量 w 符合两个条件：相关性条件（Cov (m_{ik}, w_i) $\neq 0$）；外生性条件（Cov (w_i, ε_i) $= 0$）。因为其他解释变量非内生性变量，因此他们可以看作自身的工具变量（均满足相关性和外生性条件），因此，记工具变量的向量为 $V_i \equiv (v_{i1} \cdots v_{i,k-1}\ v_{ik})' \equiv (m_{i1} \cdots m_{i,k-1}\ w_i)'$。设 $g_i \equiv V_i \varepsilon_i$。由前面工具变量的性质可知，E ($g_i$) = E ($V_i \varepsilon_i$) = 0 为"总体矩条件"或"正交条件"。因此可推论：

$$E(V_i \varepsilon_i) = E(V_i(f(M_i) - M'_i\beta)) = 0$$

也即，E ($V_i f(M_i)$) = E ($V_i M'_i$) β

由此可得，$\beta = E(V_i M'_i)^{-1} E(V_i f(M_i))$

用样本矩代替上式中的总体矩，可得到工具变量估计值：

$$\hat{\beta}_{IV} = \left(\frac{1}{n}\sum_{i=1}^{n} g_i M'_i\right)^{-1} \left(\frac{1}{n}\sum_{i=1}^{n} g_i f(M_i)\right) = (G'M)^{-1} G'f(M)$$

其中，$G \equiv (g_1 \cdots g_{n-1}\ g_n)'$。使用工具变量法一般有两个步骤：一是分离出内生变量中存在的外生部分；二是将被分离出的外生部分纳入到原 OLS 方程中进行估计，由此得到一致估计量，下面将结合本书问题阐述具体方法运用。

本书选择配偶受教育程度作为工具变量，理由如下：一是在中国现实社会中，夫妻双方通常在价值观、兴趣和行为方式等上具有一定的相似性，接受的教育程度之间存在较强的关联性，如此满足相关性条件。

---

[1] Bound J., Jaeger D. A. & Baker R. M., "Problems with instrumental variables estimation when the correlation between the instruments and the endogenous explanatory variable is weak", *Journal of the American statistical association*, Vol. 90, No. 430, 1995.

表 2—4 呈现了 2000 年全国 1% 人口普查中 292004 对夫妻样本中丈夫与妻子受教育程度之间的分布情况，由数据可知，教育程度相同的夫妻有 157782 对，占比达到了 54.03%，① 如果算上相近教育程度的夫妻，所占比例更高。由此说明现实婚姻中存在着教育匹配，夫妻双方教育程度的同质化倾向现象明显，个人在寻找婚姻伴侣时倾向于选择与自身教育程度相似的个体，考虑的因素涉及未来的生活方式、思想沟通、经济能力、价值观等。国外研究在这一点上也发现相似结论，如约翰·朋卡沃研究发现，在 1990 年美国人口调查中受教育程度相差在一个层级以内的夫妻数量是受教育程度相差一个层级以外的夫妻数量的 8.62 倍。②

表 2—4　　　　　　　　　婚姻双方教育匹配频数列联表

妻子受教育程度	丈夫受教育程度					合计
	小学以下	小学	初中	高中	大专及以上	
小学以下	22391	23891	10452	2141	118	58993
小学	3369	49094	40306	7428	441	100638
初中	947	10695	64930	16753	1582	94907
高中	114	1204	8471	17532	4655	31976
大专及以上	3	25	272	1355	3835	5490
合计	26824	84909	124431	45209	10631	292004

资料来源：李煜：《婚姻的教育匹配：50 年来的变迁》，《中国人口科学》2008 年第 3 期。

二是一般而言，配偶的受教育程度并不与个人的能力直接相关，也不会通过其他渠道影响个人的收入，由此满足"外生性条件"。关于这一点，托斯特等基于 10 个国家（美国、西德、东德、澳大利亚、荷兰、波兰、意大利、爱尔兰、匈牙利、捷克斯洛伐克）的经验数据，利用邦德等③提出的 F 检验来判断在控制其他变量下配偶受教育程度作为工具变量

---

① 李煜：《婚姻的教育匹配：50 年来的变迁》，《中国人口科学》2008 年第 3 期。
② Pencavel John, "Assortative mating by schooling and the work behavior of wives and husbands", *The American Economic Review*, Vol. 88, No. 2, 1988.
③ Bound J., Jaeger D. A., Baker R. M., "Problems with instrumental variables estimation when the correlationbetween the instruments and the endogenous explanatory variable is weak", *Journal of the American StatisticalAssociation*, Vol. 90, No. 430, 1995.

时是否与工资残差相关,发现,仅在意大利男性样本数据中未通过检验,其他9个国家均通过检验,并认为配偶受教育程度作为工具变量是有效的。[①] 另外,其他研究文献基于不同的经验材料也证明了配偶受教育程度作为工具变量是有效的,如郭冬梅等[②]、王骏和刘泽云[③]、刘泽云[④]、陈贵夫和施格宇可·哈默里[⑤]、雷扎和马瑟罗沃[⑥]等。这些研究给本书提供了参考。由于模型(3)中受教育年限和教育文凭(多个虚拟变量)均为内生性变量,因此本书将在同一模型同时纳入多个工具变量,如此情况下配偶作为强工具变量是否成立还需要后续实证检验。[⑦] 具体估计模型如下:

$$S = \mu S_{\text{spouse}} + \sum_{i=1}^{n} \varphi_i D_{i\_\text{spouse}} + \rho \vec{X} + \tau \quad (18)$$

$$D_1 = \mu_1 S_{\text{spouse}} + \theta_1 D_{1\_\text{spouse}} + \rho_1 \vec{X} + \tau_1 \quad (19)$$

$$D_2 = \mu_2 S_{\text{spouse}} + \theta_2 D_{2\_\text{spouse}} + \rho_2 \vec{X} + \tau_2 \quad (20)$$

$$\cdots\cdots$$

$$D_n = \mu_n S_{\text{spouse}} + \theta_n D_{n\_\text{spouse}} + \rho_n \vec{X} + \tau_n \quad (21)$$

---

① Trostel P., Walker I. & Wooley P., "Estimates of the economic return to schooling for 28 countries", *Labour Economics*, Vol. 9, No. 1, 2002.

② 郭冬梅、胡毅、林建浩:《我国正规就业者的教育收益率》,《统计研究》2014年第8期。

③ 王骏、刘泽云:《教育:提升人力资本还是发送信号》,《教育与经济》2015年第4期。

④ 刘泽云:《上大学是有价值的投资吗——中国高等教育回报率的长期变动(1988—2007)》,《北京大学教育评论》2015年第4期。

⑤ Guifu Chen & Shigeyuki Hamori, "Economic returns to schooling in urban China: OLS and the instrumental variables approach", *China Economic Review*, Vol. 20, No. 2, 2009.

⑥ Arabsheibani G. Reza & Altay Mussurov, "Returns to schooling in Kazakhstan", *Economics of Transition*, Vol. 15, No. 2, 2007.

⑦ 需要说明的是,正如刘泽云的研究所言,配偶的受教育程度有可能通过其他路径来影响本人的收入,如受教育程度高的配偶可能通过人力资本或社会资本影响个人的职业发展等,从而使得配偶的受教育程度无法完全满足工具变量的外生性条件。但在经验研究中,寻找一个完美的工具变量几乎是不可能的,在目前数据可得性限制下使用配偶受教育程度作为工具变量进行计量分析是一种有意义的尝试,笔者在后续实证分析部分会谨慎地进行诊断和验证。另外,有研究文凭效应的研究者指出,由于在研究文凭效应时可能同时存在遗漏能力变量和测量误差问题,但是前者一般致使OLS估计结果向上高估,后者却使其向下低估,由此"一上一下"相互抵消,认为OLS估计结果可能是较为准确的结果,因为寻找工具变量同样会造成偏差(难点在于寻找合适的工具变量),甚至出现更为严重的偏差,所以认为可以不考虑这两个内生性问题。但笔者认为,这种做法看似有一定道理,但是即使是相互抵消一部分偏差,但是究竟哪个偏差更大、最后结果是高估还是低估也是有意义的,不能因为工具变量可能存在问题就放弃这一方法。

$$\text{lnhourlysalary} = \alpha + \beta S + \sum_{i=1}^{n} \lambda_i D_i + \gamma \vec{X} + \eta \hat{\tau} + \eta_1 \hat{\tau}_1 +$$
$$\eta_2 \hat{\tau}_2 + \cdots + \eta_n \hat{\tau}_n + \varepsilon \qquad (22)$$

其中方程（18）至（21）为第一阶段回归，方程（22）为第二阶段回归，D_{i_spouse} 为配偶的教育文凭（虚拟变量），S_{spouse} 为配偶的受教育年限，$\hat{\tau}$、$\hat{\tau}_1$、$\hat{\tau}_2$、$\hat{\tau}_n$ 分别为第一阶段回归的残差项估计。若教育文凭变量前的系数估计结果仍然显著为正，则表明教育收益中存在显著的文凭效应。

四 同时纠正选择性偏差与内生性问题的综合模型

正如前面所言，由于本书可能同时存在自选择和内生性问题，需要同时解决内生性问题和选择性偏差问题，杰弗里·伍德里奇提供了一种两阶段模型和工具变量法的综合模型（HI）[①]，本书也将采用这一模型进行估计，具体方法是：首先，在全样本范围内估计个体进入劳动力市场雇用系列的概率函数：

$$P(\text{employee} = 1 \mid Z) = \Phi(Z'\kappa) \qquad (23)$$

如果样本进入了劳动力市场雇用系列，则 employee = 1。否则，employee = 0。参照前面 Heckman 两阶段法，选择两个变量对个体是否选择就业进行判断：一是子女数量（child），二是父母是否在 60 岁以上（parent60），分别衡量的是当前个体面临的子女培养（或关照）和负担老人的压力，这也是与目前中国传统文化、家庭观念等密切相符的。因此，向量 Z 中至少包含三类变量：一是个体的受教育年限和获取的教育文凭；二是模型（3）中的外生向量 X；三是上述两个"就业选择决策"变量。接下来，利用概率函数估计结果，计算出进入劳动力市场雇用系列的样本的反米尔斯比率 $IMR = \lambda(-Z'\kappa)$。最后，将计算好的反米尔斯比率与"就业选择决策"变量纳入工具变量估计模型中，最终的估计模型为：

---

① Wooldridge J. M., *Econometric analysis of cross section and panel data*, Cambridge, MA: MIT Press, 2002: 560-570.

$$S = \mu' S_{\text{spouse}} + \sum_{i=1}^{n} \varphi'_i D_{i\_\text{spouse}} + \rho \vec{X} + \pi IMR +$$
$$\xi child + \psi parent60 + \tau' \qquad (24)$$

$$D_1 = \mu'_1 S_{\text{spouse}} + \theta'_1 D_{1\_\text{spouse}} + \rho_1 \vec{X} + \pi_1 IMR +$$
$$\xi_1 child + \psi_1 parent60 + \tau'_1 \qquad (25)$$

$$D_2 = \mu'_2 S_{\text{spouse}} + \theta'_2 D_{2\_\text{spouse}} + \rho_2 \vec{X} + \pi_2 IMR +$$
$$\xi_2 child + \psi_2 parent60 + \tau'_2 \qquad (26)$$

$$\cdots\cdots\cdots$$

$$D_n = \mu'_n S_{\text{spouse}} + \theta'_n D_{n\_\text{spouse}} + \rho_n \vec{X} + \pi_n IMR +$$
$$\xi_n child + \psi_n parent60 + \tau'_n \qquad (27)$$

$$\ln hourlysalary = \alpha' + \beta' S + \sum_{i=1}^{n} \lambda'_i D_i + \gamma' \vec{X} + \pi' IMR +$$
$$\eta' \hat{\tau}' + \eta'_1 \hat{\tau}'_1 + \eta'_2 \hat{\tau}'_2 + \cdots + \eta'_n \hat{\tau}'_n + \varepsilon \qquad (28)$$

本书后续将系统报告上述多种模型的分析结果，并对配偶受教育程度是否为强工具变量、模型是否存在选择性偏误，以及模型估计结果是否稳健等进行检验，并同未纠正内生性偏误和选择性偏差的模型结果进行比较，以期获得一个较为准确的估计参数。

第七节　数据来源

一　全国性调查介绍

在详细介绍数据之前，先要再次说明的是，本书共使用了三套全国性调查数据（中国人民大学中国调查与数据中心主持开展的中国综合社会调查（Chinese General Social Survey，CGSS），北京大学中国社会科学调查中心主持开展的中国家庭追踪调查（China Family Panel Studies，CFPS）以及北京师范大学中国收入分配研究院中国家庭收入调查（China Household Income Project，CHIP），全书主要以 CGSS 为主，除了第三章的部分小节中由于在深入分析某块具体内容时 CGSS 中并没有提供部分关键变量，因此使用了 CFPS/CHIP 数据库。为此，为避免造成混淆，在此部分将主要介绍 CGSS 数据相关信息，有关 CFPS/CHIP 的数据信息将在第三章的具体分析中再作介绍。本书数据主要来源于中国综合社会调查。该调查始于 2003 年，是目前中国最早的全国性、综合性、连续性学术调查项目。目前为止，已经向社会公布 2003—2013 年 9 年的调查数据，该调查采用多阶分层 PPS 随机抽样方法，覆盖中国内地 31 个省级行政地区。CGSS 调查系统收集了社会、社区、家庭、个人等多个层次的数据，全面采集了个人详细的受教育经历、劳动力市场活动及其表现、家庭背景等重要的微观层面数据，非常适合于本书进行文凭效应分析。有关中国综合社会调查的抽样设计、调查说明、问卷及数据变量等信息，可在 http://www.chinagss.org 查阅。中国综合社会调查的调查问卷由三部分构成：核心模块：调查全部样本，年度调查，固定不变；主题模块：调查全部样本，5 年重复一次，两次调查内容重合率 >80%；附加模块：调查 1/3 或 1/4 随机样本，不确保重复周期和内容。各年度详细问卷模块的分布如表 2—5 所示：

表 2—5　　　　　　　　CGSS 历年调查的问卷模块

调查年份	问卷模块
2003	家庭，迁移，社会网络与社会交往，教育经历，职业经历，劳动力市场，评价与认同，态度与行为
2004	家庭，价值观念与社会认同，老龄化与健康，流动与迁移
2005	家庭，心理健康，经济态度与行为评价，社区生活与治理，农村治理
2006	家庭，职业与劳动，企业改制与经济改革，社会经济活动，态度，意识，认同与评价
2008	家庭，教育及工作史，性格与态度，社会交往及求职，社会不平等，全球化
2010	核心模块，阶级意识，社会分层，收入与消费，宗教，环境，健康
2011	核心模块，心理健康与社会污名，住房，健康
2012	核心模块，社会公益与慈善，主观幸福感，文化消费，家庭与性别角色，社会网络与社会资本
2013	核心模块，2003 年回顾，社会道德，公共服务满意度

资料来源：中国综合社会调查官方网站：http://www.chinagss.org/index.php?r=index/questionnaire.

二 样本选择及变量处理

(一) 样本选择

考虑到调查问卷题项、调查时间及经济环境等因素的变化，本书暂不使用 2003 年、2004 年和 2005 年的调查数据。为此，本书整合了 CGSS 2006 年至 2013 年间共 6 年的调查数据，根据研究的需要，主要依据以下几个原则进行样本筛选：

一是剔除工作经历为"目前务农/曾经有过非农工作""目前务农/没有过非农工作""目前没有工作/而且只务过农""目前没有工作，曾经有过非农工作""从未工作过"的样本，仅对从事非农工作且工作类型为"受雇于他人（有固定雇主）"或"劳务工/劳务派遣人员"或"零工、散工（无固定雇主的受雇者）"进行分析，暂时不考虑那些目前从事非农工作但"自己是老板（或合伙人）""个体工商户""在自家企业上班不领工资""在自家企业上班领工资""自由职业者""其他类"的样本[①]，对于那些从事农业工作或工作类型为其他类的样本，我们无法区分他们的收入是仅来源于劳动性收入还是其他资本性收入，容易混淆研究结果，造成估计偏差。

二是为避免极端值影响，选择个人全年职业收入在 1000—1000000 元的样本进行分析。

三是选择那些达到法定劳动年龄但没有超过退休年龄的样本进行分析，也即是，保留男性 16—60 岁、女性 16—55 岁的样本进行分析。

四是由于样本中研究生个体过少，不适宜进一步分析研究生文凭的信号价值（尤其是进行分组分析时样本量更少），故剔除研究生样本。[②]

最终的有效样本为 15719 人。其中，男性、女性分别为 9341 人和 6378 人，东、中、西部分别为 8485 人、4116 人和 3118 人，各年份的样本数见表 2—6 所示。

[①] 这里的有效样本仅为常规分析的基础性样本，在后文纠正选择性偏差时会将那些未进入劳动力市场或非雇用系列的样本纳入进来，进行概率函数分析。

[②] 在后续部分研究中会重新考虑研究生样本群体，后面具体分析中将特别指出该数据的变化。

(二) 变量选择及其处理

本书后续分析（或数据处理）会用到的变量及其在历年调查中的分布情况如表 2—6 所示：

表 2—6　　变量选择及其在各调查年度上的分布情况

变量名	2006	2008	2010	2011	2012	2013
省市	√	√	√	√	√	√
性别	√	√	√	√	√	√
出生年份	√	√	√	√	√	√
出生月份		√	√		√	√
民族	√	√		√	√	√
最高受教育程度	√	√	√	√	√	√
教育状态（在读/辍学/肄业/毕业）	√		√	√	√	√
获取最高学历时的年份	√		√	√	√	√
受教育年限	√	√				
个人全年职业收入	√	√	√	√	√	√
政治面貌	√	√	√	√	√	√
户口	√	√	√	√	√	√
14 岁时家庭社会层级			√	√	√	√
周工作时间	√	√	√	√	√	√
目前工作状况	√	√	√	√	√	
工作类型	√	√	√	√	√	
非农工作年限						
单位类型	√	√	√	√	√	
单位所有制性质	√	√	√	√	√	
单位员工数	√	√		√	√	
家庭总收入	√	√		√	√	
家庭经济水平	√	√	√		√	

续表

变量名	2006	2008	2010	2011	2012	2013
儿子数		√	√	√	√	√
女儿数		√	√	√	√	√
子女数	√	√	√	√	√	√
婚姻	√	√	√	√	√	√
配偶受教育程度		√	√	√	√	√
父亲出生年份	√	√	√	√	√	√
父亲最高受教育程度	√	√	√	√	√	√
父亲政治面貌		√	√	√	√	√
14岁时父亲就业状况		√	√	√	√	√
父亲行政职务级别			√		√	√
父亲单位类型		√	√		√	√
父亲单位所有制性质		√	√		√	√
母亲出生年份	√	√	√	√	√	√
母亲最高受教育程度	√	√	√	√	√	√
母亲政治面貌		√	√	√	√	√
母亲就业状况		√	√	√	√	√
母亲行政职务级别			√		√	√
母亲单位类型		√	√		√	√
母亲单位所有制性质		√	√		√	√
个人行业	√		√	√	√	√
个人职业	√	√	√	√	√	√
配偶行业			√	√	√	√
配偶职业			√	√	√	√
父亲行业				√	√	√
父亲职业		√	√	√	√	√
母亲行业				√	√	√
母亲职业		√	√	√	√	√
N	2735	1826	3185	1483	3272	3218

接下来报告一些基础性变量的处理，更多变量介绍将在后续使用时插入说明。

小时工资对数。CGSS 调查问卷中均有询问个人去年全年的职业收入（其中 2006 年询问的是月收入），包括所有的工资、各种奖金、补贴在内，但其他经营性收入或财产性收入不在考虑范围内。以 2012 年收入为基准，按照国家统计局公布的历年的居民消费价格指数（CPI）对其他调查年份的收入进行调整，以消除价格波动、经济环境变化等因素的干扰。按每年 12 月、每月 4 周的规则，结合调查问卷中"平均每周工作小时数"变量，将全年职业收入调整为小时工资数，并取其对数形式。

最高受教育程度。历年调查中均有询问个人的最高受教育程度状况，为简化分析，本书将原始问卷中 14 小类的教育层次分类归并为 4 类，"没有受过任何教育""私塾""小学""初中"四项合并为"初中及以下"（取值为 0）；"职业高中""普通高中""中专""技校"四项合并为"高中"（取值为 1）；"成人专科"与"大学专科"合并为"专科"（取值为 2）；"成人本科"与"大学本科"合并为"本科"（取值为 3）；"研究生及以上"样本过少和"其他"类不具有普遍性，本书暂不分析这两类样本。配偶最高受教育程度的处理方法与此基本相同，唯一的差异在于将研究生群体纳入"本科及以上"组别中。

受教育年限。在 2006 年和 2008 年调查中有直接询问样本的受教育年限，但在 2010—2013 年调查中并无此项，本书将依据个人最高受教育程度按照一般学制进行转化，受教育程度为未接受过任何教育、私塾、小学、初中、职业高中、普通高中、中专、技校、成人专科、大学专科、成人本科、大学本科、研究生及以上的受教育年限一般为 0、3、6、9、12、12、12、12、15、15、16、16、19 年。需要承认的是，这种转化较为粗糙，一些个体达到相应的教育水平可能低于或高于常规的教育年限。

性别：男性（取值为 1），以女性为参照组（取值为 0）；

地区：东部（取值为 1）、中部（取值为 2）、西部（取值为 3），后续研究中以西部为参照组。

民族：汉族（取值为 1），其他民族为参照组（取值为 0，包括蒙古族、满族、回族、藏族、壮族、维吾尔族、其他）。

政治面貌：党员（取值为 1）、民主党派（取值为 2）、共青团员（取

值为3)、群众(取值为4),后续研究中以非党员为参照组;

户口:农业户口(取值为1)、非农业户口(参照组,取值为0,包括非农业户口、蓝印户口、居民户口、军籍、没有户口、其他)。

工作经验:对于受教育年数小于10的样本,将其工作经验按"年龄—16"计算;对于受教育年数大于等于10的样本,按照经典的"年龄—受教育年限—6"进行计算;上述各变量详细的描述性统计分析如表2—7所示,总体上看,平均受教育年限为11.48年,受教育程度为1.099,说明总体教育水平处于高中教育阶段。

表2—7　　　　　　基础性变量的描述性统计分析

变量	N	均值	标准差	最小值	最大值
小时工资对数	11659	2.271	0.914	-1.736	7.059
受教育年限	15652	11.48	3.469	0	21
受教育程度	15712	1.099	1.072	0	3
性别	15719	0.594	0.491	0	1
地区	15719	1.659	0.788	1	3
民族	15707	1.263	1.178	1	8
政治面貌	15692	3.448	1.099	1	4
户口	15719	0.32	0.466	0	1
工作经验	15612	19.84	10.99	0	44

至此,本章已经系统呈现了本书的理论基础,并从放松筛选理论的假设条件出发,结合劳动力市场分割理论和社会资本理论,构建了本书的理论分析框架。同时,系统梳理了既有关于文凭效应的研究文献中所用到的计量模型,并分析了这些模型中可能存在的技术性问题,然后提出了本书的技术解决方案。最后,系统介绍了本书后续计量分析环节需要使用的全国性调查数据,交代了相应的样本选择方案及变量处理说明。

第三章　教育信号与文凭效应

本章关注的是，从整体上看，不同层级、类型、质量的教育文凭的信号价值及其浮动性，这种浮动性将从两个方面展开分析：一是从高等教育规模扩张前后的角度上看，高校扩招将中国精英型高等教育推向大众化高等教育阶段，与此同时，中国市场经济体制、劳动力分配制度、教育系统自身等均发生了深刻的变革。在如此背景下，分析各层级教育文凭的信号价值是否发生变化；二是从个体进入劳动力市场的"历时"维度上入手，试图探讨随着个体进入劳动力市场时间的增长，雇主逐渐掌握了雇员个体的真实劳动生产率信息，并将相应调整雇员的岗位及其工资，在此过程中，教育文凭的信号价值是否发生变化，衰减还是增强？接下来将基于经验研究结果对上述问题进行回应。

第一节　教育信号的类型与特征

在探讨教育信号的类型与特征之前，有必要在此简要说明中国教育学制结构的总体概貌。中国教育层级系统主要分为四级，第一级是幼儿教育；第二级是义务教育，包括小学与初中教育，小学5—6年[①]，初中3年。第三级是高中教育和中等职业技术教育，包括普高（3年）、职高（2—3年）、中专（2—3年）、技校（2—3年）等。第四级是高等教育，

[①] 1986年中国颁布了《中华人民共和国义务教育法》，全国开始逐步实施九年制义务教育，小学教育一般为6年制。但在逐步实施过程中有部分地区部分适龄青少年仅接受了5年小学教育。

包括专科（3—4年）、本科（4—5年）、研究生（2—4年）教育等。① 各层级教育的一般教育年限如表3—1所示，一般而言，个人完成义务教育需要8—9年，高中教育需要10—12年，完成专科教育需要14—16年，完成本科教育需要15—17年。假定一个小孩6岁开始上小学，那么他完成义务教育的年龄为14—15岁，完成高中教育的年龄为16—18岁，完成专科教育的年龄为20—22岁，完成本科教育的年龄为21—23岁，完成研究生教育的年龄为23—30岁。

从各级教育的层级关系上看，一般是幼儿教育结束后进入义务教育，完成义务教育后，有两条升学路径：一是进入普通高中教育，二是进入中等职业技术教育（职高、中专、技校等）。由此分化出两条线：一是完成普通高中教育后经由选拔进入普通高等教育（专科或本科，之后紧接着的是研究生教育），二是完成中等职业技术教育后也可以继续修读专科教育，从而开始出现两条线路的部分融合。详细请参见中国教育系统关系图（如图3—1所示）。

表3—1　　　　中国教育系统中各级教育的学制状况

学位类型		一般年限	总年限	一般年龄
义务教育	小学	5—6	5—6	11—12
	初中	3	8—9	14—15
中等教育	普通高中	3	11—12	17—18
	职业高中	2—3	10—12	16—18
	中专	2—3	10—12	16—18
	技校	2—3	10—12	16—18
高等教育	大专	3—4	14—16	20—22
	本科	4—5	15—17	21—23
	硕士研究生	2—3	17—20	23—26
	博士研究生	3—4	20—24	26—30

---

① 特别需要说明的是，在中国中等教育和高等教育层级中还包括其他类型教育，如工农速成中学、各级各类补习学校、函授学校以及聋、哑、盲等特殊学校等。

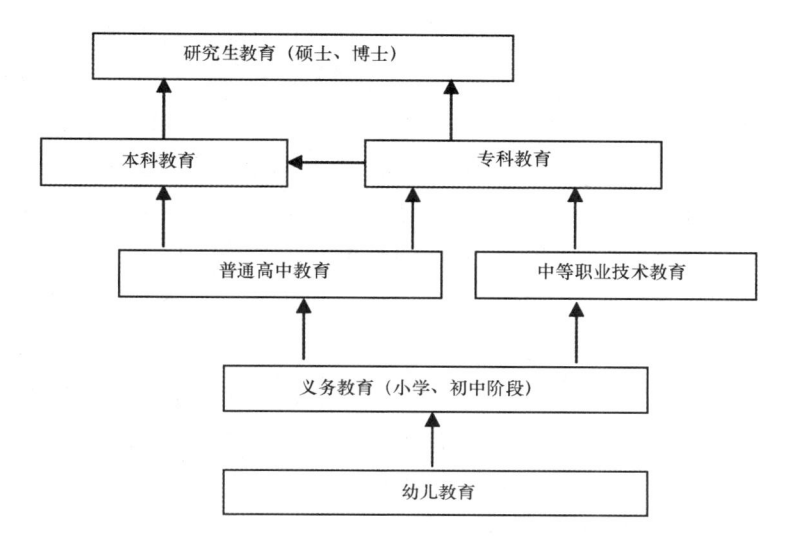

图 3—1 中国教育系统总体概括图

从上述关于中国教育系统及学制结构的梳理中可发现，个人进行教育投资时可获取相应类型的教育信号，不同类型的教育信号具有不同的特性，主要呈现以下几个方面：

首先，教育信号具有纵向的层级性差异。个人进行教育投资时需要经历层层筛选，在不同阶段获取不同的教育信号，最直接的表现是，沿着"小学—初中—高中—专/本科—研究生"这样的路径得以晋升，在各个阶段获取相应的教育文凭。

其次，教育信号具有横向的结构性差异。主要表现在两方面：一是知识结构差异，如在本科教育层次下不同学科或专业下的教育，虽然最后获取的教育层级信号是一致的，但教育信号下所学知识结构是存在结构性差异的。二是培养模式的结构性差异，如在中等教育层次，存在着中等职业技术教育和普通中等教育，在高等教育层次，存在着应用技术职业教育和传统意义上的学术型教育，特别是，在研究生教育层次，存在着学术型教育和专业型教育，虽然获取的教育文凭层级是一致的，但教育文凭所包含的教育信号同样是不一致的。

再次，教育信号具有质量差异。由于就读学校的教育教学质量、声誉等存在差异，接受相同层次且相同类型教育的个人最终获取的教育信号也存在差异，典型的如高中教育存在着重点高中、实验高中、示范性高中和普通高中等，高等教育存在着"985"高校、"211"高校、一般本科等之分，这些学校分类一定程度上表明教育教学质量的层次和水平，由此在不同学校类型获取的教育文凭或其他教育信号的质量是有差异的。

最后，教育信号具有阶段性差异。主要表现在两方面：一是从教育信号产生的时间维度上看，最典型的代表是高等教育扩招前后教育信号的变化，高等教育扩招之前，实行的是精英化高等教育，教育信号能够很大程度上反映个人能力；在高等教育扩招之后，带动各层次教育人数急剧增长，教育信号的可信性一定程度上会被打上折扣。二是从教育信号发送的时间维度上看，在个人进入劳动力市场初期，教育信号能在信息不对称下反映自身能力，随着工作时间的延长，个人能力信息逐渐被外界知悉，教育信号的外在效用可能会降低。

为此，接下来本书将从层级差异、学科差异、质量差异等来探讨不同教育信号下的文凭效应，然后从教育信号生成时点和发送过程两个时间维度来探讨文凭效应的变动状况。

第二节　文凭效应的层级差异

一　数据处理与说明

（一）教育文凭层级与真实受教育年限

首先，基于 CGSS 历年调查数据，分析在现实状况中个人受教育年限与所获取的教育文凭之间的真实对应关系。需要说明的是，在 CGSS 调查问卷中，共询问了 14 种教育程度类别，分别是"没有受过任何教育""私塾""小学""初中""职业高中""普通高中""中专""技校""大学专科"（成人）"大学专科"（普通）"大学本科（成人）""大学本科"（普通）"研究生及以上""其他"，本书在此暂不分析"研究生及以上"和"其他"类别的样本，并将前面 12 种教育程度类别按照上述中国教育系统结构图划分为 8 类，分别是小学及以下、初中、高中、职业高中、成人专科、普通专科、成人本科、普通本科。另外，由于在 CGSS 2010—2013 年的四年调查中并没有直接询问样本的受教育年限，本书按照上述中国教育学制结构进行一般性常规教育年限转化（上述 14 种类别对应的常规教育年限分别为 0、3、6、9、12、12、12、12、15、15、16、16、19)。但是需要注意的是,这种转化会造成一定的信息损耗和偏差,因为样本在接受教育过程中可能存在着跳级、复读、辍学等状况。为此,我们在此对 CGSS 2006 年和 2008 年的调查数据进行分析,表3—2 呈现了受教育年限与教育程度之间的交叉关系。

在 CGSS 2006 年和 2008 年调查中,有 19.84%、8.95%、8.11% 的样本分别接受了普通高中、普通专科、普通本科教育,平均受教育年限分别为 11.4 年、14.6 年、15.8 年,与常规的教育学制存在一定的偏差。总体上看,这两年的调查样本中 14.61%、17.81%、7.86% 的个体分别接受了 9 年、12 年、16 年的教育,平均而言,样本整体上接受了 11.2 年教育,整体处在高中教育阶段,这也在某种程度上反映了当前中国平均的受教育状况。具体来看,在接受高中程度教育的 891 人中仅有 47.6% 的个体接受了 12 年教育,有 32.1% 的个体仅接受了 11 年教育。而在自我报告接受了 12 年教育的样本中,仅有的个体获得了高中文凭,仅有 37.75% 的个体获得了职业高中文凭。而在教育程度为普通专科的 402 人样本中仅有 50.75% 的个体接受了 15 年教育,但在接受了 15 年教育的 481 人样本中有 42.41% 的个体完成了普通专科教育。在教育程度为普通本科的 364 人样本中仅有 60.43% 的个体接受了 16 年教育,但在接受了 16 年教育的 353 人样本中有 62.32% 的个体获取了普通本科文凭。由上述分析可知,现实中的受教育年限与常规教育学制之间存在差异,这非常有助于解释后面的计量分析结果,具体后续展开。

(二)各变量的描述性统计分析

表3—3 呈现的是各变量的描述性统计。其中离散的受教育年限变量是根据样本自我报告(或按照上文中提到的常规教育学制转化)得到的连续型受教育年限转化而来,每个单独的受教育年数都形成一个独立的虚拟变量,以"year 16"为例,接受了 16 年教育时取值为 1,接受的教育年限大于或小于 16 时取值为 0。"year 8 及以下"包含接受了 8 年及其以下教育的样本,在后面回归分析中作为参照组。"子女数"是指被调查样本的子女总数,平均而言,被调查样本只有 1 个子女,这也从侧面反映出目前中国社会中大多数是独生子女家庭,也印证了本书数据的代表性。"父母 60 岁以上"变量是指只要父母中有任一方年龄超过 60 岁则该

表3-2 受教育年限与受教育程度的交叉分析（2006年和2008年数据）

受教育年限	受教育程度								Total	%
	小学及以下	初中	高中	职业高中	成人专科	普通专科	成人本科	普通本科		
1	5	0	0	0	0	0	0	0	5	0.11
2	18	0	0	0	0	0	0	0	18	0.40
3	39	0	0	0	0	0	0	0	39	0.87
4	33	0	0	0	0	0	0	0	33	0.73
5	110	3	0	0	0	0	0	0	113	2.52
6	110	26	0	0	0	0	0	1	137	3.05
7	26	78	1	2	0	0	0	0	107	2.38
8	12	480	2	2	0	1	0	0	497	11.07
9	5	590	39	21	1	0	0	0	656	14.61
10	1	46	101	44	4	0	0	1	197	4.39
11	0	11	286	191	10	1	4	0	503	11.20
12	0	5	424	302	42	14	11	2	800	17.81
13	0	2	23	58	50	37	8	3	181	4.03
14	0	1	5	34	92	90	18	11	251	5.59
15	0	0	8	31	122	204	35	81	481	10.71
16	0	0	1	9	30	49	44	220	353	7.86
17	0	0	0	3	16	2	24	35	80	1.78

续表

受教育程度	受教育年限								Total	%
	小学及以下	初中	高中	职业高中	成人专科	普通专科	成人本科	普通本科		
18	0	0	0	3	5	4	10	5	27	0.60
19	0	0	1	0	1	0	3	4	9	0.20
20	0	0	0	0	0	0	2	0	2	0.04
21	0	0	0	0	0	0	1	1	2	0.04
Total	359	1242	891	700	373	402	160	364	4491	100.00
Mean	5.1	8.5	11.4	11.9	14.2	14.6	15.4	15.8	11.2	
%	7.99	27.66	19.84	15.59	8.31	8.95	3.56	8.11	100.00	

变量取值为 1，如父母双方都在 60 岁以下，则取值为 0。"婚姻"变量在 CGSS 调查问卷中分为 6 种，分别是未婚、同居、已婚、分居未离婚、离婚和丧偶，取值分别为 1、2、3、4、5、6。该变量均值为 2.757，表明大部分被调查样本集中在同居和已婚之间的状态。配偶的教育程度在调查问卷中也分为 14 类，同样将其分为八类，均值为 2.47，处在高中教育阶段，同样地，由于调查问卷中并未直接询问配偶的受教育年限，本书依据个人受教育程度按照一般学制进行转化。配偶的平均受教育年限为 10.91，比样本自身低 0.57，这与样本中男性居多有关（因此配偶群体中多为女性）。

表 3—3　　　　　　　各变量的描述性统计分析

变量	N	均值	标准差	最小值	最大值
小时工资对数	11659	2.271	0.914	-1.736	7.059
受教育年限	15652	11.48	3.469	0	21
教育程度八分类	15710	2.798	2.167	0	7
教育程度四分类	15710	1.099	1.072	0	3
性别	15719	0.594	0.491	0	1
地区	15719	1.659	0.788	1	3
户口	15719	0.32	0.466	0	1
year 8 及以下	15652	0	0	0	0
year 9	15458	0.239	0.426	0	1
year10	15652	0.0127	0.112	0	1
year11	15652	0.0322	0.177	0	1
year12	15652	0.243	0.429	0	1
year13	15652	0.0117	0.107	0	1
year14	15652	0.0161	0.126	0	1
year15	15652	0.159	0.366	0	1
year16	15652	0.14	0.347	0	1
year17	15652	0.00511	0.0713	0	1
year18	15652	0.00179	0.0423	0	1
year19 及以上	15652	0.000831	0.0288	0	1
子女数	15667	1.002	0.761	0	7

续表

变量	N	均值	标准差	最小值	最大值
父母60岁以上	12767	0.715	0.451	0	1
工作经验	15612	19.84	10.99	0	44
工作经验的平方	15612	514.2	462.7	0	1936
婚姻	15711	2.757	0.904	1	6
配偶受教育年限	10433	10.91	3.831	0	19
配偶教育程度	10433	2.47	2.182	0	7

二 计量结果与分析

（一）教育程度八分类下传统研究模型的计量结果与分析

首先，在教育程度八分类的情况下，不同教育程度下的样本收入不同，表3—4呈现了基本的收入差异的描述性分析，由表可知，受教育程度越高，样本的平均小时工资对数越高。平均而言，拥有高中文凭的个人平均小时工资为9.4元（$e^{2.239}$），拥有普通专科文凭的个人平均小时工资为15.2元，而完成本科教育的个人平均小时工资为22.4元，这三级之间的平均小时工资差异较大，这在以往大量研究中均得到证实，而本书需要深究的问题是，在这些收入差异中到底有多少是由于样本的教育文凭的信号作用在发挥作用，而不同于以往研究只是关注教育的整体作用，并未进行深层次细分。

表3—4　不同教育程度下的收入（小时工资对数）差异分析

	均值	标准差	最小值	最大值
小学及以下	1.543	0.82	-1.051	5.745
初中	1.891	0.8	-1.736	6.032
高中	2.239	0.799	-0.828	6.548
职业高中	2.336	0.778	-0.627	7.059
成人专科	2.662	0.726	0.119	6.332
普通专科	2.724	0.764	-0.963	6.548
成人本科	2.899	0.666	0.559	6.038
普通本科	3.11	0.788	-0.111	6.416
Total	2.271	0.914	-1.736	7.059

利用经典的明瑟收益方程进行回归分析，回归结果见表3—5第（1）列，回归的拟合优度为0.33，说明这些变量解释了33%的个人收入差异。由结果可知，个人的教育收益率为12.8%，表明，个人受教育年限每增加一年，个人收入会提高12.8%，这种教育收益率是整体性教育收益率，衡量的是教育给个人带来的整体性收益，大量传统研究教育收益的文献关注的就是这一指标，并未进行细一步分解。本书尝试对这种整体性教育收益率进行分解，通过借鉴前任研究，在回归模型中加入文凭虚拟变量，估计结果见表3—5第（2）列，模型的拟合优度上升为0.347，说明加入文凭变量之后，模型的解释力度更高了，说明该拟合分析是有意义的。从结果上看，受教育年限的回归系数为0.0634，表明个人教育收益率下降为6.34%，下降幅度超过了50%，表明加入文凭虚拟变量后，传统意义上的个人教育收益率被分解为两个部分，一部分是由连续型受教育年限所解释的生产性收益率，另一部分是由教育文凭所解释的信息收益率，比较上述两次拟合结果可知，整体上看，信息收益率占整体教育收益率的比值超过了50%。具体来看，相对教育程度为"小学及以下"而言，初中教育的文凭效应为6.375%[①]但并不显著，普通高中教育的文凭效应为15.4%且是高度显著的，表明，在控制个人受教育年限下，普通高中教育文凭能够给个人带来15.4%的额外收益，这种额外收益本质上是由教育的信号功能所致。职业高中教育的文凭效应为29.3%且高度显著，说明职业高中教育能够比普通高中教育带来更多的额外收益，这也反映了一种现象，当个人最高教育程度为中等教育层次时，相对比较传统的学术类普通高中教育而言，接受比较偏向应用技术的职业技术教育的个人能够获得更高的收入，这可能与这些样本的工作岗位及性质有关，接受中等教育层次的样本更多的是进入传统的制造类或生产性企业的相关岗位，而如果前期就接受了技术类教育无疑对他们更有优势，更能展示他们未来的工作能力，从而获取相对较高的岗位收入。在高等教育层次方面，成人专科、成人本科教育文凭分别给个人带来31.1%、54.7%的额外收益，而普通专科、普通本科教育文凭能够给个人带来41.5%、

[①] 计算表达式：$\exp(\beta)-1$。其中exp为自然对数的底数，e，β为各教育文凭的回归系数。该种方法计算的是各教育文凭的边际文凭效应。

表3—5　　　　教育程度人分类下教育文凭效应的计量分析

解释变量	(1) 小时工资对数	(2) 小时工资对数	(3) 小时工资对数	(4) 小时工资对数	(5) q25	(6) q50	(7) q75
受教育年限	0.128*** (0.00219)	0.0634*** (0.00810)			0.0734*** (0.0161)	0.0573*** (0.0128)	0.0509*** (0.00944)
初中		0.0618 (0.0388)		0.192*** (0.0607)	0.0445 (0.0533)	0.0862 (0.0526)	0.120** (0.0560)
普通高中		0.143*** (0.0321)		0.0264 (0.0863)	0.103* (0.0549)	0.243*** (0.0473)	0.214*** (0.0335)
职业高中		0.257*** (0.0341)		0.115 (0.0895)	0.240*** (0.0551)	0.331*** (0.0471)	0.303*** (0.0389)
成人专科		0.271*** (0.0393)		0.357*** (0.0972)	0.294*** (0.0565)	0.242*** (0.0522)	0.249*** (0.0458)
普通专科		0.347*** (0.0380)		0.325*** (0.0996)	0.424*** (0.0565)	0.334*** (0.0493)	0.306*** (0.0419)
成人本科		0.436*** (0.0475)		0.389*** (0.119)	0.482*** (0.0744)	0.339*** (0.0641)	0.335*** (0.0531)
普通本科		0.645*** (0.0440)		0.572*** (0.113)	0.645*** (0.0773)	0.561*** (0.0645)	0.643*** (0.0554)

续表

解释变量	(1)小时工资对数	(2)小时工资对数	(3)小时工资对数	(4)小时工资对数	(5)q25	(6)q50	(7)q75
year9			0.368*** (0.0502)	0.281*** (0.0568)			
year10			0.496*** (0.0770)	0.370*** (0.0972)			
year11			0.655*** (0.0572)	0.510*** (0.101)			
year12			0.802*** (0.0523)	0.638*** (0.100)			
year13			0.972*** (0.0899)	0.671*** (0.128)			
year14			1.066*** (0.0753)	0.658*** (0.129)			
year15			1.257*** (0.0624)	0.793*** (0.127)			
year16			1.482*** (0.0698)	0.886*** (0.141)			

续表

解释变量	(1) 小时工资对数	(2) 小时工资对数	(3) 小时工资对数	(4) 小时工资对数	(5) q25	(6) q50	(7) q75
year17			1.141*** (0.118)	0.585*** (0.169)			
year18			0.785*** (0.195)	0.363 (0.235)			
year19			1.201*** (0.323)	0.564 (0.346)			
N	11,604	11,600	2,104	2,100	11,600	11,600	11,600
R-squared	0.330	0.347	0.332	0.344	0.2134	0.2197	0.2022

注：①括号内为标准误；②*** $p<0.01$，** $p<0.05$，* $p<0.1$；③表中省略了控制变量（性别、地区、工作经验、工作经验平方）及常数项的估计结果。

90.6%的额外收益,均高于相应层次的成人教育文凭的价值,此结果也表明,在中国现实中,成人高等教育文凭的价值相对较低,普通高等教育文凭的价值较高。整体上看,中国各层级教育的文凭效应的大小顺序依次是(由小到大):初中、普通高中、职业高中、成人专科、普通专科、成人本科、普通本科。

从控制变量的回归结果上看,男性收入比女性收入显著高出30%,表明在中国劳动力市场中存在着显著的性别收入差异。东部地区比西部地区个人收入显著高出48.4%,而中部地区与西部地区并无显著差异。从工作经验上看,每增加一年工作经验,个人收入提高3.52%,而工作经验的平方项的回归系数显著小于零,表明工作经验与个人收入之间关系确实呈现为凸性。

将模型中连续型受教育年限变量转化为多个离散型的受教育年限变量再次进行分析[1],拟合结果见表3—5第(3)、(4)列,第(3)列是经典明瑟收益方程转化后的拟合结果,第(4)列是加入文凭虚拟变量后的拟合结果,拟合优度均在33%以上,表明模型依然具有良好的解释力度,拟合分析是有意义的。具体来看,加入文凭虚拟变量之前,所有单个离散型受教育年限的回归系数均高度显著大于零,加入文凭变量后,除了普通高中和职业高中教育文凭的拟合系数大于零但不显著外,其他层次教育文凭均高度显著大于零。所有单个离散型受教育年限的回归系数均减小但依然显著,图3—2呈现了加入文凭变量前后各虚拟受教育年限变量的拟合系数的变化情况,从图中可以看出,在受教育年限的第13年(一般为大学入学年),拟合系数显著下降了31%,表明在这一年份教育的信号功能发挥明显作用,这种作用可能体现在"入学"信号上,"入学"本身代表的是一种"能力"的认可,尤其是在中国这种层层严格选拔的入学机制下,进入更高一层次教育的行为本身就是在向外界发送个人高能力信号,从而获得相应额外收益。这一点可以用阿罗的过滤理论

---

[1] 需要指出的是,由于CGSS 2010—2013年调查中并没有直接询问样本的受教育年限,本书所使用教育年限变量为后续人工转化而来的,但在此处分析中,目的是探究离散型受教育年限下的不同年限下拟合系数的变化,虽然只要是离散变量就行,但是要求各教育年限相对比较连续,不太过于跳跃,这样偏于寻找到一般的跳跃性现象。为此,在此处分析中仅考虑CGSS 2006和2008年样本。

来解释,入学机制就是一种过滤筛选,通过既是彰显能力,也由此获取相应收益。① 同样地,在个人受教育年限的第 16 年,出现两个顶点,拟合系数下降了 40.2%,表明,本科教育文凭能够给个人带来显著的额外收益,下降的部分已被教育的信号功能所解释。整体上看,各虚拟受教育年限变量呈现先上升后下降最后再上升的波浪形变化,这种变化呈现出个人教育收益率的不连续跳跃现象。这与大部分前人研究结果(如积家和佩奇②、鲍尔等③)是一致的。

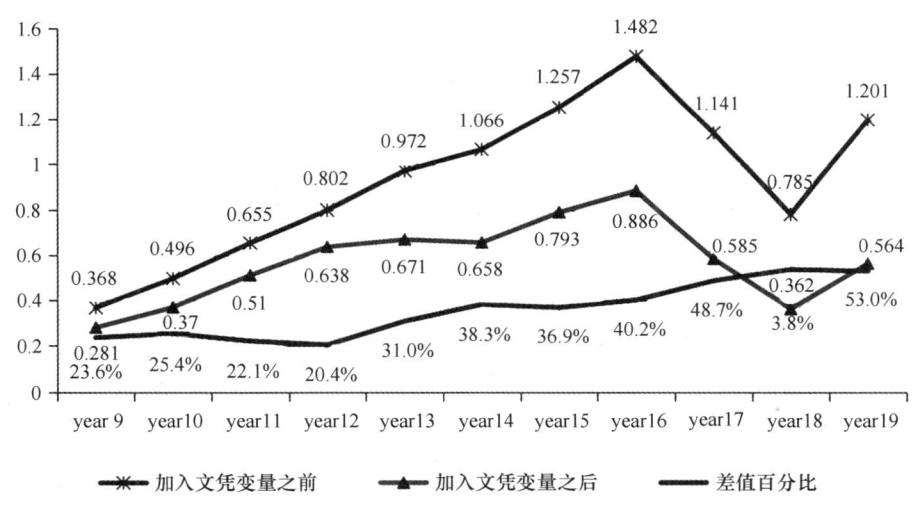

图 3—2　加入文凭变量前后各虚拟受教育年限的
估计系数变化(2006 年和 2008 年数据)

然而,需要注意的是,并不是每个"常规文凭年份"的教育年限变量的拟合系数变化都呈现出不连续跳跃,如"常规高中文凭年份"第 12 年,在该年份并未出现明显的跳跃现象(反而出现一定的下滑),这种结

---

① Arrow K. J., "Higher education as a filter", *Journal of Public Economics*, Vol. 2, No. 3, 1973.
② Jaeger D. & Page M., "Degrees matter: new evidence on sheepskin effects in the returns to education", *Review of Economics and Statistics*, Vol. 78, No. 4, 1996.
③ Thomas K. Bauer, Patrick J. Dross & John P. Haisken-DeNew, "Sheepskin effects in Japan", *International Journal of Manpower*, Vol. 26, No. 4, 2005.

果的出现与前文中关于受教育年限和受教育程度之间的真实关系密切相关，由前文分析可知，个人获取的教育文凭并不一定在"常规的教育文凭年份"上取得，有可能出现跳级、复读、辍学等现象，从而造成一定程度上的错位。因此，大量已有关于文凭效应的研究在无法获悉个人真实受教育年限变量下通过"常规教育年限"来构建"教育文凭"变量的做法是有偏差的，使用这种"偏差"的教育文凭变量计量教育文凭效应会造成更大的偏差。该数据分析结果与第二章中关于模型的理论探讨是一致的。

（二）教育程度八分类下分位数回归模型的计量结果与分析

接下来分析不同收入群体的个人的文凭效应是否一致。我们知道，不同收入群体的个人可能在自身能力、家庭背景、外在环境、入职渠道、职业发展路径等上存在差异，因此教育文凭给他们带来的作用可能并不一致，文凭效应的表现存在异质性，这种异质性体现在收入的分布上。为探究这种异质性的存在，本书接下来进行条件分位数回归，计量不同收入群体的个人的文凭效应状况，估计结果见表3—5第（5）、（6）、（7）列，对应的是0.25、0.5、0.75分位数回归。从拟合结果上看，受教育年限变量拟合系数逐渐减小（q25→q50→q75：7.34%→5.73%→5.09%），但经由分位数回归系数相等的联合显著性F检验显示（见表3—6所示），这种差异变化并不显著，表明，在生产性收益率上并不存在着显著的收入异质性，原因可能是，个人真实的生产性价值并不会因为收入的差异而变化，也就是说真正引起收入差异变化的核心因素并非是体现个人劳动生产率的受教育年限。从各教育文凭上看，初中文凭效应在低分位数上并不显著，其他文凭变量在所有分位数上都是显著的。从系数变化上看，初中文凭拟合系数在三个分位数上逐渐上升但变化并不显著，普通高中文凭系数在中间分位数上最高，三者差异是高度显著的。职业高中文凭系数在中间分位数上最高，其次是高分位数，最低的是低分位数，三者差异是显著的。成人专科拟合系数在低分位数上最高，三者之间的差异不显著的。普通专科、成人本科的拟合系数随着分位数的提高逐渐减小，差异是显著的。普通本科文凭的拟合系数在中间分位数上最小，在较高、较低分位数上系数都较高。由此说明，各教育文凭对于不同收入群体的作用并不一致，文凭效应存在明显的收入异质性。

整体上看，如图 3—3 所示的所有分位数回归系数变化图可知，初中教育的文凭效应变化很平缓，中等教育（高中和职业高中）呈倒"U"形变化。而在高等教育阶段（本专科层次），基本上呈现下降趋势，表明，随着分位数的提高，高等教育的文凭效应逐渐变弱，教育文凭给他们带来的价值逐渐降低，可能的原因是，对于高收入群体样本而言，他们具有更多的手段或途径发送个人高能力信号（或者是他们具有更多的外在环境资本能够帮助他们进入劳动力市场获取高薪岗位，从而不需要教育文凭的作用），如高收入群体可能自身能力本来就相对较高，在教育过程中可能获得更多其他类型的"能力"证书，计算机等级证书、专业资格证书、行业认证证书、大型国际化比赛获奖证书等，就能够证明他们的自身能力，不需要进一步依靠教育文凭的信号作用。文凭效应的收入异质性能够帮助我们识别教育文凭的作用体现，也能启发我们进一步研究教育文凭在现实劳动力市场中的真实作用机制。

表 3—6 教育程度八分类下分位数回归的拟合结果及联合显著性 F 检验

	q25	q50	q75	F	P
受教育年限	7.34%	5.73%	5.09%	1.27	0.2795
初中	4.6%	9.0%	12.7%	0.85	0.4284
普通高中	10.8%	27.5%	23.9%	5.88	0.0028
职业高中	27.1%	39.2%	35.4%	2.34	0.0961
成人专科	34.2%	27.4%	28.3%	0.64	0.5247
普通专科	52.8%	39.7%	35.8%	2.96	0.0521
成人本科	61.9%	40.4%	39.8%	3.33	0.0358
普通本科	90.6%	75.2%	90.2%	2.41	0.09

（三）教育程度四分类下传统研究模型和分位数回归模型的计量结果与分析

为保证研究结果的准确性，本书尝试将原先的八类受教育程度重新转换成为四分类再次进行分析【初中及以下、高中（含普通高中和职业高中)、专科（含成人专科和普通专科）、本科（含成人本科和普通本科）】①，拟合结果如表3—7所示：

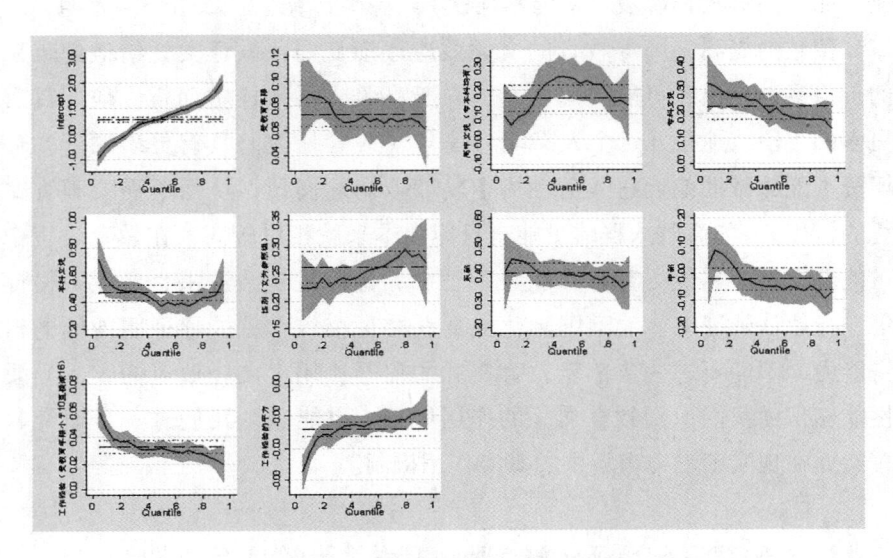

图3—3 分位数回归系数的变化图

表3—7 教育程度四分类下教育文凭价值的计量分析

变量	(1) 小时工资对数	(2) 小时工资对数	(3) q25	(4) q50	(5) q75
受教育年限	0.128 *** (0.00219)	0.0731 *** (0.00508)	0.0822 *** (0.00776)	0.0712 *** (0.00556)	0.0669 *** (0.00630)
高中		0.167 *** (0.0266)	0.135 *** (0.0326)	0.251 *** (0.0333)	0.222 *** (0.0349)
专科		0.229 *** (0.0261)	0.272 *** (0.0394)	0.205 *** (0.0294)	0.180 *** (0.0310)
本科		0.471 *** (0.0302)	0.481 *** (0.0383)	0.370 *** (0.0332)	0.395 *** (0.0406)

---

① 不可否认的是，这种计量估计会糅合职业高中和普通高中、成人专科与普通专科、成人本科与普通本科这三对之间的文凭效应，估计的文凭效应相对不够精准。但从国外已有文献上看，大部分研究并未区分这三对之间的差别，也是直接进行了计量分析。因此，为了与国外相关研究进行对比，本书也进行合并分析。

续表

变量	（1）小时工资对数	（2）小时工资对数	（3）q25	（4）q50	（5）q75
N	11,604	11,604	11600	11600	11600
R-squared	0.330	0.344	0.2112	0.2174	0.1987

注：①括号内为标准误；② *** p<0.01，** p<0.05，* p<0.1；③表中省略了控制变量（性别、地区、工作经验、工作经验平方）及常数项的估计结果。

在经典的明瑟收益方程中加入四个虚拟的教育文凭变量之后，拟合优度提高为 0.344，模型拟合是有意义的。教育生产性收益率变为 7.31%，较之教育程度八分类情形下的研究结果略有上升。高中教育的文凭效应为 18.2%，专科教育的文凭效应为 25.7%，本科教育的文凭效应为 60.2%。表 3—8 呈现不同研究者基于不同国家数据计量出的各级教育文凭的文凭效应结果，粗略比较上看，中国各级教育的文凭效应都相对较高，与鲍尔等关于日本 1993—1997 年数据、阿方索和奥德利关于美国 1979 年数据、莫拉和穆勒关于 1999 年和 2000 年数据等的研究结果相近，该结果与国家的发展程度、市场经济体制、劳动力资源配置等密切相关。

表 3—8　　　　　　不同国别的文凭效应状况汇总表　　　　　　（%）

作者	发表年份	国别	数据年份（年）	高中文凭效应	专科文凭效应	本科文凭效应
Jaeger & Page	1996	美国	1991 和 1992	11		31
Park	1999	美国	1990	9.30		23.50
Anna & Mauricio	2009	巴西	1982	37.40		36.40
			1992	50		24.40
			1998	36.90		24.30
			2004	31.20		21.20
Shabbir	2013	巴基斯坦	1979—1980	32.30		17.40
Alfonso & Audrey	2009	美国	1979	21.70		58.70
Peter	2011	荷兰	1999—2003	9.30	17.90	32.40
Harry & Maria	2014	阿根廷	2002	10		17.40

续表

作者	发表年份	国别	数据年份（年）	高中文凭效应	专科文凭效应	本科文凭效应
Mora & Muro	2008	英属哥伦比亚	1996	6.20		-4.20
			1997	11.20		8.90
			1998	8.40		27.60
			1999	17		30.90
			2000	14.40		46
Riddell	2008	加拿大	2003	22.50	18.60	50.80
Trostel & Walker	2004	美国	1991—1992	11.30	17.60	30.70
Bitzan	2009	美国	1999—2003	16.10	7.20	22.30
Bauer et al	2005	日本	1993—1997	26	21.80	50.70
张青根	2019	中国	2006—2013	18.2	25.7	60.2

注：①由于国别、数据年份、分析方法、劳动力市场体制等因素存在差异，只能进行大致的国际比较；②各国关于教育层级的划分存在差异，层级间文凭效应的可比性有待商榷。

从分位数回归上看，随着分位数的提高，教育的生产性收益率逐渐下降，但联合显著性检验（见表3—9）显示这三者之间的差异并不显著。高中文凭在三个分位数上存在显著差异，专科文凭效应随着分位数的提高逐渐减小，而且差异是显著的，本科文凭效应在低分位数上最大，三个分位数之间存在显著差异。从整体上看，如图3—4所示，结果与前面分析基本一致，高中文凭效应呈倒"U"形变化，而高等教育阶段的文凭效应逐渐减小。

表3—9 教育程度四分类下分位数回归的拟合结果及联合显著性F检验

	q25	q50	q75	F	P
受教育年限	8.2%	7.1%	6.7%	1.50	0.2229
高中	14.5%	28.5%	24.9%	4.97	0.0069
专科	31.3%	22.8%	19.7%	3.01	0.0494
本科	61.8%	44.8%	48.4%	4.06	0.0173

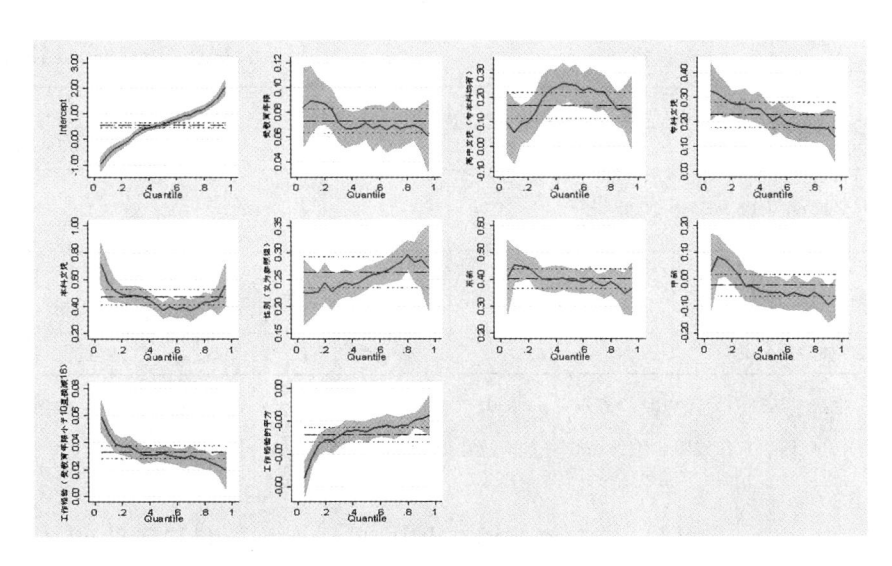

图3—4　分位数回归下的拟合系数变化图

（四）基于赫克曼两阶段法的计量结果与分析

首先，利用 Heckman 两阶段法尝试解决"自选择问题"，拟合结果见表3—10。

表3—10　　　　　　个人收入方程的 Heckman 两阶段法估计

变量	（1）小时工资对数	（2）选择方程	（3）mills
受教育年限	0.0820 *** (0.00974)	0.0793 *** (0.00508)	
高中	0.149 *** (0.0317)	0.0602 ** (0.0279)	
专科	0.152 *** (0.0329)	0.262 *** (0.0312)	
本科	0.382 *** (0.0386)	0.364 *** (0.0367)	
子女数		−0.151 *** (0.0118)	

续表

变量	(1) 小时工资对数	(2) 选择方程	(3) mills
父母60岁以上		-0.100*** (0.0291)	
Lambda			-0.657*** (0.110)
Observations	31,763	31,763	31,763

注：①括号内为标准误；② *** p<0.01, ** p<0.05, * p<0.1；③表中省略了控制变量（性别、地区、工作经验、工作经验平方）及常数项的估计结果。

由上表结果可知，在样本选择方程中，"子女数"和"父母60岁以上"两个变量都会显著影响样本是否进入劳动力市场雇用系列，且拟合系数都为负数，表明，子女数越多（或父母有一方年龄在60岁以上），样本有较低可能进入劳动力市场雇用系列，其中"子女数"的影响更大，原因可能是，在子女数较多（或父母有一方年龄在60岁以上）的情况下，样本个体需要花费较多的时间去照料家庭，很难抽出更多的时间进行正常的雇用系列工作，他们可能会选择直接不工作（出去工作但请人照料家庭的成本更大）或者选择更具有弹性的工作（如自主经营、家庭小作坊等）。从其他解释变量上看，拟合系数均为高度显著大于零，表明，个人接受的教育、获取的教育文凭、取得的工作经验等都会正面影响样本的劳动决策选择（这些资本能有效帮助他们获取工作、取得收入，他们的机会成本更高）。男性比女性有更大的可能性会选择进入劳动力市场雇用系列工作（与中国传统家庭观念有关，"男主外、女主内"。或者说，男性不工作的机会成本更高）。相对西部而言，东部、中部地区的样本有更高的可能性会选择进入劳动力市场雇用系列工作。这与中国现实状况是吻合的。另外，从反米尔斯比率的拟合系数上看，高度显著小于零，表明，传统的样本收入方程估计中确实存在着样本选择偏差，需要进行样本选择偏差纠正。从样本收入方程的估计结果上看，受教育年限的拟合系数较之纠正样本选择偏差之前略有提高，生产性收入率达到了8.2%。从各层级教育文凭的拟合系数上看，高中文凭效应为16.1%，专科文凭效应为 16.4%，本科文凭效应为 46.5%，相比纠正选择性偏差之前略有降低。

（五）基于工具变量法的计量结果与分析

接下来，本书以配偶受教育年限和教育程度作为样本受教育年限和教育程度的工具变量进行拟合估计①，估计结果见表 3—11：

表 3—11 个人收入方程的工具变量法估计（2SLS）

变量	（1）受教育年限	（2）高中	（3）专科	（4）本科	（5）小时工资对数
受教育年限					0.105 *** (0.0283)
高中					0.239 (0.161)
专科					0.160 (0.121)
本科					0.460 *** (0.108)
配偶受教育年限	0.322 *** (0.0215)	0.0266 *** (0.00242)	0.00291 *** (0.00104)	0.00110 (0.000851)	
配偶高中	1.451 *** (0.107)	0.375 *** (0.0159)	0.126 *** (0.0102)	0.0547 *** (0.00728)	
配偶专科	0.798 *** (0.0998)	0.0598 *** (0.0129)	0.238 *** (0.0169)	0.131 *** (0.0137)	
配偶本科	1.339 *** (0.112)	0.0581 *** (0.0139)	0.0189 (0.0158)	0.498 *** (0.0153)	
N	9,143	9,140	9,140	9,140	9,140
R-squared	0.513	0.400	0.148	0.356	0.333

---

① 需要提出的是，本书在使用工具变量进行估计时，采用的是教育程度四分类法，理由是如果采用教育程度八分类法，使用的工具变量数过多（达到了 9 个），会在一定程度上影响估计效率，后续综合选择性偏差和工具变量法时更是达到了 11 个，会形成更大的估计偏差。另外，采用教育程度四分类法可以节省参数个数，提高自由度，扩大相应层次的样本数量，提高估计效度。

续表

变量	(1) 受教育年限	(2) 高中	(3) 专科	(4) 本科	(5) 小时工资对数
内生性检验					53.182 ***
弱工具变检验	1634 ***	1242 ***	232.4 ***	426.6 ***	63.04
R^2	0.0444	0.0344	0.053	0.111	

注：①括号内为标准误；② *** p<0.01, ** p<0.05, * p<0.1；③表中省略了控制变量（性别、地区、工作经验、工作经验平方）及常数项的估计结果。

在分析结果之前，先对工具变量估计的必要性和有效性进行分析。首先是检验模型中是否确实存在内生性问题，本书使用的是在异方差情况下依然有效的杜宾—吴—豪斯曼检验（Durbin-Wu-Hausman test, DWH）①，检验结果显示，F值为53.182，是高度显著的，因此拒绝原假设，模型中确实存在着内生性变量，有必要利用工具变量法来解决内生性问题。其次是检验本书中使用配偶受教育年限和教育程度作为工具变量的准确性问题，这里可以通过两种方法进行评估：第一个是判断第一阶段回归中工具变量与内生性解释变量之间的相关性，从第一阶段四个模型的回归系数可知，配偶受教育年限和教育程度变量都是显著的，表明工具变量与解释变量之间确实是相关的，表明寻找的工具变量满足"相关性"条件；第二个是进行弱工具变量检验，该检验存在两个判断指标：一是第一阶段的四个F统计量，从表中可知，这四个F值都高度显著大于10，根据经验规则，如果该检验的F统计量大于10，则拒绝"存在弱工具变量"的原假设，表明所选择的工具变量是强工具变量。第二个指标是利用斯托克和友咖提出的"最小特征值统计量"对多个工具变量进行联合显著性检验，表中结果显示，最小特征值统计量为63.04，大于经验规则的临界值，表明不存在弱工具变量。综上分析，本书使用配偶受教育年限和教育程度作为工具变量进行分析是必要且有效的。

从具体估计结果上看，生产性收益率显著提高，达到了10.5%。高

---

① 该检验的一般步骤为，先进行传统的OLS回归，保存拟合系数，其次进行工具变量估计，也保存拟合系数，最后利用DWH检验方程对存储的结果进行比较。原假设为"所有解释变量均为外生性变量"。

中文凭效应提高到了27%，专科文凭效应下降到了17.4%，本科文凭效应则下降到了58.4%。拟合结果表明，遗漏变量造成的估计偏误与测量偏差形成的估计偏误在不同内生性变量之间程度并不一致，因此出现不同的变化趋势。上述估计结果是在2SLS方法下产生的，这一方法在球形扰动项的假定下是最有效率的，但是本书使用的历年调查横截面数据可能存在异方差问题，需要尝试其他方法进行稳健性检验。为此，本书先后使用对弱工具变量更不敏感的有限信息最大似然法（LIML）、在异方差下更有效率的广义矩估计（Generalized Method of Moments，GMM）以及迭代广义矩估计（iterative GMM，IGMM），得出的估计结果几乎一致，表明，工具变量估计结果是稳健的。[①]

（六）基于综合模型的计量结果与分析

上述估计结果都是在单独纠正样本选择偏差或内生性问题时进行的，但正如前文所言，研究文凭效应时可能同时存在这两个问题，上述估计结果也证明了这两个问题都存在，因此需要同时解决这两个问题才能得到准确估计。为此，本书借鉴伍德里奇提出的综合模型进行分析。综合模型的估计结果见表3—12所示：

由综合模型估计结果可知，同时解决样本选择偏差和内生性问题是必要且有效的，表现在，反米尔斯比率依然是显著小于零，内生性检验F统计量是高度显著的，第一阶段回归的四个F值仍旧是显著高于10的，最小特征值统计量也高于10。从估计结果上看，与前面估计结果存在一些变动，首先是，在样本选择方程中决策变量"子女数"的负向影响显著增加，子女越多，个人因照料小孩的需要会降低个人进入劳动力市场的概率。但另一决策变量"父母60岁以上"由负向影响转换成正面影响，父母双方任一方年龄超过60岁，个体选择进入劳动力市场的概率越大，这种变化与综合模型的分析样本有关，由于本书使用的工具变量是配偶的受教育年限和教育程度，因此分析样本局限在那些已经结婚的样本群体，由此估计结果产生变化。其次是，生产性收益率下降为5.57%，但高中文凭效应显著上

[①] 在后续章节研究中还会多次分拆样本进行工具变量估计（如不同性别、部门、地区、公司规模等），也可以算作稳健性检验。

表3—12　同时纠正选择性偏差和内生性问题的综合模型估计结果

变量	(1) 小时工资对数 y4	(2) 样本选择方程	(3) mills	(4) 受教育年限	(5) 高中	(6) 专科	(7) 本科	(8) 小时工资对数
配偶受教育年限	0.0198*** (0.00666)	0.0374*** (0.00513)		0.212*** (0.0311)	0.0186*** (0.00375)	−0.00563* (0.00313)	0.0163*** (0.00300)	
配偶高中	0.227*** (0.0351)	0.245*** (0.0317)		0.873*** (0.159)	0.319*** (0.0233)	0.0751*** (0.0202)	0.128*** (0.0178)	
配偶专科	0.166*** (0.0354)	0.260*** (0.0391)		0.375*** (0.139)	0.0297 (0.0183)	0.176*** (0.0226)	0.194*** (0.0197)	
配偶本科	0.348*** (0.0402)	0.399*** (0.0435)		0.715*** (0.178)	0.00684 (0.0231)	−0.0674*** (0.0252)	0.591*** (0.0241)	
子女数		−0.236*** (0.0146)		0.287** (0.119)	−0.00218 (0.0167)	0.0644*** (0.0190)	−0.0850*** (0.0181)	
父母60岁以上		0.123*** (0.0347)		0.753*** (0.101)	0.0822*** (0.0149)	0.0572*** (0.0171)	0.137*** (0.0154)	
受教育年限								0.0557 (0.0421)
高中								0.343* (0.190)

续表

变量	(1) 小时工资对数	(2) 样本选择方程	(3) mills	(4) 受教育年限	(5) 高中	(6) 专科	(7) 本科	(8) 小时工资对数
专科								0.223*
								(0.134)
本科								0.569***
								(0.130)
反米尔斯比率			−0.465***	−3.219***	−0.242***	−0.342***	0.518***	−0.236*
			(0.0867)	(0.687)	(0.0897)	(0.103)	(0.1000)	(0.131)
N	22,242	22,242	22,242	7,831	7,828	7,828	7,828	7,828
R-squared				0.520	0.397	0.145	0.369	0.359
内生性检验								3.10287**
弱工具变检验				76.81***	87.64***	60.84***	197***	35.45
Shea's partial Adj. R²				0.0318	0.0347	0.0519	0.107	

注：①括号内为标准误；②*** p<0.01，** p<0.05，* p<0.1；③表中省略了控制变量（性别、地区、工作经验、工作经验平方）及常数项的估计结果。

升为40.91%，专科文凭效应上升为24.98%，本科文凭效应升高到76.65%。① 图3—5呈现了所有计量方法下的拟合结果。

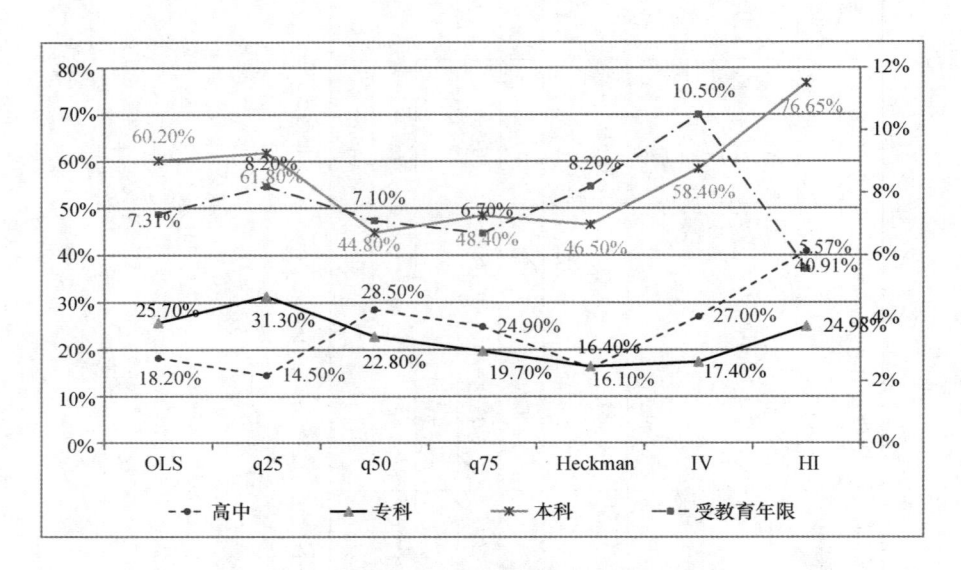

图3—5 不同估计方法下的文凭效应拟合结果

第三节　文凭效应的学科差异*

为深入分析教育信息功能如何在中国劳动力市场中发挥作用，本书将探讨不同学科与质量下教育文凭的信号价值差异。声明的是，由于CGSS数据库中无法进一步区分被调查个体接受高等教育时选择的学科或专业，也没有足够的变量来辨别高等教育的质量，为此，在分析教育文凭信号价值的学科和质量差异时，将使用CFPS数据库，详细的数据介绍和变量说明如下。

---

① 从原理上看，OLS估计由于遗漏能力变量而造成内生性问题，拟合结果会比真实效应高，在纠正内生性问题之后，拟合结果会下降。但本书的IV估计结果比OLS估计结果高，原因可能是，OLS估计不仅存在内生性问题，还可能存在着教育变量的测量误差问题，而这会引起OLS估计向下偏差，因此，在使用工具变量修正内生性问题时，原先的测量误差引起的向下偏差消失，从而致使IV估计结果高于OLS估计结果。

* 张青根、沈红：《"一纸文凭"究竟价值几许？——基于中国家庭追踪调查数据的实证分析》，《教育发展研究》2016年第3期。

一 数据来源与变量说明

(一) 数据来源

本节使用的数据来源于中国家庭追踪调查2010年基线调查,该调查采用了内隐分层、多阶段和与人口规模成比例的系统概率抽样方式,覆盖了除港、澳、台、新疆、西藏、青海、内蒙古、宁夏和海南之外的25个省份,涵盖了约95%的中国总人口(不含港、澳、台),是一项全国性、综合性的社会跟踪调查项目,调查数据非常具有代表性。它收集了有关村居、家庭、个体三个层次的基础数据,其中个体又分为成人和少儿。本书仅使用该基年调查中的成人问卷调查数据,该调查收集了33600份成人的基本信息、家庭环境、教育经历、职业状况、经济状况、社会行为与态度等方面的详细数据。[①] 基于研究的需要,本书从三个维度来筛选数据:一是样本至少完成了普通高中教育,同时考虑到该调查中接受了研究生教育的样本过少,不适宜分析研究生教育的文凭价值,因此剔除这些样本;二是只分析"在单位工作"的样本,剔除"务农"和"自主经营"的样本;三是剔除那些本科学校为"部队院校""艺体院校""夜大与函授"及"广播电视大学"等类型的样本。最终的有效样本为1835人。

(二) 变量处理与说明

平均小时收入对数。本次调查询问了多种维度的经济收入,为准确衡量教育文凭的价值,本书将"去年平均月工资""去年平均每月的浮动工资、加班费以及各种补贴和奖金""去年年终奖金""去年单位发放的实物折合现金"这四项经济收入折算成样本去年的"平均月收入"。为避免工作强度的影响,除以样本去年"平均月工作小时数"(可由问卷中"平均月工作天数"和"天工作小时数"相乘得到),从而得到样本去年的"平均小时收入",并取对数形式。

人力资本变量。主要包括受教育程度、受教育年限、专科及本科所学学科、本科学校层次、工作年限、工作年限的平方。受教育程度分为

[①] 有关CFPS数据的更详细说明请查阅中国家庭追踪调查官网,http://www.isss.edu.cn/cfps/。

五类：高中、成人专科、普通专科、成人本科、普通本科。受教育年限通过加总样本在各层次教育中接受的教育年限得到，反映的是样本真实的受教育年数。本书将专科及本科所属学科分为三大类：文科（哲学、法学、教育学、文学、历史学）、经管（经济学、管理学）、理工科（理学、工学）。由于农学和医学的样本过少，不适宜进一步分析，将它们以缺失值进行处理。由于 CFPS 调查问卷中询问的是样本就读本科高校名称，调查组依据教育部中国高等教育学生信息网的院校信息库对样本回答的院校信息进行比对，重新编码，将本科高校划分为三类：全国重点院校（211 院校，第一批次录取）、普通重点院校（第一批次录取）和普通本科院校（第二批次录取）。① 重新编码后的本科院校信息能够一定程度上反映样本所在学校的整体质量，可以用此变量来分析不同学校质量下的文凭效应差异。

工作信息变量。主要包括职业和产业两个变量。根据样本填写的工作岗位信息，按照国家职业分类标准，将其划分为 9 大职业类型：国家机关、党群组织、企业、事业单位负责人；专业技术人员；办事人员和有关人员；商业、服务业人员；生产、运输设备操作人员及有关人员；农、林、牧、渔、水利业生产人员；军人；无职业者；不便分类的其他人员。由于后四类职业类型下的样本较少，以缺失值处理，暂不对此进行分析。同理，按照国民经济行业分类标准将样本填写的行业信息重新编码为三大产业，其中第一产业所属样本过少，同样以缺失值处理，只研究第二、第三产业。

控制变量。包括性别、婚姻、地区、城乡四个变量。婚姻分为两类：一是在婚，二是未婚（包括未婚、同居、离婚、丧偶）。工作所在地区（东、中、西）和城乡类型（城市、农村）均按照国家统计局标准进行划分。

样本分布如表 3—13。

---

① 具体的编码原则是：如学校已经被合并，按合并后的学校类别编码。同时具有多个批次录取资格的学校，编码时按照"就高去低"的原则。如同时具有本科一批、本科二批招生资格的高校，编码时视其为本科一批，即重点高校；同时属于本科二批和三批招生的学校，视为本科二批，即普通本科。信息具体到所在学院的，则按照所属院系的录取批次分类。详细的编码信息请查看 CFPS 调查组撰写的《中国家庭追踪调查 2010 年本科院校编码规则》。

表3—13 样本分布及其描述性分析

变量	样本分布及说明	有效样本量	均值	标准差
平均小时收入的对数	取对数形式，以使其接近正态分布	1740	2.373	0.808
受教育程度	1 高中（44.3%），2 成人专科（15.2%），3 普通专科（17%），4 成人本科（7.2%），5 普通本科（16.3%）	1835	2.360	1.496
受教育年限	各阶段教育年限的加总，记录的是真实的受教育年数	1835	13.315	2.455
工作年限	按"2010年到所在单位工作的年份"计算	1830	9.840	9.654
工作年限的平方	拟合二次函数，保证收入曲线的凸性	1830	189.968	291.112
专科学科	1 文科（26.7%），2 经管（46.5%），3 理工（26.7%）	681	2.000	0.732
本科学科	1 文科（36.8%），2 经管（24.7%），3 理工（38.5%）	348	2.017	0.869
本科学校层次	1 全国重点（33.5%）2 普通重点（14.4%）3 二本（52.1%）	388	2.186	0.907
职业	1 国家机关、党群组织、企业、事业单位负责人（13.1%），2 专业技术人员（27%），3 办事人员和有关人员（20.2%），4 商业、服务业人员（18%），5 生产、运输设备操作人员及有关人员（21.7%）	1786	3.081	1.355
行业	1 第二产业（33.8%）；2 第三产业（66.2%）	1787	1.662	0.473
性别	1 男（58.1%），0 女（41.9%）	1835	0.582	0.493
婚姻	1 在婚（77.4%），0 未婚（22.6%）	1835	0.774	0.418
地区	1 东部（54.1%），2 中部（31.7%）3 西部（14.3%）	1835	1.602	0.725
城乡	1 城市（83.5%），0 乡村（16.5%）	1835	0.835	0.371

二 计量结果与分析

首先，分析教育文凭信号价值的学科差异。从对个人能力的筛选上看，不同学科的高校毕业生都需要完成高校规定的学分或课程要求，满足人才培养方案设定的硬性指标。不同学科的毕业生之间在能力上应无本质区别，在竞争性的劳动力市场中，相同能力的个人终将获得相同的收益。部分存在的收益差异只是由于劳动力市场中所需专业人才存在暂时的冷热门差异，最终将会得到纠正。本书的潜在假设是，不同学科下的文凭效应并不存在显著差异。为此，本书基于上述数据进行拟合分析，拟合结果如表3—14所示。首先从总体样本上看，拟合优度为24.8%，表明将学科信息纳入模型后解释力度更强了，扩展后的模型是有意义的。具体来看，受教育年限的系数很小且不显著，各教育文凭的系数显著大于零，相对仅有高中文凭的个人而言，在专科层次，文科、经管、理工类文凭分别给个人带来额外的0.306、0.623、0.576倍收益，相应地，在本科层次，分别为0.986、1.128、1.158倍，无论从哪个学科上看，本科层次的文凭效应均比专科层次要高。无论从哪个层次上看，不同学科下的文凭效应均存在显著差异，专科中经管类的文凭效应最大，本科中理工类的文凭效应最大。

表3—14　　　　按所属学科分类后的多元回归分析结果

	总体样本	职业分类					产业分类	
		国家机关、党群组织、企事业单位负责人	专业技术人员	办事人员和有关人员	商业、服务业人员	生产、运输设备操作人员及有关人员	第二产业	第三产业
	①	②	③	④	⑤	⑥	⑦	⑧
受教育年限	0.005 (0.015)	0.049 (0.046)	-0.053* (0.028)	0.001 (0.027)	0.026 (0.048)	0.054* (0.031)	-0.007 (0.029)	0.010 (0.018)
专科_文	0.267*** (0.082)	0.119 (0.229)	0.172 (0.143)	0.079 (0.163)	0.181 (0.284)	0.044 (0.284)	0.244 (0.211)	0.228** (0.093)
专科_经管	0.484*** (0.069)	0.265 (0.198)	0.255* (0.147)	0.516*** (0.123)	0.567*** (0.209)	0.127 (0.155)	0.465*** (0.131)	0.490*** (0.083)
专科_理工	0.455*** (0.080)	0.579** (0.239)	0.342** (0.150)	0.375** (0.166)	0.443 (0.284)	0.049 (0.160)	0.559*** (0.134)	0.340*** (0.106)

续表

| | 总体样本 | 职业分类 ||||| 产业分类 ||
		国家机关、党群组织、企事业单位负责人	专业技术人员	办事人员和有关人员	商业、服务业人员	生产、运输、设备操作人员及有关人员	第二产业	第三产业
	①	②	③	④	⑤	⑥	⑦	⑧
本科_文	0.686 ***	0.444	0.620 ***	0.577 ***	10.240 ***	0.720	0.825 ***	0.634 ***
	(0.107)	(0.327)	(0.190)	(0.208)	(0.414)	(0.663)	(0.294)	(0.123)
本科_经管	0.755 ***	0.407	0.635 ***	0.820 ***	0.711 **	-0.159	0.783 ***	0.733 ***
	(0.115)	(0.361)	(0.217)	(0.197)	(0.350)	(0.414)	(0.275)	(0.132)
本科_理工	0.769 ***	0.407	0.760 ***	0.682 ***	0.628 *	0.340	0.834 ***	0.741 ***
	(0.100)	(0.267)	(0.185)	(0.252)	(0.320)	(0.230)	(0.177)	(0.125)
调整后 R^2	0.248	0.247	0.212	0.317	0.258	0.130	0.214	0.267
N	1632	211	407	321	296	357	557	1037

注：①由于篇幅限制，未在表中呈现性别、婚姻、地区、城乡、工作年限、工作年限的平方等的回归估计结果；②括号内为标准误；③ * $P < 0.1$，** $P < 0.05$，*** $P < 0.01$。

分职业类型看，仅"生产、运输、设备操作人员及有关人员"职业下的个人教育收益中显著存在生产性成分，其他职业均不存在显著的正向的生产性成分。除"国家机关、党群组织、企事业单位负责人"和"生产、运输、设备操作人员及有关人员"两类职业外，其他职业下的个人教育收益中均存在显著的信息成分，整体表现、大小顺序与总体样本的结果相似。分产业类型看，第二、第三产业下的个人教育收益中均不存在显著的生产性成分，但存在显著的信息成分。从具体文凭效应看，第三产业下的整体表现、大小顺序与总体样本的结果一致，但在第二产业中存在一点差异，专科中理工类的文凭效应最大。这也不难理解，在中国现实劳动力市场中，比较热门的专业往往是制造类、工程类、信息技术类、计算机类等，这些专业培养的人才往往集中于第二产业中。

由上可知，综合来看，中国个人教育收益中主要呈现的是信息成分而非生产性成分，但不同学科间的文凭效应存在差异。造成此结果的原因除了市场中存在冷热门专业差别之外，还与劳动力市场中人才流动和竞争性程度有关，新古典经济学理论假定市场是充分竞争的，然而这一假定后来受到经济学家的批评，由于制度和社会性因素的影响，中国劳动力市场并不是完全竞争的市场，无法使得相同能力的人获得等值的回报。另外，还可能与不同学科的入学门槛、学习过程要求、毕业条件等存在差异有关，这种差异的产生有两种来源，一是在中国很多综合性大学中虽然存在着各种学科门类，但仍有强弱之分，或偏重理工，或偏重人文等，为保住优势学科地位，高校在招生要求、人才培养过程及毕业条件等上都会更为严格，那些能够进入综合性大学优势学科中学习并且毕业的个人一定是经过了层层的筛选，因而本身能力就比那些本校内其他弱势学科的人高。二是个人初入大学准备选择专业时都倾向于市场中的热门专业，由此造成更为残酷的竞争，只有那些能力强的人才能最终进入该专业学习，同样的结果是，这些专业的人的能力普遍较高。这两点都可以用筛选理论进行解释。

第四节　文凭效应的质量差异[*]

一　数据处理与说明

筛选理论的本质内涵是将不同能力的个体区分出来，而这取决于教育筛选装置的效度，装置的好坏一定程度上决定了筛选理论的解释程度和信服力。提高教育质量是保证筛选装置可靠性与稳定性的有效措施。对于那些能够接受并完成高质量教育的个体，经受住了层层考验与筛选，满足学校严格的入学要求、过程考核指标及高标准的毕业条件等，获得的教育文凭更能发送出高能力的信息。本书的潜在假设是，教育质量越高，文凭效应越高。即文凭的价值存在名牌效应。

为分析学校质量对个人教育收益中文凭效应的影响，需将不同高校按质量标准进行分组，目前研究文献中常用的指标有平均高考录取分数、学校排名、学校层级（985 工程高校、211 工程高校、一般本科）、学校师生比、教学软硬件设施、毕业生就业率等。由于中国家庭追踪调查数据库中无法获取专科类型学校的上述信息，本书将仅考虑本科类型学校。在中国家庭追踪调查问卷中有询问所读本科高校的校名，根据填写信息

---

[*] 张青根、沈红：《"一纸文凭"究竟价值几许？——基于中国家庭追踪调查数据的实证分析》，《教育发展研究》2016 年第 3 期。

并参照教育部中国高等教育学生信息网的院校信息库，将所有本科样本分为三组：一是全国重点本科，二是普通重点本科，三是第二批本科学校（简称二本）。这种分类标准类似于文献中常用的"平均高考录取分数""学校排名"或"学校层级"等，分组依据合理，能在一定程度上代表本科高校的教育质量。

二 计量结果与分析

在上述数据处理基础上，对模型进行拟合回归，结果如表3—15所示，模型的拟合优度为27.5%，表明纳入教育文凭的质量信息后模型的解释力度再一次提高。从总体样本上看，受教育年限的回归系数并不显著，但不同质量下的教育文凭的回归系数均高度显著，全国重点、普通重点、二本高校的文凭能分别给个人带来额外的1.494、0.828、0.614倍收益，其中全国重点院校的文凭效应最高，说明本科教育文凭存在明显的名牌效应。高校提供的高质量教育保证了个人所发送能力信号的可信性，赢得了社会人士或雇主的信赖和尊重，在劳动力市场中形成可靠的品牌。进一步地，一方面，高校的口碑与声誉会吸引大量优秀学生报名，吸纳更多的高能力人才，保证了生源的稳定性和精英型。另一方面，高校为了维持和提升已有的品牌形象，会严格把控入学标准、监督教育过程、完善人才培养体系，多层次、多维度、多阶段考核和筛选高能力人才。这些顺利进入并完成"品牌"学校教育的个人，能够证明自己的高能力，获取雇主的认可，从而获取高收益。分职业类型看，与上面的分析相似，教育收益中的生产性成分仅在"生产、运输、设备操作人员及有关人员"显著存在。在"专业技术人员"和"办事人员和有关人员"职业类型中工作的个人的教育收益中存在显著的信息成分，全国重点、普通重点、二本高校的文凭效应分别为146.5%、91.9%、56.8%和133.5%、69%、51.7%，依然是全国重点本科院校的文凭效应最大。分产业来看，第二、第三产业下个人教育收益中生产性成分均不显著，但信息成分显著，全国重点、普通重点、二本高校的文凭效应分别为138.5%、72.3%、48.9%和154.7%、89.6%、52%，大小顺序与上面的分析一致。

表 3—15　　　　　按学校质量分类后的多元回归分析结果

	总体样本	职业分类					产业分类	
		国家机关、党群组织、企事业单位负责人	专业技术人员	办事人员和有关人员	商业、服务业人员	生产、运输设备操作人员及有关人员	第二产业	第三产业
	①	②	③	④	⑤	⑥	⑦	⑧
受教育年限	0.017 (0.018)	0.052 (0.061)	−0.052 (0.034)	0.017 (0.034)	0.083 (0.052)	0.059 * (0.034)	0.017 (0.032)	0.017 (0.022)
全国重点	0.914 *** (0.115)	0.424 (0.355)	0.902 *** (0.229)	0.848 *** (0.236)	0.664 * (0.342)	0.606 (0.380)	0.869 *** (0.214)	0.935 *** (0.142)
普通重点	0.603 *** (0.137)	0.624 (0.590)	0.652 ** (0.238)	0.525 ** (0.260)	0.202 (0.562)	0.008 (0.347)	0.544 ** (0.273)	0.640 *** (0.163)
二本	0.479 *** (0.108)	0.227 (0.326)	0.450 ** (0.221)	0.417 * (0.220)	0.357 (0.339)	0.317 (0.269)	0.398 *** (0.204)	0.419 *** (0.131)
调整后 R^2	0.275	0.221	0.201	0.396	0.254	0.120	0.228	0.301
N	1130	126	262	182	238	290	389	708

第五节　文凭效应的阶段性差异 I：高校扩张前后

自 20 世纪 90 年代末期开始，中国高等教育规模发生了跨越式发展，源于经济发展驱动的高校扩招政策将精英化高等教育推向大众化发展阶段。然而，关于扩招政策利弊的争论至今仍未平息，一方面，扩招满足了人们日益增长的高等教育投资需求，提前五年实现了《国家中长期教育改革和发展规划纲要（2010—2020）》中提出的 "到 2020 年，高等教育毛入学率达到 40%" 的目标。另一方面，高校扩招也带来了一系列棘手的现实问题，众所周知，高校扩招政策的制定与实施具有一定的偶然性和突发性①，高校原有的师资力量、课程体系、财政水平等难以保障大规模学生扩张后的培养需求，高校人才培养质量下降。如此背景下，本书将对高校扩招前后文凭效应的变化进行分析。

已有研究从多个角度对高校扩招的政策效应进行了评估，但研究结

---

① 阎凤桥、毛丹：《中国高等教育规模扩张机制分析：一个制度学的解释》，《高等教育研究》2013 年第 11 期。

果并未取得一致。何亦名利用中国健康与营养调查数据分析中国高等教育扩张过程中居民工资收入变化规律，发现，随着市场化程度的提高和高等教育扩张，高等教育的教育收益经历了1991—2000年的快速增长之后，2004—2006年增长势头减缓，甚至出现停止增长的迹象，并认为高校扩招对高等教育回报率有明显的压缩效应，中国劳动力市场中开始出现高学历对低学历的替代效应。[1] 吴要武和赵泉基于2000年人口普查数据和2005年1%人口抽样调查数据，利用双差分模型评估高校扩招对大学新毕业生劳动力市场表现的影响，发现，高校扩招的确给大学新毕业生的就业带来困难，主要表现为劳动参与率下降、失业率上升、小时工资有下降的态势。[2] 邢春冰和李实对扩招效应的评估结果与此类似。[3] 然而，常进雄和项俊夫在利用中国健康与营养调查数据重点考察了扩招对中国大学毕业生工资、教育收益率及长期变化趋势的影响后发现，总体上看，扩招对大学毕业生教育收益率的负面影响有限。大学毕业生与高中毕业生的工资差距在1997年之后逐渐加大，扩招后攻读大学仍是很好的投资选择。尽管大学扩招速度很快，但由于技术进步在经济增长中的作用越来越大，而技术进步与高素质人才是互补的，在很大程度上降低了扩招所带来的负面影响。[4] 相反的是，蔡海静和马汴京利用2006年和2008年中国综合社会调查数据，在"反事实"和"局部干预效应"概念的框架下，定量评估了扩招政策对大学毕业生就业的异质性效应[5]，发现，因扩招而获得大学录取机会者，其大学文凭主要扮演着"敲门砖"的角色，显著降低了缺乏工作经验的新毕业生的失业概率，但并未明显改善其就业质量；那些即使未发生扩招也能继续深造者，扩招并未恶化

---

[1] 何亦名：《教育扩张下教育收益率变化的实证分析》，《中国人口科学》2009年第2期。
[2] 吴要武、赵泉：《高校扩招与大学毕业生就业》，《经济研究》2010年第9期。
[3] 邢春冰、李实：《扩招"大跃进"、教育机会与大学毕业生就业》，《经济学》（季刊）2011年第4期。
[4] 常进雄、项俊夫：《扩招对大学毕业生工资及教育收益率的影响研究》，《中国人口科学》2013年第3期。
[5] 他们将样本群体划分为四种类别："从未参与者"（即使扩招也没有参与高等教育的个体）、"遵从者"（因扩招而获得升学机会的个体）、"始终参与者"（即使没有扩招也能参与高等教育的个体）、"抵制者"（因扩招而放弃升学机会的个体）。

其就业状况。[1] 许玲丽、李雪松和周亚虹基于 CGSS 2003 年、2005 年和 2006 年的数据，利用非参数及半参数方法，分析高校扩招所致的教育回报率变化后发现，扩招的政策处理效应为正值，扩招具有积极作用，并认为这一结果是 21 世纪初以来中国劳动力市场从"无限供给"转向"总体供给充足与结构性短缺并存"局面的反映。在中国经济平稳较快发展的大环境下，扩招政策的积极作用仍大于不利影响。[2]

既有研究在评估高校扩招的政策效应时多是从扩招前后教育收益率变化的角度进行的，然而，研究结果糅合了教育的生产性收益和信号收益，得出的扩招政策效应结果是混淆的。为此，本书将在区分这两大经济功能的前提下，探讨高校扩招前后文凭效应的变化情况。

一　数据来源与变量说明

（一）数据来源

本书数据来源于 2007 年中国家庭收入调查中公开的 5000 个城镇住户调查数据。该调查初始样本观测值为 14683 个，涵盖了上海、江苏、浙江、安徽、河南、湖北、广东、重庆和四川 9 个省或直辖市，收集了被调查家庭所有成员的人口统计学基本信息、工作以及收入等信息，样本结构代表性强、数据信息全面，是目前国内权威性强且被学术界广泛使用的全国性收入调查数据。[3] 鉴于研究的需要，本书对总体数据库进行以下处理：仅保留 16—60 岁的男性样本和 16—55 岁的女性样本，以保证这些样本都在法定劳动年龄内；仅选取"当前主要工作"为"固定工""长期合同工"（一年及以上）"短期合同工"（一年以下）"无合同的临时工"以及"打零工"类型的"工资性工作者"样本，因为研究者无法辨别"自我经营者""家庭帮工"或"其他"类型工作者所得收入是否为工资性收入，如若不是，将直接影响到本书对教育经济价值的判断；

---

[1]　蔡海静、马汴京：《高校扩招、能力异质性与大学毕业生就业》，《中国人口科学》2015 年第 4 期。

[2]　许玲丽、李雪松、周亚虹：《中国高等教育扩招效应的实证分析——基于边际处理效应（MTE）的研究》，《数量经济技术经济研究》2012 年第 11 期。

[3]　更多有关 CHIP 数据的详细介绍请关注该调查的官方网站：http://www.ciidbnu.org/chip/。

根据被调查样本报告的最高教育程度类型，仅选取最高教育程度为"高中""大学专科"和"大学本科"的样本；根据样本报告的"最后一次参加高考的年份"信息，剔除在1977年之前参加高考的样本，以避免其他政治性等因素的干扰；此外，为避免极端值的影响，剔除"正规教育年限"在"9年以下"或"22年及以上"的样本，剔除"当前这份主要工作的平均月收入（仅包括工资、奖金、津贴和实物折现）"在"200元下"或"10000元以上"的样本。最终的有效样本观测值为2030个，其中，男性1097人，女性933人；最高教育程度为高中、大学专科和大学本科的样本分别为317人、899人和814人。

（二）变量处理与说明

本书对样本报告的"主要工作的平均月收入"进行对数转换，生成"平均月收入对数"变量，并以此变量作为因变量。依据样本的年龄和正规教育年限信息，通过经典的计算公式"年龄—受教育年限—6"来获得"工作经验"变量。另外，本书中还纳入样本当前主要工作的职业类型作为控制变量，该调查中主要包含8类职业，"国家机关党群组织、企事业单位负责人""专业技术人员""办事人员和有关人员""商业、服务业人员""生产、运输设备操作人员及有关人员""农、林、牧、渔、水利生产人员""军人"以及"不便分类的其他从业人员"，本书以后面三类作为参照组。

本书使用该调查中询问样本"当年的高考成绩"来衡量个人能力，但由于被调查的样本当年参加高考时分布在不同的省份（市或自治区）、年份，使用的高考试卷及其评分标准并不相同，高考分数不具有直接可比性，因此无法直接使用高考成绩作为能力的代理变量。为此，本书将借鉴斯塔西·伯格·戴尔和阿兰·克鲁格[1]以及王子涵和王小军的研究中

---

[1] Dale 和 Krueger 的研究在探讨大学质量对学生个人收入的影响时，为避免由于"自选择偏差"的影响（能力高的人进入高质量的精英大学，未来收入也将更高，从而无法分离出大学质量的独立影响），重新匹配学生申请大学和录取情况，将这些匹配度相似的样本归为一组，默认同组类别的样本的能力是相同的，从而在模型中纳入代表各组的虚拟变量作为个人能力的代理变量进行控制，从而得到相对无偏差的拟合结果。Dale S. B., Krueger A. B., "Estimating the payoff to attending a more selective college: an application of selection on observables and unobservables", *The Quarterly Journal of Economics*, Vol. 117, No. 4, 2002.

的处理方法①,将参加相同年份、省份、高考类型且高考成绩相近的样本纳为一组,并用虚拟变量来代表不同的组。② 由于分析对象中参加"文艺体育类"和"其他"两种高考类别的样本相对较小,在此不做分析,仅对"文史类"和"理工类"样本进行分组处理。本书以"差值在100分以内"作为高考成绩的分组区间,若在同一省份和年份下参加同一类型高考的样本的成绩相差不超过100分,则认为这些样本之间的能力是相似的,并将它们归为一组。在依据样本高考成绩、参加高考年份、省份、类型等信息进行分组时应遵循以下几个原则:

(1) 基本原则:相同年份、省份、高考类型且高考成绩相差不超过100分,归为一组;

(2) 组内一致性原则:同一组内的任意两个样本的高考成绩相差不超过100分;

(3) "样本观测值最大化优先,中心离差最小化其次"原则:如果有某观测值与两端的观测值的高考成绩相差都在100分以内,但两端观测值的高考成绩相差超过100分,则首先尽量保证最大化样本的分组方式,如果两种分组方式样本量一致,则进一步计算两端观测值与中心观测值之间高考成绩的离差程度,选取离差最小的一端观测值纳进组内。

本书按照上述分组原则进行分组之后,共产生了422个小组,纳入了1156个观测值。因此在后续研究模型中将会纳入422个代表能力信息的虚拟变量。③

另外,该调查还询问了样本"最后离开学校时在班上的成绩如何",本书同样将此变量作为个人能力信息的一种反映,将回答"很好"和"比较好"的合并,回答"一般""比较差"和"很差"的合并,产生一个虚拟变量,用来控制个人能力偏差对其收入造成的影响。相关变量的描述性统计分析如表3—16所示。

---

① 王子涵、王小军:《包含认知能力的教育回报率估计——基于 CHIP 2007 年数据的实证研究》,《教育与经济》2016 年第 1 期。

② 更加详细的高考成绩分组说明请参见王子涵和王小军的文章中第41—42页。

③ 使用同样的方法和分组区间,王子涵和王小军的研究产生了394个小组,纳入了1138个观测值,处理结果存在些微差距的原因是两文的前期数据处理所得有效样本量不一致。

表 3—16　　　　　　　　变量的描述性统计分析

变量	观测值	均值	标准差	最小值	最大值
平均月收入对数	2010	7.677	0.633	5.299	9.210
正规教育年限	2030	14.38	1.939	9	21
高中	2030	0	0	0	0
大学专科	2030	0.443	0.497	0	1
大学本科	2030	0.401	0.490	0	1
高考成绩	1662	441.7	116.9	1	817
高考类型	2022	2.569	0.598	1	4
扩招后高考	1909	0.237	0.426	0	1
性别	2030	0.540	0.498	0	1
年龄	2030	34.82	8.458	18	59
工作经验	2030	14.44	9.395	0	41
工作经验平方	2030	296.6	314.0	0	1681
职业类型	2030	3.051	1.617	1	8
学校成绩表现	2028	0.754	0.431	0	1
高考成绩分组类别	1156	221.4	122.8	1	422

二　模型设计——代理变量法

需要说明的是，本节部分尝试使用分组后的高考分数作为个人能力的代理变量来进行内生性纠正，为此，本节中使用的几个基础模型是：

$$\text{lnsalary} = \alpha_1 + \beta_1 \times S + \eta_1 \times Exp + \mu_1 \times Exp^2 + \delta_1 \times Gender + \sum_{j=1}^{6} \gamma_{1j} \times occupation_j + \varepsilon_1 \quad (1)$$

其中，lnsalary 为平均月收入对数，S 为正规教育年限，β_1 反映的是教育的总体收益率，包含生产性成分和信息成分；Exp 为工作经验，$Gender$ 为性别变量，以女性为参照组，$occupation$ 为职业变量，以"农、林、牧、渔、水利生产人员""军人"以及"不便分类的其他从业人员"为参照组。

在上述模型中加入代表样本最高教育程度的文凭虚拟变量，模型变为：

$$\text{lnsalary} = \alpha_2 + \beta_2 \times S + \sum_{i=1}^{3} \lambda_{2i} \times D_i + \eta_2 \times Exp + \mu_2 \times Exp^2 +$$

$$\delta_2 \times Gender + \sum_{j=1}^{6} \gamma_{2j} \times occupation_j + \varepsilon_2 \qquad (2)$$

其中，D_i 表示的是文凭虚拟变量，共有三类，高中、大学专科和大学本科，以高中为参照组。在此模型中，系数 β_2 表示的是生产性收益率，λ_{2i} 表示的是信息收益率，也称为文凭效应。正如前文所述，该模型中可能存在遗漏能力变量的内生性问题，为此，在模型（2）中先后加入代表性个人能力信息的高考成绩分组的虚拟变量和"离开学校时的学习成绩"虚拟变量进行控制，模型如下：

$$\text{lnsalary} = \alpha_3 + \beta_3 \times S + \sum_{i=1}^{3} \lambda_{3i} \times D_i + \theta_3 \times P_{ability} + \eta_3 \times Exp +$$

$$\mu_3 \times Exp^2 + \delta_3 \times Gender + \sum_{j=1}^{6} \gamma_{3j} \times occupation_j + \varepsilon_3 \qquad (3)$$

其中，$P_{ability}$ 表示的是代表个人能力信息的虚拟变量。

接下来，将样本"最后一次参加高考的年份"转化成"高考年份分类变量 GK"，将在 1999 年之前参加高考的样本定义为参照组或控制组（$GK=0$），将 1999 年及以后参加高考的样本定义为干预组或分析组（$GK=1$），将此变量及其与正规教育年限和最高教育程度的交叉项分别纳入上述三类模型中再次进行拟合分析，考察高校扩招政策对教育收益的影响。以模型（3）为例，纳入上述变量之后变为：

$$\text{lnsalary} = \alpha_4 + \beta_4 \times S + \sum_{i=1}^{3} \lambda_{4i} \times D_i + \rho_4 \times GK + \vartheta_4 \times GK \times S +$$

$$\sum_{i=1}^{3} \varphi_{4i} \times D_i \times GK + \theta_4 \times P_{ability} + \eta_4 \times Exp + \mu_4 \times Exp^2 +$$

$$\delta_4 \times Gender + \sum_{j=1}^{6} \gamma_{4j} \times occupation_j + \varepsilon_4 \qquad (4)$$

若系数 ρ_4 显著小于零，表明高校扩招会降低个人收入；若系数 ϑ_4 显著小于零，表明高校扩招会降低教育生产性收益率；若 φ_{4i} 显著小于零，表明高校扩招会降低教育信息收益率。

三 计量结果与分析

（一）控制能力异质性下教育的生产性收益率与信息收益率

表 3—17 呈现了多重计量模型下对教育收益状况的拟合分析结果。从

第（1）列经典明瑟收入方程的拟合结果上看，拟合优度为19.6%，说明该模型对个人收入差异的解释力度为19.6%。在不考虑能力异质性情况下，整体的教育收益率为8.3%，表明，每多受一年教育，个人收入提高8.3%。加入代表个人能力信息的"学生成绩"变量后，拟合结果如第（2）列所示，解释力度为20.1%，略微增加了0.5%，说明用学生在学校时的成绩表现作为能力参考信息是有意义的。此时，整体的教育收益率降为7.69%，表明估计模型中确实存在能力异质性问题。第（3）列报告了加入依据高考成绩进行归类的能力分组虚拟变量后的拟合结果，模型解释力度上升至63%，增加了43.4%（超过原先的两倍），说明经典明瑟收入模型存在能力异质性问题，对模型进行偏差纠正是有必要的。在纠正能力偏差之后，整体的教育收益率下降至5.24%。该模型拟合结果也证明了以高考成绩的分组虚拟变量作为个人能力信息代理变量的有效性，以此控制能力异质性下的模型拟合结果是科学可信的。进一步地，在模型中同时纳入"学生成绩"和"高考成绩分组变量"，拟合结果见第（4）列，解释力度上升到63.6%，整体的教育收益率降低为4.4%。综上分析，"高考成绩的分组虚拟变量"比"学生成绩"变量更能代表个人的能力信息，在控制能力异质性后整体的教育收益率显著下降。

接下来，在经典明瑟收入方程中加入教育文凭虚拟变量，拟合结果如第（5）列所示，教育的生产性收益率为3.97%，表明，每多受一年教育，个人收入会因人力资本增加而提高3.97%。大学专科和本科的文凭效应分别为21.8%和45.9%，均是高度显著的，表明，个人获取的专科和本科教育文凭能分别给个人带来21.8%和45.9%的额外收益，这是教育的信息收益率，反映的是教育信号功能给个人带来的经济价值。加入"学生成绩"变量后，结果见第（6）列，教育的生产性收益率略微降低至3.86%，大学专科和本科的文凭效应分别降低至19.8%和42.2%，同样是高度显著的。加入"高考成绩分组虚拟变量"后，结果见第（7）列，教育生产性收益率下降为3.38%，大学专科和本科的文凭效应分别降低至4.8%和17.2%，但仅在本科层次上是显著的。同时加入"学生成绩"和"高考成绩分组虚拟变量"后，结果见第（8）列，教育生产性收益率下降为3.15%，大学专科和本科的文凭效应分别下降至1.8%和11.9%，且在各层次上均是不显著的。从模型的解释力度上看，加入能力代理变量后，解释力度出现明显的增长。由此说明，在中国劳动力市场中，教育既表现出生产性功能，也体现了信号价值。在控制了能力异质性之后，教育的生产性功能和信号功能的作用均下降了。

表3—18汇总了目前所能检索到的文献中对中国教育生产性收益率和文凭效应进行实证研究的拟合结果，从结果上看，中国21世纪初期的教育生产性收益率明显高于20世纪90年代中期的教育生产性收益率，原因可能有两方面：一是从20世纪90年代开始中国市场化改革进程加速，国有部门所有制改革有效推进以及非国有部门逐渐壮大，尤其是在2001年加入WTO后，市场化程度明显提高，劳动力市场对人力资本的需求愈发旺盛；二是进入21世纪后中国发生产业结构转型升级、产品技能偏向型技术进步等，增强了对技能型、复合型人才的依赖，强化了人力资本的作用。在不纠正能力异质性偏差的情况下，中国劳动力市场中存在着明显的文凭效应，且本科层次高于专科层次，其中刘旭和莫里·冈德森估计的2002年的本科文凭效应最高，达到了59.80%，说明教育信号价值在21世纪初期发挥了重要作用，这与该时期劳动力市场中高素质人才相对稀缺以及高等教育系统自身质量相对较高等密切相关。在纠正了能力异质性偏差之后，专科和本科文凭效应的拟合结果均小于已有文献的研究结果，说明已有研究在不考虑能力偏差影响下高估了教育信号价值的真实作用。

表3—17　教育生产性收益率和文凭效应的多元回归分析

变量	(1)	(2)	(3)	(4)	(5)	(6)	(7)	(8)
教育年限	0.0830 ***	0.0769 ***	0.0524 ***	0.0440 ***	0.0397 ***	0.0386 ***	0.0338 *	0.0315 *
	(0.00832)	(0.00845)	(0.0140)	(0.0141)	(0.0104)	(0.0104)	(0.0176)	(0.0175)
大学专科					0.197 ***	0.181 ***	0.0469	0.0181
					(0.0484)	(0.0488)	(0.0800)	(0.0800)
大学本科					0.378 ***	0.352 ***	0.159 *	0.112
					(0.0563)	(0.0572)	(0.0928)	(0.0934)
学校成绩		0.113 ***		0.154 ***		0.0750 **		0.141 ***
		(0.0303)		(0.0440)		(0.0305)		(0.0445)
分组变量			YES	YES			YES	YES
N	2,010	2,008	1,147	1,147	2,010	2,008	1,147	1,147

续表

变量	(1)	(2)	(3)	(4)	(5)	(6)	(7)	(8)
调整后 R^2	0.196	0.201	0.630	0.636	0.217	0.219	0.633	0.638
$\triangle R^2$		0.005	0.434	0.440		0.002	0.416	0.421

注：①括号内为异方差稳健的标准误；② *** $p<0.01$，** $p<0.05$，* $p<0.1$；③限于篇幅限制，高考成绩分组虚拟变量实际上共含422个变量，在此仅以"YES"代表加入了该虚拟变量。同样，表中并未呈现常数项和控制变量（性别、工作经验及其平方项、职业分类变量）的拟合结果。

表3—18 关于中国教育的生产性收益率和文凭效应研究的结果汇总

	作者（发表年份）							
	刘旭和莫里·冈德森(2013)	沈红和张青根(2015a)	沈红和张青根(2015b)	本书(2019)			
数据来源	CHIP1995	CHIP2002	CGSS2008	CGSS2006、2008、2010	CHIP2007			
是否进行能力异质性控制	否	否	否	否	否	是，加入"学生成绩"变量	是，加入"高考分数分组虚拟变量"	是，同时加入"学生成绩"和"高考分数分组虚拟变量"
样本量	10230	8954	2677	9578	2010	2008	1147	1147
生产性收益率	0.70%	2.40%	12.10%	6.30%	3.97%	3.86%	3.38%	3.15%
专科文凭效应	17.80%	26.10%	27.60%	17.10%	21.80%	19.80%	4.80%	1.80%
本科文凭效应	32.60%	59.80%	35.30%	51.90%	45.90%	42.20%	17.20%	11.90%

注：在刘旭和莫里·冈德森的研究中，专科指"二年制大学"，本科指"四年制大学"；在沈红和张青根的两篇研究中，大学专科和本科均包括全日制和非全日制两种形式。

（二）高校扩招政策对教育生产性收益和信息收益的影响分析

在分析高校扩招政策对教育经济收益的影响之前，先估计扩招政策对个人收入的影响，表3—19第（1）—（8）列呈现了扩招政策对个人收入影响的估计结果，首先，在不区分教育的生产性收益和信息收益的情况下，加入扩招政策变量进行拟合，结果见第（1）—（4）列，发现，在不控制能力异质性或仅加入"学校成绩"作为个人能力代理变量时，高校扩招对个人收入的影响是负向且是显著的。但在加入"高考成绩分

134　中国文凭效应

表3—19　高校扩招对教育收益影响的政策效应分析

变量	(1)	(2)	(3)	(4)	(5)	(6)	(7)	(8)	(9)	(10)	(11)	(12)
教育年限	0.0788***	0.0726***	0.0520***	0.0436***	0.0341***	0.0331***	0.0332*	0.0309*	0.0276**	0.0263**	0.0265	0.0238
	(0.00869)	(0.00882)	(0.0139)	(0.0140)	(0.0109)	(0.0109)	(0.0175)	(0.0175)	(0.0117)	(0.0117)	(0.0190)	(0.0189)
大学专科					0.193***	0.177***	0.0483	0.0195	0.223***	0.207***	0.0541	0.0283
					(0.0501)	(0.0504)	(0.0799)	(0.0799)	(0.0536)	(0.0539)	(0.0861)	(0.0859)
大学本科					0.387***	0.360***	0.160*	0.114	0.433***	0.406***	0.186*	0.144
					(0.0584)	(0.0594)	(0.0926)	(0.0932)	(0.0629)	(0.0638)	(0.101)	(0.101)
扩招后高考	−0.0885*	−0.0926*	1.029*	1.032*	−0.0981**	−0.100**	1.035*	1.036*	−0.471	−0.508	0.533	0.534
	(0.0497)	(0.0497)	(0.550)	(0.546)	(0.0491)	(0.0491)	(0.548)	(0.545)	(0.360)	(0.360)	(0.764)	(0.759)
扩招后高考×教育年限									0.0428	0.0447	0.0374	0.0392
									(0.0283)	(0.0283)	(0.0394)	(0.0391)
扩招后高考×大学专科									−0.254*	−0.246*	−0.0289	−0.0522
									(0.147)	(0.146)	(0.212)	(0.210)

续表

变量	(1)	(2)	(3)	(4)	(5)	(6)	(7)	(8)	(9)	(10)	(11)	(12)
扩招后									-0.324**	-0.315*	-0.105	-0.134
高考×大学本科									(0.162)	(0.162)	(0.236)	(0.235)
学校成绩		0.119***		0.154***		0.0781**		0.141***		0.0775**		0.142***
		(0.0312)		(0.0439)		(0.0314)		(0.0445)		(0.0315)		(0.0445)
能力分组			YES	YES	YES	YES	YES	YES			YES	YES
N	1,890	1,888	1,147	1,147	1,890	1,888	1,147	1,147	1,890	1,888	1,147	1,147
调整后 R^2	0.200	0.206	0.632	0.638	0.223	0.226	0.635	0.640	0.225	0.227	0.636	0.641
$\triangle R^2$		0.006	0.432	0.438		0.003	0.412	0.417		0.002	0.411	0.416

组虚拟变量"或同时加入"学校成绩"和"高考成绩分组虚拟变量"进行能力异质性控制时，扩招政策对个人收入的影响是显著正向的。在区分教育的生产性收益和信息收益情况下再次进行拟合，结果见第（5）—（8）列，发现，估计结果与上述结论几乎完全一致，说明上述估计结果是稳健的。我们知道，高校扩招政策会显著提高高中生参与大学的机会，使那些原先能力较弱的高中生也积极加入了高考大军，接受了高等教育，由此整体上降低了扩招后参加高考的学生的平均能力，从而在劳动力市场中获得较低收入，扩招对个人收入的负向影响主要体现出平均能力的下降。另外，在高校扩招政策的实施期间，中国经济增长速度保持在8%以上（2007年国内生产总值增长速度达到峰值14.16%），第三产业比重迅猛增加以及市场对外开放程度不断加深，这些都会扩大劳动力市场中高素质人才的需求，而扩招政策正是适应了经济发展形势和劳动力市场需求的变化，由此外在体现为提高高素质人才的个人收入，这就是为什么在控制能力异质性后高校扩招政策会显著正向影响个人收入。

接下来，在模型中引入扩招政策变量与正规教育年限及教育文凭的交叉项，拟合结果见第（9）—（12）列，在不控制能力异质性情况下，扩招政策变量与正规教育年限的交叉项系数是正数但不显著，教育生产性收益率提高4.28%，而扩招政策变量与大学专科以及大学本科文凭的交叉项系数显著小于零，大学专科和本科文凭效应分别降低22.4%和27.7%，由此说明，高校扩招并不会降低教育的生产性收益率，但会显著降低教育的信息收益率。加入代表能力信息的"学校成绩"变量后，结果见第（10）列，扩招政策对教育生产性收益率和信息收益率的影响与上述结果的方向相同，但大小略有差别。加入"高考成绩分组虚拟变量"后，结果见第（11）列，拟合结果的方向依然是一致的，但扩招政策对文凭效应的影响明显下降，大学专科和本科文凭效应分别降低2.85%和9.97%。同时加入代表能力信息的"学校成绩"变量和"高考成绩分组虚拟变量"后，结果见第（12）列，高校扩招后，教育生产性收益率提高3.92%，大学专科和本科文凭效应分别降低5.1%和12.5%，均是不显著的。扩招后教育生产性收益率上升的结论与许玲丽等人的研究结论是一致的，高校扩招具有积极作用，可能的原因是，社会经济发展、产业结构升级、技术进步等都日益强调人力资本的作用，为了争夺拥有高质量人力资本的劳动力,劳动力市场雇主愿意付出丰厚的薪酬待遇,从而提高了受教育者的人力资本回报。扩招后教育信息收益率下降的原因可能有三点:一是高校扩招急剧增加了高校学生数量,高校原有的管理水平、师资力量、课程体系、财政资源、校舍条件等都无法短时间内满足高素质人才培养需求,由此导致高校办学水平整体上出现下滑,人才培养质量降低,大学生"严进宽出"、甚至是"宽进宽出"的现象较为普遍,学生获取的教育文凭的价值令人生疑;二是高校扩招政策实施后扩大了大学毕业生的供给,劳动力市场中宣称代表个人能力信号的教育文凭比比皆是,一定程度上出现高学历对低学历的替代效应,教育信号价值降低;三是随着中国经济社会发展和产业结构转型,劳动力市场制度本身日益完善,作为雇主的企事业单位开始研发出较为可靠的人才筛选、甄别、聘用及后期培训系统等,甚至建立起了行之有效的内部劳动力市场,有效缓解了劳动力市场中的信息不对称问题,教育信号功能逐渐被弱化。

第六节 文凭效应的阶段性差异Ⅱ:就业初期和工作后期

一 数据处理与说明

教育发挥信号价值的一个前提假设是,劳动力市场中存在着信息不对称。雇主在招聘新员工时并不知晓潜在员工真实的劳动生产率,为了规避后期员工培训带来的高额成本,雇主只能以雇员的文凭作为其能力的筛选条件,以期选到高能力员工。当雇员得以进入工作岗位之后,经过一段时间的观察和考核,雇主逐渐掌握了雇员真实的劳动生产率,信息不对称的前提假设开始瓦解,雇主开始调整自己的工资策略和员工的岗位,教育的信号价值逐渐减弱。这种推断被称为"雇主学习型推论"。很多研究已经证实这种推论的正确性,如鲍尔等[1]、刘旭和莫里·冈德森[2]、

---

[1] Thomas K. Bauer, Patrick J. Dross & John P. Haisken-DeNew, "Sheepskin effects in Japan", *International Journal of Manpower*, Vol. 26, No. 4, 2005.

[2] Liu Xiu, Morley Gunderson, "Credential effects and the returns to education", *Labour: Review of Labour Economics and Industrial Relations*, Vol. 27, No. 2, 2013.

费边·兰格[1]等的研究，他们的实证结果显示，随着工作经验（或组织任期）的增长，文凭效应显著下降。贝尔曼和海伍德强调需要考虑个体与工作的匹配性，他们发现工人和公司之间的匹配性会随着时间而增长，与此同时，教育信号价值将下降。[2] 这种结论也得到佛瑞兹的支持，认为文凭效应更可能发生在那些获得教育文凭但不了解自己真实劳动生产率的个体之中。[3] 然而，也有研究并不认同这种雇主学习型推论，莱亚德和萨卡洛普洛斯在对比不同组别结果后并未发现支持推论的直接证据[4]、雷利认为雇用拥有的信号均衡是在平均值上进行修正的，单独被向上或向下调整的工资差异并不会影响到总体的平均工资和信号价值。[5] 亨利·法伯和罗伯特·吉本斯通过探究文凭信号和后期呈现的新信息之间的正交性证明了教育信号的稳定性。[6] 斯提芬·哈波麻兹认为工人揭示自身的劳动生产率是多时期多阶段的，在假定工人显露自身生产率的能力与工作—工人间误配的程度正相关下，在存在工作与工人误配的情形中，高能力个体具有先行者优势，能够快速展示自身真实劳动生产率，从而提高自身教育信号的价值，整体上，教育信号价值呈凹形变化。[7] 由上述分析可知，教育文凭的信号价值与工作经验增长之间的关系并没有统一定论，需要更多的经验研究。

既有研究在分析文凭效应如何随工作经验（组织任期）增长而发生变化时，多是在模型中加入教育文凭与工作经验的交叉项，通过判断交叉项拟合系数的显著性来得出结论。本书在采用上述方法的同时，也通

---

[1] Lange F., "The speed of employer learning", *Journal of Labor Economics*, Vol. 25, No. 1, 2007.

[2] Belman D. & Heywood J. S., "Sheepskin effects by cohort: Implications of job matching in a signaling model", *Oxford economic papers*, Vol. 49, No. 4, 1997.

[3] Frazis H., "Human capital, signaling, and the pattern of returns to education", *Oxford Economic Papers*, Vol. 54, No. 2, 2002.

[4] Layard R. & Psacharopoulos G., "The screening hypothesis and the returns to education", *Journal of Political Economy*, Vol. 82, No. 5, 1974.

[5] Riley J., "Testing the educational screening hypothesis", *Journal of Political Economy*, Vol. 87, No. 5, 1979.

[6] Farber H. S. & Gibbons R., "Learning and wage dynamics", *Quarterly Journal of Economics*, Vol. 111, No. 4, 1996.

[7] Habermalz S., *Sequential revealing of information and the returns to educational signals*. Ph. D. Dissertation, University of Wisconsin-Milwaukee, 2002.

过分组回归的方式来查看哪一阶段下文凭效应最高。

二 计量结果与分析

表3—20呈现出本书的计量结果,首先看在模型中加入教育文凭与工作经验的交叉项的计量结果,见表中第(2)列,各交叉项的拟合系数均为正数,且专科和本科阶段的交叉项系数是高度显著的,由此说明,随着工作经验的增长,文凭效应是逐渐增加的,该结果并未支持"雇主学习型推论",原因除了上文中提到的工作与工人之间的匹配性之外,还有可能是因为教育文凭本身的固有属性足够真实有效,教育文凭确实能够体现出个人的能力水平,统计上看,当雇主通过教育文凭筛选潜在员工时,做出的是正确的选择,真实的劳动生产率与期望的劳动生产率是匹配的,从而强化了雇主基于经验建立的能力可能性期望,提高了工人教育信号的价值。

从分组情况上看,本书按10年一组进行分段,将工作经验分为四组:0—10年、10—20年、20—30年、30年以上。分组回归的结果见表3—21中第(3)—(6)列。从结果上看,高中文凭的信号价值并未呈现明显趋势,工作经验在20—30年时达到最大。而专科和本科文凭的信号价值逐渐变大,这与上述加入交叉项的分析结论一致,在工作经验处于30年以上时文凭效应最大,该结果进一步说明了教育文凭信号价值的持续性。

考虑到模型中可能存在的内生性问题,本书使用工具变量法对此进行分析,分析结果见表3—20中第(7)列,结果显示,交叉项的系数是正数,高中和本科阶段的交叉项系数是显著的[①],同样说明,工作经验的增长强化了教育文凭的信号价值。

综合分析,本书拒绝了"雇主学习型推论",教育文凭的信号价值并不会随着工作经验的增长而出现衰减,这一定程度上反映了教育文凭作为能力信号的可信性。

---

① IV估计下本科和高中阶段交叉项系数的显著性与OLS回归出现差异的原因可能与IV估计时样本量变动有关,工具变量是配偶的受教育年限、教育程度以及教育程度与工作经验的交叉项,工具变量达到了9个,一方面减少了样本自由度,另一方面也因为工具变量过多降低了研究效度。

表 3—21　　　　工作经验增长过程中文凭效应变化的计量分析

变量	(1)小时工资对数	(2)小时工资对数	(3) 0—10 年 小时工资对数	(4) 10—20 年 小时工资对数	(5) 20—30 年 小时工资对数	(6) 30 年 + 小时工资对数	(7) IV 估计 小时工资对数
受教育年限	0.0731 *** (0.00508)	0.0715 *** (0.00510)	0.0647 *** (0.0197)	0.0784 *** (0.0114)	0.0623 *** (0.00844)	0.0773 *** (0.00870)	0.0742 *** (0.0275)
高中	0.167 *** (0.0266)	0.150 *** (0.0453)	0.155 * (0.0804)	0.127 ** (0.0550)	0.246 *** (0.0451)	0.145 *** (0.0516)	−0.0883 (0.222)
专科	0.229 *** (0.0261)	0.0587 (0.0466)	0.126 * (0.0722)	0.242 *** (0.0494)	0.269 *** (0.0488)	0.463 *** (0.0753)	−0.0286 (0.288)
本科	0.471 *** (0.0302)	0.293 *** (0.0496)	0.395 *** (0.0894)	0.465 *** (0.0584)	0.590 *** (0.0605)	0.643 *** (0.112)	0.468 ** (0.200)
高中×工作经验		0.000739 (0.00168)					0.0165 ** (0.00766)
专科×工作经验		0.0101 *** (0.00218)					0.0223 (0.0145)
本科×工作经验		0.0122 *** (0.00254)					0.0103 * (0.00982)
N	11,600	11,600	2,644	3,088	3,525	2,343	9,140
R-squared	0.344	0.347	0.300	0.389	0.346	0.285	0.327

注：①括号内为标准误；② *** $p<0.01$，** $p<0.05$，* $p<0.1$；③表中省略了控制变量（性别、地区、工作经验、工作经验平方）及常数项的估计结果。

第七节　不同教育信号下的文凭信号价值表现

基于全国性调查数据，本章利用不同研究方法探讨了中国各级教育文凭的信号价值，主要得出以下几点发现：

第一，中国教育收益中存在着显著的文凭效应和人力资本效应，研究结果同时支持了人力资本理论和筛选理论，再次验证了布朗等人的研究发现，人力资本理论与筛选理论之间并不是完全对立的，两者在劳动力市场上的表现与具体的职业类型、部门特征或者文化制度相关，并不是简单的"非此即彼"关系。该研究结论为人力资本理论与筛选理论之间的争论增添了基于发展中国家的经验素材，具有一定的理论意义。研究结果的现实意义在于，一方面，对于个人而言，教育投资不仅能够有效提高自身的劳动生产率，获得相应的私人投资回报，更能够通过获取教育文凭来展示自身能力信息，跨越中国劳动力市场中普遍存在的文凭壁垒，帮助自身获取更为优质的工作岗位机会，实现自身价值。另一方面，对于社会而言，筛选理论对中国劳动力市场中收入差异具有解释力度的结论表明，教育的社会回报率显著为正，教育作为为社会培养和筛选人才的重要中介有效提高了中国人才资源配置的效率，促进了中国社会经济发展。

第二，文凭效应存在显著的层级差异与收入异质性，本科文凭的文凭效应最大，其次是高中文凭，最后是专科文凭。高收入群体的文凭效应较低。文凭效应的层级差异可以为个人教育投资选择提供参考，在结合自身能力水平、外在环境及自身兴趣等基础上，理性对待不同层级教育的预期收益，合理选择最有效的教育投资策略，避免"千人一面"，有效发挥自身喜好和特长，最大可能实现自身价值。文凭效应的收入异质性结论一方面揭示了个人能力信息呈现具有多样性的社会现实，人们在关注教育文凭获取时也应意识到其他能力展示方式的存在，教育的信号功能具有可替代性或者互补性。另一方面也提示政策制定者关注现实劳动力市场中可能存在的不公平竞争问题，有效维护公开透明公正的信息发送渠道，避免"强者越强、弱者越弱"的"马太效应"。

第三，在中等教育层次内，职业技术教育的文凭效应比普通高中教育的文凭效应更高。该结论的可能解释有两种：一是，知识技能与工作岗位的匹配性问题，普通高中教育更多的是服务于更高层级教育的学术性知识的基础性学习和铺垫，并未进行专门技能知识的学习和实践，完成该阶段教育的个体未来进入的劳动力市场相对而言层级较低，更多的是一些基础性、技能型的工作岗位，而普通高中教育文凭未能有效发送出他们在这方面所具有的能力信息。职业技术教育相对而言更偏重的是应用性知识传授，直接面向的是未来可能进入的劳动力市场岗位，所学知识技能与未来岗位间匹配度较高，获取的职业教育文凭能够有效展示他们在该技能方面潜在的能力信息，从而帮助他们获取岗位与收入。二是，教育模式存在差异，普通高中教育在目前中国教育体系中更多的是过渡阶段，现实中人们更多的是期望通过高中学习进入高等教育阶段，该阶段以升学为导向，具有浓厚的"应试教育"色彩，完成普通高中教育后直接进入劳动力市场的个人很大比例上是高考的失败者，获取的普通高中文凭难以衡量他们真实的能力信息。职业技术教育的特色为"技能教育"，以就业为导向，完成该阶段教育后获取的教育文凭直接反映的潜在的能力信息，具有信号价值。该结论存在两方面启示：一是，到底是面向未来更高层级教育、选择接受学术型知识，还是面向未来就业、选择接受技能型知识，是个人需要考虑的前提性问题；二是对当前在高等教育层面上兴起的应用技术教育改革的思考，研究结果支持应用技术教育改革，给人们提供面向未来就业的职业技术教育能够帮助他们有效展示自身能力信息，从而获取相应收益。

第四，国际比较上看，中国的文凭效应比其他国家的文凭效应要高，该结果与中国的经济体制变迁、劳动力资源配置制度等密切相关。长期以来，中国受计划经济体制的影响，教育文凭成为人才资源配置的重要指标，文凭的信号价值保障了毕业生的未来经济收益。随着经济体制的市场化改革推进，中国的劳动力市场化制度逐渐形成但尚不完善，市场化的人才甄选制度有待提高，某种程度上依然依赖着教育文凭的信号功能。

第五，不同学科下的文凭效应并不相同。这同样可以用筛选理论进行解释。专业在市场上的冷热需求、学科在高校中的强弱差别等都会致使高校在招生门槛、过程考核、毕业条件等上产生差异，能够进入并完成热专业或强学科学习的个人能力相对较高，由此获取高收入。

第六，中国本科教育中存在明显的名牌效应。质量越高的学校越在乎自身品牌，会严格要求入学门槛和人才培养质量，而能获得高质量教育文凭的个人彰显出自己的高能力，劳动力市场对高质量本科教育文凭的信赖度更强，会充分认可来自名校的毕业生，并给予他们高待遇。

第七，教育文凭的信号价值与工作经验呈正向变动关系，拒绝了"雇主学习型推论"，一定程度上反映出中国教育文凭信号价值的有效性。

第八，高校扩招政策实施后，降低了高校就读门槛，提升了高中毕业生参与大学的机会，整体上降低了高校学生的平均能力，但在控制个人能力的条件下，扩招并未降低个人收入，反而显著提升了个人收入，这与高校扩招期间中国经济高速发展、产业结构升级等密切相关。高校扩招政策适应了经济发展形势和劳动力市场需求变化，具有积极作用。

在不控制能力异质性下，扩招后的教育生产性收益率提高 4.28%，大学专科和本科文凭效应分别降低 22.4% 和 27.7%。控制能力异质性后，扩招的政策效应降低，教育生产性收益率提高 3.92%，大学专科和本科文凭效应仅分别降低 5.1% 和 12.5%。经济发展环境和劳动力市场变化是扩招后教育生产性收益率上升的主要原因，而扩招引致的教育教学质量下降、教育文凭过剩等导致教育信号价值下降，扩招具有消极作用。研究结论有助于客观认识高校扩招的政策效应。

第九，技术层面上看，不同估计方法下的文凭效应存在较大差异，既有文凭效应研究模型中确实存在样本选择偏差和内生性问题，解决这些问题有利于得到较为准确的估计结果。本书进行了两种尝试：一是基于 CGSS 历年调查数据，以配偶受教育年限和教育文凭作为个人受教育年限和教育文凭的工具变量，拟合结果要高于 OLS 估计结果，可能的原因是，OLS 估计不仅存在内生性问题，还可能存在着教育变量的测量误差问题，而这会引起 OLS 估计向下偏差，因此，在使用工具变量修正内生性问题时，原先的测量误差引起的向下偏差消失，从而致使 IV 估计结果高于 OLS 估计结果；二是基于 CHIP 2007 年数据，以重新匹配分组后的高考分数分组虚拟变量作为个人能力的代理变量来纠正内生性问题，研究结果发现，在加入代表个人能力信息的代理变量后，教育的生产性收益率和信息收益率均明显下降，再次说明原有模型中确实存在着遗漏能力变量的内生性问题。

第四章 劳动力市场分割与文凭效应

新古典经济学认为劳动力市场是完全竞争的，市场是调节劳动力资源配置的有效机制，工资差别来源于市场竞争。然而，现实经济中客观存在的是介于完全竞争与完全垄断之间的劳动力市场，工资决定机制不完全取决于市场竞争因素，其他非市场性因素也发挥着重要作用，如社会层级结构差异、地区经济发展环境、制度屏障、社会歧视性政策等外在因素。如此现实状况下，劳动力市场分割理论应运而生。研究者们认为，由于政治、经济、文化、观念等制度或社会性因素的影响，劳动力市场并不是有机统一的整体，而是被这些因素先天或后天划分为多个层级或结构，这些劳动力市场层级或结构之间具有不同的运行特征和规则，在岗位聘任及晋升机制、工资决定机制、薪酬待遇和福利、岗位稳定性等方面具有显著差异，同时，不同层级劳动力市场下的劳动力之间缺乏流动性，市场竞争性功能在不同层级市场上丧失，由此形成劳动力市场分割。最经典的市场分割类型划分为主要劳动力市场和次要劳动力市场，在主要劳动力市场，由于存在高工资、优越的福利待遇、良好的工作环境、较好的工作稳定性等优势，吸引了大量的劳动力，造成劳动力供过于求。而在次要劳动力市场，低工资、低福利、较差工作环境、工作稳定性较低等市场特性也致使劳动力望而却步，形成供不应求状况。由此，劳动力市场分割致使不同市场间的工作竞争机制存在差异，在主要劳动力市场，雇主们为了更好地筛选高能力员工，同时在信息不对称的现实条件下，为避免逆向选择问题，雇主经常的选择是，提高市场入职门槛，其中最为常用的措施是提高入职者教育文凭的"硬性"要求，并将之以制度化形式固定下来，教育文凭成为劳动力进入主要劳动力市场的基础性要求，成为潜在员工进入雇主考察圈的入场券。然而，在次要劳动力市场，雇员进入市场的入口相对宽松，雇主辞退员工的成本较低，为此，雇主们在招聘新员工时并不过于看重教育文凭的信号功能，更在乎的是雇员在后期工作中的实践成效。为此，劳动力市场分割背景下，教育文凭扮演的角色存在明显差异，教育文凭的信号价值也截然不同。然而，事实是否如此？本章将对此展开实证分析。

第一节　劳动力市场分割的类型与特征

自 20 世纪六七十年代以来，劳动经济学在理论发展及其相关经验研究上取得了重大突破，主要表现在突破了传统新古典经济学的研究框架。新古典经济学理论建立在三个重要的假说之下：一是劳动力市场是一个统一的整体；二是市场是完全竞争的；三是忽略社会经济中一些非市场性因素的干扰（或者假定这些因素是外生的），如法律制度、公司规章、社会文化、行为偏好、产权等。在这些假设下强调市场因素及其相关机制是工资决定和劳动力资源有效配置的主导作用。这些假定的"伪事实性"成为后来研究者批判新古典经济学的靶子，也成为劳动经济学理论发展的突破口。研究者们逐渐放松这些假定，将劳动力异质性、非市场性因素、非竞争性特点等属性纳入劳动力市场机制研究中来，形成新的理论假说或分析框架，劳动力市场分割理论便是这一时期的典型代表。

自 20 世纪 90 年代后期以来，有关中国劳动力市场分割的研究开始逐渐增多，主要表现为两个特点：在劳动力市场分割研究初期主要是通过定性或描述性统计来揭示中国劳动力市场中存在着不同类型的市场分割及其随着户籍制度、社会经济制度改革等所发生的演变，后期的研究则更加注重高级的定量研究方法来验证劳动力市场分割的存在及其造成的相关影响。

从既有文献上看，由于市场性因素、社会性因素及制度性因素的影响，劳动力市场分割主要存在三种类型：一是功能性分割，如核心和外围劳动力市场分割、产业分割等;[1] 二是社会歧视性分割，最典型的是由

---

[1] 赖德胜：《欧盟一体化进程中的劳动力市场分割》，《世界经济》2001 年第 4 期。

性别和种族歧视引起的性别分割与种族分割;[1] 三是制度性分割,如城乡分割、部门分割、地区分割等。[2] 中国的劳动力市场多是处于制度性分割状态,社会歧视性分割也部分存在(主要是性别分割)。受中国传统户籍制度、计划经济体制等政策性因素的影响,中国在很长时期内都存在着城乡二元劳动力市场分割,城市和农村劳动力市场之间存在流动性障碍,劳动力是异质性的,不能在市场间自由流动。随着户籍制度的改革、市场经济体制发展等制度性改革的进行,很多研究者认为中国的城乡劳动力市场分割逐渐弱化,演化成其他类型的市场分割,如产业分割、体制内和体制外分割等。也有研究者认为,虽然随着市场化改革的推进,户籍制度不再是城乡劳动力市场分割的主要制度障碍,但由于现实经济社会中依然存在着与户籍相关的、针对农村劳动力的限制性壁垒、就业保护政策以及相关利益集团的政治影响等因素,中国劳动力市场中依然存在着一定程度的城乡分割。"公共—非公共"部门分割是体制内外分割的典型代表,以政府部门、国有企业、事业单位等构成的公共部门在薪资水平、福利待遇、工作环境、社会声誉等上具有明显的优势,大量研究者基于不同数据,从不同角度对这一典型的市场分割进行了经验研究,验证了市场化改革前后部门分割的变化及其对劳动力流动、工资决定机制的影响。性别歧视造成的性别职业隔离也是中国劳动力市场分割的重要组成部分,大量研究探讨了市场化改革与性别工资差异间的变动关系以及社会歧视性政策对性别职业、行业、岗位分布的影响。表4—1呈现了几个对中国劳动力市场分割进行分析与验证的代表性研究文献。

---

[1] 张抗私:《社会排斥与劳动力市场分割——以性别歧视为例》,《财经问题研究》2009年第5期;李实、马欣欣:《中国城镇职工的性别工资差异与职业分割的经验分析》,《中国人口科学》2006年第5期。

[2] 赖德胜:《论劳动力市场的制度性分割》,《经济科学》1996年第5期;蔡昉:《二元劳动力市场条件下的就业体制转换》,《中国社会科学》1998年第2期。

表 4—1　　　不同研究者对中国劳动力市场分割类型的分析

研究者	发表时间（年）	劳动力市场分割类型		
赖德胜	1996	经济体制改革之前：城市和农村		
		经济体制改革之后演化为：体制内和体制外		
		体制外又划分为农村和城市体制外		
蔡昉、都阳、王美艳	2001	改革前后的户籍制度、城市利益集团的影响等因素维持了城乡劳动力市场分割		
李建民	2002	城乡、地区、部门、正式与从属等类型		
吕建军	2002	体制外	体制外又分为城市劳动力和农村劳动力	
		体制内	细分为：体制内合同工和临时工、农民工	
聂胜	2004	所有制分割、行业分割		
张展新	2004	城乡和部门分割在市场经济改革中弱化、产业分割出现		
郭丛斌	2004	根据职业社会经济地位指数划分为主要和次要二元市场		
刘精明、张车伟和薛欣欣、尹志超和甘梨、张义博、周兴和王芳、何翠香和方峥	2006、2008、2009、2012、2013、2015	公共—非公共部门分割 国有—非国有部门分割		
武中哲	2007	将宏观经济制度纳入标准，传统二元分割的内部进行再分割		
李实和马欣欣、梁吉娜；郭凤鸣和张世伟；田茂茜和虞克明；赵显洲	2006、2009、2012、2013、2014	性别歧视下的职业性别隔离		

处于经济体制转轨过程中的中国劳动力市场发育尚不成熟，中国劳动力市场存在多重多层次分割，各类市场分割并存。市场分割的成因和演化形式也较为复杂，既有产业结构调整、科技进步、企业管理制度创新等引起的市场性分割，也有因过去制度性和体制性因素影响下的制度性分割，同时也存在着由于传统社会观念、固执的性别歧视等形成的歧

视性分割。分析中国劳动力市场分割现象是一个异常复杂的过程，需要更多地综合考虑中国过去经济发展、制度变迁等政策性变化和思想观念改变等因素的影响。

  归结到本书而言，本章试图关注的是劳动力市场分割下教育文凭信号价值的差异。目前国内关于劳动力市场分割、人力资本与就业（或收入分配）的研究很多，取得了一系列重要成果。但遗憾的是，国内文献在研究教育在不同劳动力市场下对个人就业及收入分配的影响时，未将教育功能进行深入细致的划分，更关注的是教育的生产功能，对教育的信息功能缺乏应有的分析。然而，我们知道，不同劳动力市场的就业及工资决定机制存在很大差异，劳动力在劳动力市场间无法自由流动，"分割性收益"由此形成。① 劳动力为获取分割性收益，都期望进入主要劳动力市场，从而造成主要劳动力市场劳动力供给过剩，次要劳动力市场劳动力供给不足。雇主为筛选出高能力的员工，在不同的劳动力市场实行差异化的岗位竞争机制，候选者的教育文凭成为雇主考察的重要因素，但在不同劳动力市场中对教育文凭的强调程度并不一致，这一点在国外研究文献中得以体现。格鲁特和乌斯特比克对荷兰的劳动力市场的研究发现，文凭效应存在显著的性别差异②，贝尔曼和海伍德发现少数民族的文凭效应更大③。海伍德在对美国劳动力市场分析时发现，在没有工会组织的私有部门，文凭效应最大，而在公共部门及有工会组织的部门，文凭效应往往很小甚至不显著。④ 恰好相反的是，庞斯和布兰科发现西班牙劳动力市场中文凭效应在公共部门显著存在，但在私立部门却微乎其微。⑤ 鲍尔等对日本不同大小的公司进行分析也发现，小公司的文凭效应

---

  ① 马莉萍、岳昌君：《我国劳动力市场分割与高校毕业生就业流向研究》，《教育发展研究》2011 年第 3 期。

  ② Groot W., Oosterbeek H., "Earnings effects of different components of schooling: human capital versus screening", *Review of Economics and Statistics*, Vol. 76, No. 2, 1994.

  ③ Belman D. & Heywood J. S., "Sheepskin effects in the returns to education: an examination of women and minorities", *Review of Economics and Statistics*, Vol. 73, No. 4, 1991.

  ④ Heywood J. S., "How widespread are sheepskin returns to education in the U. S. ?", *Economics of Education Review*, Vol. 13, No. 3, 1994.

  ⑤ Pons E. & Blanco J. M., "Sheepskin effects in the Spanish labour market: a public-private sector analysis", *Education Economics*, Vol. 13, No. 3, 2005.

显著，而大公司的文凭效应并不明显。[1] 有鉴于此，本章接下来需要研究的是，教育文凭在劳动力市场分割背景下如何发挥作用及其异质性状况。基于上述分析，本书将尝试分别从性别、部门、地区、职业、公司规模五个角度展开分析。

第二节 文凭效应的性别差异

经济改革以来，市场经济体制逐步取代了计划经济体制，居民收入分配方式也发生了根本性变化，居民收入差距及不平等问题成为学界研究的热点，其中性别收入不平等问题更是成为经济学家们研究的焦点。伴随着经济快速发展的进程，教育（尤其是高等教育）的大规模扩张给人们创造了更多的受教育机会与条件，一定程度上保障了教育机会的性别平等。[2] 然而，这种机会平等并没有保障女性受教育者享受劳动力市场中的平等待遇，性别收入差距依然是国内劳动力市场上的普遍现象。有研究表明，城镇劳动力的性别收入差距逐渐拉大，以男性平均工资为基准1，女性平均工资在1988年为0.84、1995年为0.83[3]、1999年为0.78[4]、2004年为0.77[5]。但有文献认为性别工资差距并没有扩大，男、女性的社会经济地位不存在显著的趋势性变化[6]，更有研究指出，随着市场化水平的提高，男女收入差距在缩小[7]。差异性结论的产生与研究者们使用的抽样调查数据、具体统计模型以及操作性方法等密切相关，判断

---

[1] Thomas K. Bauer, Patrick J. Dross & John P. Haisken-DeNew, "Sheepskin effects in Japan", *International Journal of Manpower*, Vol. 26, No. 4, 2005.

[2] 张兆曙、陈奇：《高校扩招与高等教育机会的性别平等化——基于中国综合社会调查（CGSS2008）数据的实证分析》，《社会学研究》2013年第2期。

[3] 李实、古斯塔夫森：《中国城镇职工收入的性别差异》，载赵人伟、李实、李思勤《中国居民收入分配再研究》，中国财政经济出版社1999年版，第556—593页。

[4] 李实、马欣欣：《中国城镇职工的性别工资差异与职业分割的经验分析》，《中国人口科学》2006年第5期。

[5] 刘泽云：《女性教育收益率为何高于男性？——基于工资性别歧视的分析》，《经济科学》2008年第2期。

[6] Shu Xiaoling & Yanjie Bian, "Intercity Variation in Gender Inequalities in China: Analysis of a 1995 National Survey", *Research in Social Stratification and Mobility*, No. 19, 2002.

[7] 郝大海、李路路：《区域差异改革中的国家垄断与收入不平等——基于2003年全国综合社会调查资料》，《中国社会科学》2006年第2期。

性别收入差距的变化趋势需要更多的经验研究。同时，特别指出的是，既有文献在探讨性别收入差距的形成机制时存在两条路径：一是主要从劳动力供给方（受雇者）出发的西方经济学研究，基于人力资本理论分析劳动力的人力资本（教育、经验、技能培训及工作迁移等）储备及其回报率的性别差异所致的收入差异，典型的代表人物有，贝克尔[1]、明瑟[2]、比约恩·古斯塔夫森和李实[3]、邢春冰和罗楚亮[4]、张俊森等[5]；二是主要从劳动力需求方（雇主）角度出发的社会学研究，以职业性别隔离理论或歧视理论为基础，关注的是结构性及歧视性因素，分析在当前劳动力市场分割背景下性别歧视对劳动力收入造成的影响，如芭芭拉·拉斯金和帕特丽夏·罗斯[6]、查尔勒斯和格鲁斯基[7]、理查德·安科[8]、英格兰·保拉[9]、、舒晓灵和边燕杰[10]、王美艳[11]、葛玉好和曾湘泉[12]、吴愈晓和吴晓刚[13]等。尽管这些研究都对教育及性别歧视对性别收入差距的解释力度进行了分析，但并未进一步细分教育的经济功能，并未探讨教育与性别歧视之间可能存在的交互作用，如接受了高教育程度的女性可

---

[1] Becker G., *Human capital: Atheoretical and empirical analysis, with special reference to education*. Chicago: University of Chicago Press, 1964.

[2] Mincer J., *Schooling, experience, and earnings*. New York: Columbia University Press for NBER, 1974.

[3] Gustafsson B., Li S., "Economic transformation and the gender earnings gap in urban China", *Journal of Population Economics*, Vol. 13, No. 2, 2000.

[4] 邢春冰、罗楚亮：《农民工与城镇职工的收入差距——基于半参数方法的分析》，《数量经济技术经济研究》2009 年第 10 期。

[5] Zhang J., J. Han, J. Liu & J. Zhao, "Trends in the gender earnings Differential in Urban China: 1988 - 2004", *Industrial and Labor Relations Review*, Vol. 61, No. 2, 2008.

[6] Reskin B. & Ross P., *Job queues, gender queues: Explaining women's inroads into male occupations*, Philadelphia: Temple University Press, 1990.

[7] Charles M. & Grusky D., *Occupational ghettos: The worldwide segregation of men and women*. Stanford, California: Stanford University Press, 2004.

[8] Anker R., *Gender and jobs: Sex segregation of occupation in the world*. Geneva: International Labor Office, 1998.

[9] England P., *Comparable worth: Theories and evidence*. New York: Aldine, 1992.

[10] Shu Xiaoling & Yanjie Bian, "Market transition and gender gap in earnings in urban China", *Social Forces*, Vol. 81, No. 4, 2003.

[11] 王美艳：《中国城市劳动力市场上的性别工资差异》，《经济研究》2005 年第 12 期。

[12] 葛玉好、曾湘泉：《市场歧视对城镇地区性别工资差距的影响》，《经济研究》2011 年第 6 期。

[13] 吴愈晓、吴晓刚：《城镇的职业性别隔离与收入分层》，《社会学研究》2009 年第 4 期。

能能缓解雇主对潜在女性员工的性别歧视,这种交互作用背后的核心内涵是教育具有信号功能,能够发送员工的潜在能力,一定程度上消除直接歧视。为此,本书将对既有研究进行扩展,将教育功能细分,分析教育文凭对不同性别个人的价值差异。[①]

一 数据处理与说明

本书在分析教育信号价值的性别差异时综合考虑两种处理方式:一是基于总体样本、纳入教育文凭与性别的交叉性进行分析,二是将样本拆分为男性和女性两个子样本分别进行分析。详细的描述性统计分析如表4—2所示。由表可知,男性小时工资对数高于女性小时工资对数,性别收入差距依然存在。然而从受教育年限上看,女性受教育年限高于男性的受教育年限,这说明在当前中国劳动力市场上,女性在受教育机会和数量上并不存在劣势。接下来,本书将采用多种计量方法对文凭效应的性别差异进行分析。

表4—2 各变量的描述性统计分析

变量	总体样本 N	均值	标准差	男性样本 N	均值	标准差	女性样本 N	均值	标准差
小时工资对数	11659	2.271	0.914	7193	2.340	0.912	4466	2.160	0.907
受教育年限	15652	11.48	3.469	9306	11.32	3.441	6346	11.72	3.496
高中	15712	0.621	0.485	9336	0.595	0.491	6376	0.658	0.474
专科	15712	0.178	0.382	9336	0.163	0.369	6376	0.199	0.399
本科	15712	0.151	0.358	9336	0.141	0.348	6376	0.165	0.371
配偶受教育年限	10433	10.91	3.831	6373	10.26	3.977	4060	11.92	3.349
配偶高中	10433	0.538	0.499	6373	0.475	0.499	4060	0.636	0.481
配偶专科	10433	0.130	0.336	6373	0.113	0.317	4060	0.157	0.364
配偶本科	10433	0.139	0.346	6373	0.105	0.307	4060	0.191	0.393
地区	15719	1.659	0.788	9341	1.685	0.791	6378	1.621	0.782
工作经验	15612	19.84	10.99	9291	21.36	11.37	6321	17.60	9.986
工作经验平方	15612	514.2	462.7	9291	585.3	505.5	6321	409.6	367.0
子女数	15667	1.002	0.761	9308	1.046	0.788	6359	0.938	0.715
父母60岁以上	12767	0.715	0.451	7502	0.737	0.440	5265	0.684	0.465

---

① 张青根、沈红:《教育能缓解性别收入差距吗?》,《复旦教育论坛》2016年第4期。

二 计量结果与分析

表4—3呈现了文凭效应性别差异的计量分析结果，其中第（1）、（2）、（3）、（4）分别表示的是总体中未加入性别与教育变量交叉项、总体中加入性别与教育变量交叉项、男性样本、女性样本下的估计结果。由第（2）列结果可知，性别与教育文凭的交叉项系数是显著小于零的，表明，教育文凭的信号价值存在显著的性别差异，男性的文凭效应小于女性的文凭效应。具体结果上看，女性的高中、专科、本科的文凭效应分别为38.3%、28.7%、64.9%，男性的高中、专科、本科的文凭效应分别为8.7%、23.7%、57.6%，高中文凭效应的性别差异最大，本、专科文凭效应的性别差异相对较小。从受教育年限与性别的交叉项系数上看，系数是正数但并不显著，由此说明男、女性在生产性收益率上并不存在显著差异。分组估计上看，男性样本估计下的高中、专科、本科文凭效应分别为8.6%、24.1%、58.4%，女性样本估计下的高中、专科、本科文凭效应分别为38.3%、27.9%、64%。同样发现，高中文凭效应的性别差异最大，本专科文凭效应的差异相对较小，与总体样本中加入交叉项的分析是一致的。然而，由前面章节可知，简单的OLS估计可能存在选择性偏差和内生性问题，需要对这些问题进行纠正。首先，对分性别样本进行选择性偏差分析，结果见表4—3第（5）—（8）列。从分样本估计结果上看，反米尔斯比率的拟合系数均为显著小于零的，表明分析样本中确实存在着选择性偏差，决策变量"子女数"和"父母60岁以上"的拟合系数均为显著小于零的，子女数越多、父母在60岁以上，样本进入劳动力市场的可能性越低。从具体教育文凭变量的估计结果上看，男性高中、专科、本科的文凭效应分别为9.5%、15.7%、45.5%，女性高中、专科、本科的文凭效应分别为32.3%、18.6%、50.2%，相比传统的OLS回归，男性的文凭效应均小于女性的文凭效应，但各文凭效应的估计结果明显下降。从受教育年限的拟合系数上看，男性的生产性收益率为7.12%，女性的生产性收益率为5.26%，生产性收益率存在明显的性别差异。

表 4—3　文凭效应性别差异的计量分析（OLS 和选择性偏差分析）

	OLS 估计				选择性偏差分析			
	总体样本	总体样本	男性样本	女性样本	男性样本		女性样本	
变量	(1) 小时工资对数	(2) 小时工资对数	(3) 小时工资对数	(4) 小时工资对数	(5) 小时工资对数	(6) select	(7) 小时工资对数	(8) select
受教育年限	0.0731 *** (0.00508)	0.0644 *** (0.00798)	0.0767 *** (0.00668)	0.0643 *** (0.00777)	0.0712 ** (0.0144)	0.0774 *** (0.00712)	0.0526 *** (0.0126)	0.0728 *** (0.00742)
高中	0.167 *** (0.0266)	0.324 *** (0.0433)	0.0829 ** (0.0343)	0.324 *** (0.0418)	0.0904 ** (0.0431)	−0.0153 (0.0378)	0.280 *** (0.0494)	0.187 *** (0.0419)
专科	0.229 *** (0.0261)	0.252 *** (0.0407)	0.216 *** (0.0346)	0.246 *** (0.0394)	0.146 *** (0.0454)	0.200 *** (0.0426)	0.171 *** (0.0474)	0.350 *** (0.0461)
本科	0.471 *** (0.0302)	0.500 *** (0.0471)	0.460 *** (0.0399)	0.495 *** (0.0457)	0.375 *** (0.0535)	0.300 *** (0.0499)	0.407 *** (0.0561)	0.480 *** (0.0545)
性别	0.264 *** (0.0144)	0.284 *** (0.0832)						
性别×受教育年限		0.0125 (0.0102)						
性别×高中		−0.241 *** (0.0548)						
性别×专科		−0.0396 * (0.0528)						
性别×本科		−0.0451 * (0.0608)						
子女数						−0.110 *** (0.0148)		−0.234 *** (0.0201)
父母 60 岁以上						−0.127 *** (0.0407)		−0.0900 ** (0.0418)
lambda						−0.803 *** (0.186)		−0.475 *** (0.122)
N	11,600	11,600	7,159	4,441	16,225	16,225	15,538	15,538
R-squared	0.344	0.347	0.317	0.381				

注：①括号内为标准误；② *** $p<0.01$，** $p<0.05$，* $p<0.1$；③表中省略了控制变量（地区、工作经验、工作经验平方）及常数项的估计结果。

从 IV 估计上看，样本估计中确实存在内生性问题（内生性检验值显著异于零），配偶的受教育程度并不是弱工具变量（联合特征值统计量大

表 4-4　文凭效应性别差异的计量分析（IV 估计）

变量	男性样本 (1) 小时工资对数	女性样本 (2) 小时工资对数	第二阶段回归 (3) 小时工资对数	总体样本 第一阶段回归 (4) 受教育年限	(5) 高中	(6) 专科	(7) 本科	(8) 性别×受教育年限	(9) 性别×高中	(10) 性别×专科	(11) 性别×本科
受教育年限	0.124*** (0.0346)	0.0624* (0.0331)	0.0599* (0.0318)								
高中	0.195 (0.197)	0.476** (0.216)	0.481** (0.210)								
专科	−0.0538 (0.165)	0.433*** (0.157)	0.431*** (0.154)								
本科	0.277** (0.135)	0.677*** (0.130)	0.670*** (0.128)								
性别×受教育年限			0.0666 (0.0451)								
性别×高中			−0.292 (0.280)								

续表

变量	男性样本 (1) 小时工资对数	女性样本 (2) 小时工资对数	总体样本 第二阶段回归 (3) 小时工资对数	第一阶段回归 (4) 受教育年限	(5) 高中	(6) 专科	(7) 本科	(8) 性别×受教育年限	(9) 性别×高中	(10) 性别×专科	(11) 性别×本科
性别×专科			−0.486** (0.221)								
性别×本科			−0.386** (0.183)								
性别			−0.158 (0.333)	3.765*** (0.499)	0.219*** (0.0396)	0.00904 (0.0261)	0.0681** (0.0282)	6.873*** (0.185)	0.0930*** (0.0198)	0.0109 (0.00693)	0.00409 (0.00604)
配偶受教育年限				0.607*** (0.0538)	0.0389*** (0.00450)	0.000381 (0.00322)	0.00567 (0.00339)	−0.0305*** (0.00513)	−0.00225*** (0.000553)	−0.00180*** (0.000414)	−0.00176*** (0.000411)
配偶高中				0.782*** (0.218)	0.359*** (0.0276)	0.124*** (0.0186)	0.0219 (0.0154)	0.0373* (0.0207)	0.00364* (0.00187)	0.00317** (0.00142)	0.000770 (0.00172)
配偶专科				−0.000662 (0.201)	0.0486** (0.0220)	0.283*** (0.0263)	0.0867*** (0.0212)	−0.0208 (0.0222)	0.00170 (0.00224)	−0.00257 (0.00216)	−0.00911*** (0.00234)

续表

变量	男性样本	女性样本	总体样本								
			第二阶段回归	第一阶段回归							
	(1) 小时工资对数	(2) 小时工资对数	(3) 小时工资对数	(4) 受教育年限	(5) 高中	(6) 专科	(7) 本科	(8) 性别×受教育年限	(9) 性别×高中	(10) 性别×专科	(11) 性别×本科
配偶本科				0.151 (0.252)	0.0279 (0.0248)	0.0827*** (0.0258)	0.442*** (0.0254)	−0.0287 (0.0261)	0.00138 (0.00261)	−0.00192 (0.00246)	−0.00999*** (0.00262)
配偶受教育年限×性别				−0.315*** (0.0583)	−0.0129** (0.00523)	0.00304 (0.00337)	−0.00614* (0.00347)	0.342*** (0.0229)	0.0298*** (0.00267)	0.00641*** (0.00107)	0.00249*** (0.000851)
配偶高中×性别				0.618** (0.251)	0.00494 (0.0337)	0.00921 (0.0227)	0.0460** (0.0180)	1.357*** (0.127)	0.360*** (0.0194)	0.129*** (0.0132)	0.0680*** (0.00943)
配偶专科*性别				0.822*** (0.232)	−0.00913 (0.0268)	−0.0760** (0.0343)	0.0748*** (0.0286)	0.969*** (0.120)	0.0492*** (0.0156)	0.218*** (0.0224)	0.182*** (0.0194)
配偶本科*性别				1.216*** (0.281)	0.00585 (0.0294)	−0.117*** (0.0330)	0.100*** (0.0325)	1.598*** (0.128)	0.0499*** (0.0160)	−0.0213 (0.0209)	0.571*** (0.0208)
N	5,711	3,429	9,140	9,143	9,140	9,140	9,140	9,143	9,140	9,140	9,140
R-squared	0.290	0.379	0.330	0.518	0.401	0.150	0.359	0.896	0.584	0.194	0.399
内生性检验	29.34***	24.89***	25.48***	829.809***	666.249***	121.93***	215.87***	862.151***	686.899***	94.9207***	200.504***
弱工具变量检验	37.4	28.72	30.6382								

注：①括号内为标准误；②*** p<0.01，** p<0.05，* p<0.1；③表中省略了控制变量（地区、工作经验、工作经验平方）及常数项的估计结果。

表4—5 综合模型估计下文凭效应性别差异的计量分析

变量	男性样本 (1) 小时工资对数	男性样本 (2) select	男性样本 (3) 小时工资对数	女性样本 (4) 小时工资对数	女性样本 (5) select	女性样本 (6) 小时工资对数	总体样本 (7) 小时工资对数	总体样本 (8) select	总体样本 (9) 小时工资对数
配偶受教育年限	0.0259*** (0.00810)	0.0354*** (0.00584)		0.0345** (0.0167)	0.0765*** (0.0120)		0.0422** (0.0164)	0.0840*** (0.0119)	
配偶高中	0.229*** (0.0430)	0.221*** (0.0418)		0.209*** (0.0648)	0.151*** (0.0565)		0.216*** (0.0656)	0.128** (0.0559)	
配偶专科	0.155*** (0.0451)	0.253*** (0.0569)		0.147** (0.0620)	0.140** (0.0604)		0.160** (0.0628)	0.126** (0.0599)	
配偶本科	0.378*** (0.0490)	0.272*** (0.0632)		0.260*** (0.0762)	0.301*** (0.0714)		0.273*** (0.0772)	0.280*** (0.0707)	
子女数		−0.187*** (0.0189)			−0.327*** (0.0237)			−0.240*** (0.0147)	
父母60岁以上		0.119** (0.0501)			0.107** (0.0484)			0.123*** (0.0348)	
受教育年限			0.0134 (0.0479)			0.0140 (0.0474)			0.0830* (0.0468)
高中			0.536*** (0.228)			0.573*** (0.227)			0.290 (0.255)

续表

变量	男性样本		女性样本		总体样本	
	(1) 小时工资对数	(2) select	(3) 小时工资对数	(4) 小时工资对数	(5) select	(6) 小时工资对数	(7) 小时工资对数	(8) select	(9) 小时工资对数

变量	(1) 小时工资对数	(2) select	(3) 小时工资对数	(4) 小时工资对数	(5) select	(6) 小时工资对数	(7) 小时工资对数	(8) select	(9) 小时工资对数
专科			-0.135 (0.184)			0.321* (0.164)			0.402** (0.171)
本科			0.559*** (0.166)			0.704*** (0.136)			0.532*** (0.154)
配偶受教育年限×性别							-0.0197 (0.0165)	-0.0554*** (0.0130)	
配偶高中×性别							0.000686 (0.0759)	0.108 (0.0696)	
配偶专科×性别							-0.0278 (0.0762)	0.144* (0.0821)	
配偶本科×性别							0.0807 (0.0901)	0.0170 (0.0939)	
性别							0.474*** (0.153)	1.121*** (0.107)	0.340 (0.419)
性别×受教育年限									-0.00319 (0.0554)

第四章 劳动力市场分割与文凭效应

续表

变量	男性样本 (1) 小时工资对数	男性样本 (2) select	男性样本 (3) 小时工资对数	女性样本 (4) 小时工资对数	女性样本 (5) select	女性样本 (6) 小时工资对数	总体样本 (7) 小时工资对数	总体样本 (8) select	总体样本 (9) 小时工资对数
性别×高中									0.0500 (0.332)
性别×专科									-0.404* (0.246)
性别×本科									-0.0764* (0.217)
lambda		-0.306** (0.140)	-0.329* (0.173)		-0.479*** (0.106)	-0.240 (0.169)		-0.401*** (0.0873)	-0.129 (0.127)
Observations	11,335	11,335	4,830	10,907	10,907	2,998	22,242	22,242	7,828
R-squared			0.281			0.396			0.346

注：①括号内为标准误；② *** $p<0.01$，** $p<0.05$，* $p<0.1$；③表中省略了控制变量（地区、工作经验、工作经验平方）及常数项的估计结果。

于 10)。分样本的拟合结果见表 4—4 第（1）、（2）列，男性的生产性收益率为 12.4%，女性的生产性收益率为 6.24%，生产性收益率存在明显的性别差异。从文凭效应上看，男性高中和专科的文凭效应并不显著，但本科文凭效应显著，达到了 31.92%。女性各阶段教育的文凭效应都是显著的，高中、专科、本科的文凭效应分别达到了 61%、54.2%、96.8%。从总体样本的 IV 估计上看［表中第（3）—（11）列］，受教育年限与性别的交叉项系数是正数但不显著，高中文凭和性别的交叉项系数是负数但不显著，而在专科和本科层次，交叉项系数是显著小于零的，表明男性文凭效应显著小于女性的文凭效应。该结论与前文研究结论是一致的，但拟合系数存在一定的差异。由于同时存在着内生性和选择性偏差问题，本书继续使用综合模型尝试解决这些问题，综合模型的估计结果见表 4—5，拟合结果基本一致，以总体样本的估计结果进行分析，专科和本科教育的文凭效应存在显著的性别差异，女性的专科、本科文凭效应分别为 49.5%、70.2%，而男性的专科文凭效应接近于零，本科文凭效应为 57.7%。①

综合上述计量分析，我们可以得出以下三点结论：

一是女性在受教育机会与数量上并不存在明显的劣势，甚至具有些微的优势，形成这一结果的原因可能有三方面，首先是家庭"重男轻女"的传统性偏见在发生改变，家庭内部资源对男性的严重倾斜状况逐渐得到改善，以及义务教育法的颁布与实施也有效保障了女性的受教育权利；其次是伴随着中国经济高速发展，家庭可用于子女教育的资源也得到快速增长，同时受中国长时期以来严厉执行的计划生育政策影响，家庭生育规模迅速缩减，进一步释放了家庭子女教育预算约束；最后是教育（尤其是高等教育）的大规模扩张满足了人们渴望接受教育的需求，新增

---

① 需要特别说明的是，在这几种文凭效应性别差异的计量分析中，虽然结论基本上是一致的，但具体的拟合结果存在差异，可能的原因有两个：一是不同的方法纠正的技术问题不一致，分别纠正选择性偏差、内生性以及同时纠正选择性偏差和内生性，处理的样本量和方法并不一致；二是在纠正内生性问题时使用的工具变量数量较多（IV 估计使用了 10 个工具变量、综合模型使用了 12 个工具变量），而我们知道，过多的工具变量可能会造成估计效率的下降，拟合结果的稳定性下降，这也是我们需要注意的问题。通常的办法是尽量少考虑交叉项的引入，使用分组样本的拟合系数，这样可以在一定程度上减少过多工具变量带来的更大偏误。而从上述几个分组估计上看，拟合结果较为理想，结论也是一致的。

的教育机会从整体上改变了男性与女性之间的机会结构[①]。该结果也说明，教育投资绝对量的性别差异并不是现实中性别收入差距产生的来源。

二是生产性收益率存在明显的性别差异，男性生产性收益率要高于女性的生产性收益率。然而我们知道，教育生产性功能本身并不具有异质性，目前并没有权威研究证明教育在提高男性认知或非认知技能上更为突出，这种生产性收益率的差异并不能归咎于教育生产性功能的异质性，其原因在于中国劳动力市场中存在着明显的性别歧视，样本生产性收益差异只是性别歧视的一种外在表现形式。现实中，性别歧视一般分为两种：一是给予在同一职业、岗位中女性较低的工资，即"同工不同酬"，属于"工资歧视"；二是在公司招聘职员或分配工作岗位时，女性难以进入较好的职业或岗位，进而不能获取高水平报酬，造成职业内（职业外）的性别隔离，属于"分配性歧视"。前者已被研究发现基本很少存在，但后者由于并不违背"同工同酬"原则，较为隐蔽而难以被发现，即使被发现也因其结构性特征难以短时间改变。正是这些性别歧视或传统观念的存在，雇主们基于偏见、下意识地低估女性的劳动生产率（或基于偏爱、固执地以为男性生产率一定高于女性），与男性接受相同教育年限的女性无法获得与男性平等的薪酬待遇。

三是文凭效应存在显著的性别差异，在专科和本科层次上表现得尤为明显，女性的文凭效应显著高于男性的文凭效应。此结果说明，教育文凭所发出的个人能力信息对于女性而言更为重要，能够有效减轻雇主对女性的传统性歧视，帮助女性进入更好的职业或岗位（或者是获得较高文凭的女性更容易进入歧视程度低的公共部门工作，如国有企业和集体所有企业等），获取与男性相同的薪酬待遇等。尤其是在当前教育规模高速扩张及就业竞争异常激烈的背景下，女性需要更高层级的教育来彰显自己的能力信息，才能获得劳动力市场雇主的认可，这也就解释了为什么在高等教育层次文凭效应性别差异更为明显的现象。

[①] 张兆曙、陈奇：《高校扩招与高等教育机会的性别平等化——基于中国综合社会调查（CGSS2008）数据的实证分析》，《社会学研究》2013年第2期。

第三节 文凭效应的部门差异

在经济转轨发展过程中,部门分割是中国劳动力市场分割的典型代表,受国家政策及其惯性作用的影响,以政府机关、事业单位、国有企业等为代表的公共部门在收入水平、福利待遇、工作环境、就业保障等方面具有绝对的优势,且具有明显的内部劳动力市场特性,职工工资并非由市场机制决定。而那些以中小企业、夕阳产业等为代表的非公共部门在薪资水平、就业保障和环境等方面相对较差,这些部门的生产经营活动更受市场性因素影响,市场机制是劳动力工资决定及资源有效配置等的手段。这种劳动力市场工资决定机制的不同也致使部门之间收入差异的形成。大量研究对经济体制转轨过程中部门分割背景下工资收入差异的影响机制及其变化趋势进行了实证分析,但并未对其中的教育因素进行深入解读,更多的是以代表生产性功能的人力资本要素进入分析框架,并未纳入教育的信号功能要素。本书将对此进行尝试性扩展,在细分教育的生产性功能和信息功能的前提下,分析教育的信号价值如何在劳动力市场部门分割背景下发挥作用及其差异表现。

一 数据处理与说明

在 CGSS 历年调查的调查问卷中,依据所有制性质特征将样本工作单位或公司划分为 6 种类型,"国有或国有控股""集体所有或集体控股""私有/民营或私有/民营控股""港澳台资或港澳台资控股""外资所有或外资控股""其他"。本书将前两类合并为"公共部门(国有或集体)"(取值为 1),后面四类归并为"非公共部门",并以此为参照(取值为 0)。详细的描述性统计分析见表 4—6。由表中数据可知,公共部门的平均小时工资对数高于非公共部门的平均小时工资对数,部门之间确实存在着收入差异。公共部门的平均受教育年限为 12.60 年,高于非公共部门的 10.87 年,总体而言,进入公共部门工作需要具有更高的受教育程度。

表 4—6　　　　　　　　　各变量的描述性统计分析

变量	总体样本 N	总体样本 均值	总体样本 标准差	公共部门 N	公共部门 均值	公共部门 标准差	非公共部门 N	非公共部门 均值	非公共部门 标准差
小时工资对数	11659	2.271	0.914	4499	2.509	0.817	5315	2.163	0.936
受教育年限	15652	11.48	3.469	6363	12.60	3.066	6450	10.87	3.391
高中	15712	0.621	0.485	6374	0.781	0.414	6460	0.525	0.499
专科	15712	0.178	0.382	6374	0.236	0.425	6460	0.142	0.350
本科	15712	0.151	0.358	6374	0.217	0.412	6460	0.103	0.304
配偶受教育年限	10433	10.91	3.831	4280	12.23	3.446	4647	10.10	3.667
配偶高中	10433	0.538	0.499	4280	0.707	0.455	4647	0.428	0.495
配偶专科	10433	0.130	0.336	4280	0.183	0.386	4647	0.0921	0.289
配偶本科	10433	0.139	0.346	4280	0.209	0.407	4647	0.0865	0.281
性别	15719	0.594	0.491	6379	0.600	0.490	6461	0.562	0.496
地区	15719	1.659	0.788	6379	1.692	0.801	6461	1.567	0.748
工作经验	15612	19.84	10.99	6344	20.53	10.67	6433	18.58	11.18
工作经验平方	15612	514.2	462.7	6344	535.2	456.7	6433	470.3	459.3
部门	12840	0.497	0.500						

二　计量结果与分析

接下来，本书将呈现不同计量方法下文凭效应部门差异的估计结果。首先使用传统的 OLS 估计，拟合结果如表 4—7 中第（1）—（4）列所示，分别表示的是未加入部门与教育变量交叉项的总体估计、加入部门与教育变量交叉项的总体估计、非公共部门及公共部门的分样本估计。从第（2）列结果上看，部门差异会显著影响样本收入，公共部门的样本收入比非公共部门的样本收入显著高出 32.2%。从交叉项的拟合系数上看，部门与受教育年限、部门与高中文凭的交叉项系数是不显著的，表明生产性收益率和高中文凭效应并不存在显著的部门差异。部门与专科、本科文凭的交叉项系数均显著小于零，表明，公共部门的专科、本科教育的文凭效应显著小于非公共部门的专科、本科文凭效应。具体来看，非公共部门的高中、专科和本科文凭效应分别为 11.9%、41.9% 和 97.4%，而公共部门的高中、专科和本科文凭效应分别为 18.6%、13.5% 和 42.8%。分部门样本估计结果上看，各教育阶段的文凭效应均是显著的，非公共部门的高中、专科、本科文凭效应分别为 12.5%、41.2% 和 95.4%。公共部门的高中、专科和本科文凭效应分别为 17.9%、15% 和 45.2%。

从分位数回归结果上看［第（5）—（7）列］，在低分位数和高分位数下公共部门的样本收入高于非公共部门的样本收入但差异并不显著，而在中分位数下样本收入存在显著的部门差异，在剔除两端极端值后，中位数拟合结果更能说明部门之间收入差距显著存在。从交叉项系数上看，估计结果与传统 OLS 的结果保持一致，专科和本科的文凭效应存在显著的部门差异。

为消除估计模型中可能存在的选择性偏差问题，同样进行了样本选择性偏差分析，结果见表中第（8）、（9）列。此次样本选择性偏差分析使用的是 MLE 估计法，似然比检验显示：chi2（1）= 4.57，Prob > chi2 = 0.0325，拒绝原假设 "H0：ρ=0"（不存在样本偏差），应该考虑使用样本选择模型。从结果上看，决策变量 "子女数" 和 "父母 60 岁以上" 变量的拟合系数是负数，前者是显著的，子女数越多、父母在 60 岁以上，样本进入劳动力市场的概率越高。从交叉项系数上看，与其他方法结果一样，也只有专科、本科和部门的交叉项系数是显著的，再次验证了前面的计量结果。具体来看，非公共部门下高中、专科、本科教育的文凭效应分别为 11.2%、39%、96.8%。公共部门下高中、专科、本科教育的文凭效应分别为 18.9%、14.8%、44.9%。

接下来考虑内生性问题，工具变量法估计结果如表 4—8 所示。表中第（1）—（9）列分别表示的是 IV 估计不同阶段的拟合结果，从内生性检验指标上看，统计值是高度显著异于零，说明确实存在着内生性问题。弱工具变量检验指标显示，第一阶段的 F 统计值和联合显著性统计值均大于 10，不存在弱工具变量问题。从具体结果上看，各教育文凭与部门的交叉项系数均为负数但只有本科层级的交叉项是显著的，表明教育文凭效应存在部门差异，但差异只在本科层次上是显著的。同时考虑选择性偏差问题和内生性问题，使用综合模型进行估计，估计结果见表 4—8 第（10）—（12）列，内生性检验统计量依然是显著大于零的，但弱工具变量检验的联合显著性统计量小于 10[①]，说明在同时处理选择性偏差和

[①] 但是综合模型估计结果中第一阶段的弱工具变量检验统计值 F 值都是大于 10 的，该结果与联合显著性检验结果出现矛盾，也可能说明，弱工具变量的风险并不大，估计结果具有一定的参考意义。

表4—7　文凭效应部门差异的计量分析（OLS、QR及选择性偏差分析）

变量	(1) 总体 小时工资对数	(2) 总体 小时工资对数	(3) 非公共部门 小时工资对数	(4) 公共部门 小时工资对数	(5) q25	(6) q50	(7) q75	(8) 小时工资对数	(9) select
受教育年限	0.0679*** (0.00594)	0.0706*** (0.00706)	0.0649*** (0.00733)	0.0667*** (0.0103)	0.0742*** (0.0153)	0.0664*** (0.00713)	0.0632*** (0.00809)	0.0726*** (0.00816)	0.0149 (0.00986)
高中	0.151*** (0.0295)	0.112*** (0.0367)	0.118*** (0.0378)	0.165*** (0.0479)	0.0634 (0.0618)	0.167*** (0.0420)	0.197*** (0.0455)	0.106*** (0.0406)	0.0184 (0.0506)
专科	0.214*** (0.0284)	0.350*** (0.0396)	0.345*** (0.0410)	0.140*** (0.0420)	0.378*** (0.0650)	0.381*** (0.0432)	0.296*** (0.0441)	0.329*** (0.0430)	0.0988* (0.0573)
本科	0.460*** (0.0335)	0.680*** (0.0470)	0.670*** (0.0488)	0.373*** (0.0507)	0.683*** (0.0779)	0.638*** (0.0533)	0.721*** (0.0527)	0.677*** (0.0510)	0.116* (0.0687)
部门	0.0905*** (0.0161)	0.279*** (0.106)			0.249 (0.192)	0.306*** (0.117)	0.298 (0.227)	0.400*** (0.131)	-1.078*** (0.138)
部门×受教育年限		-0.0115 (0.0127)			-0.00579 (0.0229)	-0.0121 (0.0143)	-0.0143 (0.0263)	-0.0236 (0.0153)	0.112*** (0.0166)
部门×高中		0.0589 (0.0620)			0.100 (0.0981)	0.0499 (0.0687)	0.0156 (0.111)	0.0672 (0.0682)	-0.111 (0.0812)

续表

变量	(1) 总体 小时工资对数	(2) 总体 小时工资对数	(3) 非公共部门 小时工资对数	(4) 公共部门 小时工资对数	总体分位数回归 (5) q25	总体分位数回归 (6) q50	总体分位数回归 (7) q75	选择性偏差分析 (8) 小时工资对数	选择性偏差分析 (9) select
部门×专科		-0.223*** (0.0588)			-0.236*** (0.0899)	-0.251*** (0.0668)	-0.170* (0.0920)	-0.191*** (0.0647)	-0.163* (0.0834)
部门×本科		-0.324*** (0.0703)			-0.365*** (0.103)	-0.351*** (0.0754)	-0.411*** (0.114)	-0.306*** (0.0777)	-0.164 (0.101)
子女数									-0.0862*** (0.0174)
父母60岁以上									-0.0503 (0.0381)
N	9,778	9,778	5,300	4,478	9,778	9,778	9,778	15,004	15,004
R-squared	0.349	0.355	0.367	0.285	0.217	0.224	0.206		

注：①括号内为标准误；② *** $p<0.01$，** $p<0.05$，* $p<0.1$；③表中省略了控制变量（性别、地区、工作经验、工作经验平方）及常数项的估计结果。

内生性问题时可能存在弱工具变量的风险，解读估计结果时需要特别注意。从拟合结果上看，各教育阶段仅本科层次的文凭效应和本科文凭与部门的交叉项系数是显著的。

综上分析可知，教育文凭的信号价值存在着部门差异，非公共部门的文凭效应要高于公共部门的文凭效应，这在专科和本科层次上表现得更为明显。该研究结果与海伍德关于美国劳动力市场的研究结果是一致的[1]，但与庞斯和布兰科关于西班牙劳动力市场的研究结果是相反的[2]。也就是说，相对非公共部门而言，教育文凭给予在公共部门工作的个人的价值并不大，或者说，公共部门在招聘及晋升职员时并不过于看重文凭。这一点与我们通常的理解是不一致的，公共部门作为一级劳动力市场中的重要组成部分，主要特征是福利待遇好、收入高、工作条件好、工作稳定等，由此也必然引起工作岗位的激烈竞争。正常而言，公共部门在筛选员工时必然提高进入门槛，选取高能力、高文凭的候选者，这就可能应该致使进入国有部门工作的个人的文凭效应偏大。但事实却与此恰恰相反。这个结果充分说明了市场并不是公共部门中劳动力工资决定的唯一机制，公共部门并不是个完全竞争的劳动力市场，虽然20世纪90年代开始的国有企业改革试图引进市场化机制来提高经营效率，将职工薪资水平与经营绩效挂钩，但由于目前劳动力市场机制发育尚不完全，同时加上国家宏观政策、制度惯性、既得利益集团等因素的影响，国有部门的工资决定及劳动力配置机制市场化程度并不高，工资溢价依然存在，其他非市场性因素也影响着劳动力的入职与薪资，如政府工资管制、行业垄断、预算约束、论资排辈、人情关系等，在这些因素的作用下，教育文凭即使能彰显拥有者的高能力，也不能帮助他们在公共部门获取相应的岗位和薪资，教育的文凭效应并不大。非公共部门是在中国经济体制转轨过程中逐渐发展壮大起来的，劳动力资源配置遵循的是市场经济规则，相对而言是个竞争性劳动力市场，劳动力需要展示更多的能力信息才能获得相应的岗位和工资，因此教育文凭的价值相对较大。

---

[1] Heywood J. S., "How widespread are sheepskin returns to education in the U. S. ?" *Economics of Education Review*, Vol. 13, No. 3, 1994.

[2] Pons E. & Blanco J. M., "Sheepskin effects in the Spanish labour market: a public-private sector analysis", *Education Economics*, Vol. 13, No. 3, 2005.

表 4—8　文凭效应部门差异的计量分析（IV 估计和综合模型估计）

	IV 估计										综合模型估计	
	第二阶段回归	第一阶段回归										
变量	(1) 小时工资对数	(2) 受教育年限	(3) 高中	(4) 专科	(5) 本科	(6) 部门×受教育年限	(7) 部门×高中	(8) 部门×专科	(9) 部门×本科	(10) 小时工资对数	(11) select	(12) 小时工资对数
受教育年限	0.105*** (0.0357)											0.0907** (0.0421)
高中	0.174 (0.214)											0.203 (0.242)
专科	0.373** (0.178)											0.331 (0.192)
本科	0.723*** (0.153)											0.627*** (0.173)
部门×受教育年限	0.0560 (0.106)											−0.048 (0.158)
部门×高中	−0.160 (0.697)	(0.499)										0.158

续表

变量	第二阶段回归					第一阶段回归					综合模型估计	
	(1) 小时工资对数	(2) 受教育年限	(3) 高中	(4) 专科	(5) 本科	(6) 部门×受教育年限	(7) 部门×高中	(8) 部门×专科	(9) 部门×本科	(10) 小时工资对数	(11) select	(12) 小时工资对数
部门×专科	−0.379 (0.352)											−0.115 (0.485)
部门×本科	−0.557* (0.422)											−0.092* (0.632)
部门	−0.412 (0.819)	1.742*** (0.299)	0.197*** (0.0479)	0.0149 (0.0446)	−0.0333 (0.0366)	7.793*** (0.208)	0.207*** (0.0313)	0.0139 (0.0363)	−0.0329 (0.0309)	0.176 (0.127)	0.0632 (0.140)	0.328 (1.242)
配偶受教育年限		0.283*** (0.0201)	0.0200*** (0.00323)	−0.00344 (0.00300)	−0.00237 (0.00247)	−0.0384*** (0.0140)	−0.00370* (0.00211)	−0.00339 (0.00245)	−0.00303 (0.00208)	0.0302*** (0.00849)	−0.0156* (0.00916)	
配偶高中		1.262*** (0.124)	0.372*** (0.0199)	0.127*** (0.0185)	0.0260* (0.0152)	0.0492 (0.0861)	0.00855 (0.0130)	0.00841 (0.0150)	0.000372 (0.0128)	0.220*** (0.0522)	0.112** (0.0539)	
配偶专科		0.879*** (0.153)	0.0976*** (0.0245)	0.298*** (0.0228)	0.0870*** (0.0187)	−0.150 (0.106)	−0.00489 (0.0160)	−0.00714 (0.0185)	−0.0216 (0.0158)	0.191*** (0.0682)	0.258*** (0.0699)	

续表

变量	第二阶段回归	IV 估计 第一阶段回归								综合模型估计	
	(1) 小时工资对数	(2) 受教育年限	(3) 高中	(4) 专科	(5) 本科	(6) 部门×受教育年限	(7) 部门×高中	(8) 部门×专科	(9) 部门×本科	(10) 小时工资对数	(11) select	(12) 小时工资对数
配偶本科		1.698*** (0.169)	0.140*** (0.0272)	0.0888*** (0.0253)	0.495*** (0.0207)	−0.171 (0.118)	−0.00281 (0.0177)	−0.00513 (0.0206)	−0.0270 (0.0175)	0.508*** (0.0752)	0.276*** (0.0780)
配偶受教育年限×部门		−0.0260 (0.0367)	0.00725 (0.00588)	0.0113** (0.00547)	0.00795* (0.00449)	0.318*** (0.0255)	0.0334*** (0.00383)	0.0130*** (0.00445)	0.00877** (0.00379)	−0.0166 (0.0169)	0.0532*** (0.0173)
配偶高中×部门		−0.263 (0.201)	−0.115*** (0.0323)	−0.0608** (0.0300)	0.0185 (0.0246)	0.940*** (0.140)	0.247*** (0.0211)	0.0571** (0.0244)	0.0462** (0.0208)	−0.0472 (0.0847)	−0.0526 (0.0976)
配偶专科×部门		−0.234 (0.210)	−0.0975*** (0.0336)	−0.107*** (0.0313)	0.0237 (0.0257)	0.873*** (0.146)	0.0129 (0.0220)	0.204*** (0.0255)	0.142*** (0.0217)	−0.0312 (0.0936)	−0.235** (0.105)
配偶本科×部门		−0.612*** (0.238)	−0.167*** (0.0382)	−0.137*** (0.0355)	−0.0414 (0.0292)	1.382*** (0.166)	−0.0111 (0.0249)	−0.0340 (0.0289)	0.493*** (0.0246)	−0.205* (0.105)	−0.185 (0.119)
子女数											−0.140*** (0.0210)

续表

变量	第二阶段回归 (1) 小时工资对数	IV 估计 第一阶段回归 (2) 受教育年限	(3) 高中	(4) 专科	(5) 本科	(6) 部门×受教育年限	(7) 部门×高中	(8) 部门×专科	(9) 部门×本科	综合模型估计 (10) 小时工资对数	(11) select	(12) 小时工资对数
父母60岁以上											0.0183 (0.0458)	
Lamda											−0.922*** (0.209)	−0.492*** (0.151)
N	7,805	7,808	7,805	7,805	7,805	7,808	7,805	7,805	7,805	10,789	10,789	6,760
R-squared	0.342	0.537	0.419	0.160	0.362	0.942	0.750	0.215	0.394			0.373
内生性检验	13.9928***											3.488***
弱工具变量检验	19.3891***	472.566***	353.319***	74.919***	158.445***	362.47***	160.729***	51.201***	184.602***			5.67

注：①括号内为标准误差；② *** $p<0.01$，** $p<0.05$，* $p<0.1$；③表中省略了控制变量（性别、地区、工作经验）及常数项的估计结果。

第四节　文凭效应的地区差异

劳动力市场地区分割的形成至少受两方面因素影响：一是国家层面的政策差异和地理位置优势等因素致使的地区发展不均衡，表现为东部沿海地区发展较快，而中西部地区受政策偏向相对较弱，同时地理位置优势较弱，发展相对缓慢，经济发展水平相对较低。二是劳动力在地区间的流动成本较大，产业结构分布也存在差异，劳动力频繁流动的风险较大，传统的安土重迁思想观念也会降低劳动力流动的意愿，劳动力市场间的流动性较弱，即使地区间劳动力收益存在一定的差距，市场机制也无法有效调节劳动力的区域分布，难以达到市场出清状态。由此，整体而言，东部沿海地区由于经济发展水平较高、工资福利待遇较高、工作环境相对较好等优势而逐步演化成主要劳动力市场，能够吸引更多的高素质劳动力资源，劳动力配置的市场化程度较高。本节关注的问题是，在不同地区下的劳动力市场中，劳动力拥有的教育文凭如何帮助他们获取工作岗位和晋升机会，教育文凭的信号价值是否存在着地区差异。

一　数据处理与说明

表4—9呈现了本节所需变量的描述性统计分析，从表中结果上看，东部地区的平均小时工资对数最高，远远高于中部和西部地区，这也验证了东部地区在劳动力工资上的区位优势。中部和西部之间的平均小时工资对数并无明显差异，西部地区略微较高，这可能与近年来国家重点实施的西部大开发政策以及西部地区实施的人才引进计划等相关，这些政策的实施大力推动了西部地区的经济发展，提高了劳动力的工资水平。这一点也可以从劳动力受教育年限的地区分布上得到验证，东部地区劳动力的平均受教育年限为11.95年，而西部为10.98年，均高于中部的10.90年，东部和西部地区的人力资本积累程度相对较高。接下来，本节将通过多种计量方法来深入分析教育文凭信号价值的地区差异。

表 4—9　　　　　　　　　　各变量的描述性统计分析

变量	东部 N	东部 均值	东部 标准差	中部 N	中部 均值	中部 标准差	西部 N	西部 均值	西部 标准差
小时工资对数	6285	2.516	0.894	3126	1.970	0.821	2248	2.004	0.893
受教育年限	8451	11.95	3.310	4098	10.90	3.415	3103	10.98	3.763
高中	8481	0.676	0.468	4115	0.549	0.498	3116	0.564	0.496
专科	8481	0.193	0.395	4115	0.151	0.358	3116	0.170	0.376
本科	8481	0.181	0.385	4115	0.106	0.308	3116	0.127	0.333
配偶受教育年限	5483	11.47	3.714	2946	10.30	3.699	2004	10.27	4.097
配偶高中	5483	0.608	0.488	2946	0.459	0.498	2004	0.463	0.499
配偶专科	5483	0.138	0.345	2946	0.106	0.308	2004	0.143	0.350
配偶本科	5483	0.175	0.380	2946	0.0913	0.288	2004	0.109	0.311
性别	8485	0.573	0.495	4116	0.622	0.485	3118	0.615	0.487
工作经验	8432	19.39	11.28	4088	21.07	10.57	3092	19.42	10.58
工作经验平方	8432	503.3	471.5	4088	555.6	457.6	3092	489.0	440.9
子女数	8462	0.890	0.697	4100	1.155	0.796	3105	1.104	0.828
父母 60 岁以上	6931	0.702	0.458	3317	0.737	0.441	2519	0.724	0.447

二　计量结果分析

表 4—10 呈现了教育文凭信号价值地区差异的分析结果，从第（1）、（2）列总体样本的分析结果上看，地区虚拟变量"东部"的拟合系数是显著大于零的，而虚拟变量"中部"的拟合系数是不显著的，东部地区劳动力的收入比西部地区劳动力的收入要显著高出 22.9%，中西部之间劳动力收入并无显著差异。从第（2）列的交叉项系数上看，东部地区与教育年限和教育文凭的交叉项系数基本上都是正数（专科文凭除外），且在本科层次是高度显著的。但西部地区与教育年限和教育文凭的交叉项系数都是负数且都不显著。由此表明，东部地区的生产性收益率和文凭效应要高于西部地区的生产性收益率和文凭效应，但中西部之间并无显著差异。从第（3）—（5）列的分样本回归上看，东部地区的生产性收益率最高，达到了 8.81%，其次是西部地区，为 6.88%，最低的是中部地区的 6.04%，这也表明人力资本的回报率存在地区差异。从各教育文凭的拟合系数上看，东部地区的高中、专科、本科的文凭效应分别为 19%、24.5% 和 60.3%，西部地区的高中、专科、本科的文凭效应分别为 16.5%、27.8%、49.6%，中部地区的高中、专科、本科的文凭效应

分别为15.7%、19.8%、48%。整体上看，各教育文凭的信号价值在东部最高、其次是西部、最低的是中部。究其原因在于，东部地区劳动力市场作为主要劳动力市场，市场化竞争程度较高，劳动力在激烈的岗位竞争中需要展示更高的能力信息才能进入雇主的考察圈，才有机会赢得相应的工作岗位和薪资。教育文凭是他们发送个人能力信号的有效装置，是他们进入东部地区劳动力市场获取较好岗位的"敲门砖"，因此教育文凭给他们带来的额外价值更高。西部地区也在近年来国家和地区政府优惠政策的推动下吸引了大量的高素质人才，促进了经济发展，提高了劳动力的工资水平，加剧了西部地区内部劳动力市场的竞争程度，相对中部而言，劳动力需要更好地展现能力以获取较好工作，因此在文凭效应上西部要高于中部地区。

从分位数回归上看，在收入中低分位数上，生产性收益率存在显著的地区差异，东部地区显著高于西部地区，而文凭效应在各地区之间并不存在显著的差异（东西部的专科文凭效应差异除外）。该结果表明，在这一收入群体中，教育的生产性功能会给劳动力带来价值差异，但教育文凭的额外价值差异并不明显，这与该收入群体在各地区进入的工作层次和结构有关，更多的是进入低层次、低收入、基础性、技能操作型的工作岗位，这些岗位在招聘或解聘员工时面临的成本较低（员工招聘和培训费用低、解约赔偿小、劳动力配置自主性强等），并不注重员工初始展现的能力信息，更为看重的是入职后的真实劳动生产率，教育文凭对于这一层次的工作群体而言信号价值并不大。在收入高分位数上，东部地区与教育年限和教育文凭的交叉项系数基本上都是正数（专科除外），且在本科层次上是高度显著的。同样地，该收入群体更多的是进入了各地区层次较高、工作环境较好、培训机会多、福利待遇更好、稳定性更强的工作岗位，这些岗位在招聘员工时更注重的是未来员工的可培训性、发展可持续性等，进入岗位后投入的培训成本较高，解约时需要面临的赔偿成本较大，因此雇主在招聘和解聘雇员时会更为慎重，在避免逆向选择的同时也要有效控制成本问题（成本可能存在几方面：一是招聘到低能力员工，需要花费高额培训成本；二是培训出的高效员工出现流失，甚至成为竞争对手；三是解雇低能力员工需要面临的合同赔偿等），突出表现是在入职选聘阶段进行严格把关、后期工作中使用效率工资政策等。

正因为如此，劳动力市场竞争更为激烈，潜在员工需要教育文凭来展示自己的高能力及可培训性，这在作为主要劳动力市场的东部地区更为明显，教育文凭给他们带来的额外价值更大，尤其是那些较高教育层次的教育文凭，文凭效应较大。

为避免选择性偏差影响，继续使用 MLE 法进行选择性偏差分析，分析结果见表 4—11 第（1）—（6）列，从结果上看，决策支持变量"子女数"和"父母 60 岁以上"均为负数且基本上都是高度显著的，这些变量的确会影响样本是否进入劳动力市场的选择。从教育年限和教育文凭的拟合系数上看，依然呈现出一个结果，无论是生产性收益率，还是文凭效应，东部地区都是最高，其次是西部地区，最后是中部地区。具体来看，东、中、西部的生产性收益率分别为 7.04%、5.75%、6.27%。东、中、西部高中文凭效应分别为 20.3%、15.1%、17.6%。东、中、西部的专科的文凭效应分别为 20.9%、17.2%、22.4%。东、中、西部的本科文凭效应分别为 52.3%、46.4%、46.2%。

同样地，本书还使用了 IV 估计和综合模型估计，估计结果见表 4—11 中第（7）—（12）列，估计结果也显示出研究模型中确实存在着内生性问题，需要对这一问题进行纠正。但需要指出的是，在分样本 IV 估计和综合模型估计时部门回归存在着弱工具变量问题（联合显著性检验 F 统计量小于 10），研究结果可能并不稳定或者说纠正内生性问题后的拟合偏差可能更大，这也就可能出现 Card 曾指出的在使用工具变量时"治疗比疾病本身更严重"的问题。为此，在研究文凭效应的地区差异时需要寻找更为合适的工具变量。有鉴于此，本节只呈现 IV 估计和综合模型的估计结果，并不对此结果进行更多的解读和比较。笔者将在后续研究中进一步探讨这一问题。

综上分析，大致可以得出以下结论：教育文凭的信号价值存在着明显的地区差异，东部地区最高，西部地区次之，中部地区最低。劳动力市场的地区分割会影响教育文凭的信号价值的异质性。

表 4—10　文凭效应地区差异的计量分析（OLS 和 QR 估计）

变量	(1) 总体 小时工资对数	(2) 总体 小时工资对数	(3) 东部 小时工资对数	(4) 中部 小时工资对数	(5) 西部 小时工资对数	分位数回归 (6) q25	分位数回归 (7) q50	分位数回归 (8) q75
受教育年限	0.0731*** (0.00508)	0.0700*** (0.00927)	0.0881*** (0.00805)	0.0604*** (0.00901)	0.0688*** (0.00979)	0.0614*** (0.0184)	0.0550*** (0.00985)	0.0704*** (0.0118)
高中	0.167*** (0.0266)	0.155*** (0.0568)	0.174*** (0.0389)	0.146*** (0.0474)	0.153*** (0.0594)	0.178* (0.0995)	0.266*** (0.0727)	0.179*** (0.0654)
专科	0.229*** (0.0261)	0.255*** (0.0568)	0.219*** (0.0368)	0.181*** (0.0502)	0.245*** (0.0595)	0.305*** (0.103)	0.301*** (0.0607)	0.204*** (0.0686)
本科	0.471*** (0.0302)	0.411*** (0.0658)	0.472*** (0.0428)	0.392*** (0.0601)	0.403*** (0.0691)	0.516*** (0.107)	0.417*** (0.0673)	0.253*** (0.0811)
东部	0.402*** (0.0184)	0.206** (0.0980)				0.0444 (0.177)	0.0590 (0.114)	0.245** (0.116)
中部	−0.0221 (0.0205)	0.0623 (0.103)				−0.0509 (0.183)	−0.0280 (0.144)	0.0741 (0.124)
东部 × 受教育年限		0.0159 (0.0123)				0.0381* (0.0216)	0.0331** (0.0139)	0.00655 (0.0154)
东部 × 高中		0.0195 (0.0690)				−0.0634 (0.111)	−0.0142 (0.0858)	0.0566 (0.0818)

续表

变量	(1) 总体 小时工资对数	(2) 总体 小时工资对数	(3) 东部 小时工资对数	(4) 中部 小时工资对数	(5) 西部 小时工资对数	分位数回归 (6) q25	分位数回归 (7) q50	分位数回归 (8) q75
东部×专科		−0.0434 (0.0677)				−0.0627 (0.105)	−0.135** (0.0674)	−0.0291 (0.0776)
东部×本科		0.0515* (0.0785)				−0.0912 (0.120)	−0.0680 (0.0792)	0.212** (0.0945)
中部×受教育年限		−0.00621 (0.0129)				0.00843 (0.0232)	0.00468 (0.0177)	−0.0153 (0.0162)
中部×高中		−0.0168 (0.0743)				−0.0549 (0.118)	−0.0558 (0.103)	0.0775 (0.0954)
中部×专科		−0.0647 (0.0761)				0.00909 (0.117)	−0.120 (0.0884)	−0.128 (0.0977)
中部×本科		−0.00546 (0.0894)				−0.0226 (0.135)	−0.0944 (0.0942)	0.000555 (0.111)
N	11,600	11,600	6,258	3,109	2,233	11,600	11,600	11,600
R-squared	0.344	0.347	0.327	0.220	0.253	0.2124	0.2195	0.2014

注：①括号内为标准误；②*** p<0.01，** p<0.05，* p<0.1；③表中省略了控制变量（性别、工作经验、工作经验平方）及常数项的估计结果。

表4—11 文凭效应地区差异的计量分析

变量	选择性偏差分析						IV 估计			综合模型估计		
	东部		中部		西部		东部	中部	西部	东部	中部	西部
	(1) 小时工资对数	(2) select	(3) 小时工资对数	(4) select	(5) 小时工资对数	(6) select	(7) 小时工资对数	(8) 小时工资对数	(9) 小时工资对数	(10) 小时工资对数	(11) 小时工资对数	(12) 小时工资对数
受教育年限	0.0704*** (0.0107)	0.0883*** (0.00876)	0.0575*** (0.0119)	0.0813*** (0.00885)	0.0627*** (0.0126)	0.0587*** (0.00890)	0.172*** (0.0478)	0.0685 (0.0587)	0.0545* (0.0495)	0.0844* (0.0482)	0.0239 (0.0635)	0.0955 (0.0796)
高中	0.185*** (0.0454)	−0.107** (0.0441)	0.141** (0.0527)	0.0795 (0.0485)	0.162** (0.0692)	0.320*** (0.0564)	0.0621 (0.236)	0.289 (0.356)	0.418 (0.392)	0.247 (0.229)	0.0643 (0.375)	0.154 (0.438)
专科	0.190*** (0.0419)	0.109** (0.0447)	0.159** (0.0584)	0.478*** (0.0614)	0.202*** (0.0669)	0.412*** (0.0677)	0.0156 (0.161)	0.345 (0.248)	0.157 (0.460)	0.125 (0.168)	0.428 (0.285)	−0.136 (0.447)
本科	0.421*** (0.0494)	0.245*** (0.0527)	0.381*** (0.0681)	0.479*** (0.0749)	0.380*** (0.0793)	0.558*** (0.0822)	0.260 (0.182)	0.399* (0.225)	0.556*** (0.209)	0.291* (0.164)	0.280 (0.229)	0.262 (0.231)
子女数		−0.179*** (0.0191)		−0.167*** (0.0206)		−0.152*** (0.0223)						
父母60岁以上		−0.127*** (0.0417)		−0.0927* (0.0526)		−0.0935 (0.0610)						
反米尔斯比率	—		—		—					−0.641*** (0.147)	−0.442*** (0.163)	−0.136 (0.218)

第四章 劳动力市场分割与文凭效应 179

续表

变量	选择性偏差分析						IV 估计			综合模型估计		
	东部		中部		西部		东部	中部	西部	东部	中部	西部
	(1) 小时工资对数	(2) select	(3) 小时工资对数	(4) select	(5) 小时工资对数	(6) select	(7) 小时工资对数	(8) 小时工资对数	(9) 小时工资对数	(10) 小时工资对数	(11) 小时工资对数	(12) 小时工资对数
N	13,024	13,024	10,630	10,630	8,109	8,109	4,807	2,588	1,745	4,169	2,160	1,499
R-squared							0.298	0.200	0.265	0.361	0.227	0.264
内生性检验							41.116***	11.737***	3.837***	1.694**	0.30307**	0.203***
弱工具变量检验							42.269	11.1201	4.45158	25.3675	6.398	3.427

注：①括号内为标准误；②*** p<0.01, ** p<0.05, * p<0.1；③表中省略了控制变量（性别、工作经验、工作经验平方）及常数项的估计结果。"—" 表示的是该估计中并不提供反米尔斯比率值，因为此处使用的是 MLE 估计法，该方法的优势是估计效率更高，可通过似然比检验来判断是否存在样本选择偏差。
④

第五节 文凭效应的职业差异

　　职业差异是劳动力市场的典型特征，不同职业对劳动力的要求存在差异，劳动力的工资决定机制也明显不同。目前文献中，有研究者将职业进行不同类型的划分，典型的分组如"筛选组"职业与"非筛选组"职业[①]、"高风险职业"和"低风险职业"[②]等。本书从职业本身对员工技能的要求出发，将职业划分为"专业性职业"和"通用性职业"，前者指的是那些需要特殊性、对口性、专业性知识或技能的职业，如高校教师作为专业技术人员，可能需要的是特定专业领域具有一定专业水平的博士毕业生，这种职业下的员工可替代性较弱、专业性强，难以短时间内快速培训或复制，这种职业对应岗位的市场化程度较低，竞争激烈程度相对较低，这种职业的入职门槛较高，但具有稳定性较强、福利待遇较高及工作环境较好等优势。后者是指那些并不强调某一专门领域的特定知识或技能，需要的是那些具有通用性知识或技能的员工的职业，如生产线上的操作人员，事先并不要求具有这一岗位的特定技能，只要具有一定的能力、可培训性较强就可以满足要求。这种职业的特点是员工的可替代性强、专业性或技术性弱，能够通过短期培训快速培养员工的技能，这种职业对应的岗位市场化程度相对较高，是一个近乎完全竞争的劳动力市场。"专业性职业"下的劳动力工资决定机制除了市场性因素外，现实中存在着典型的"年资工资制""论资排辈""资历论"等现象，教育文凭对于这一职业下的劳动力而言并不重要，真实的劳动生产率和工作经验等在其工资增长及岗位晋升中更为重要。而"通用性职业"下的劳动力工资决定机制几乎是由市场决定，劳动力需要通过激烈的市

　　[①] 这种提法最早可以追溯到 Riley 的研究，他认为在现实劳动力市场中信息不对称的程度在不同职业中存在差异，有些工作环境或岗位性质下信息不对称程度较高，雇员的真实劳动生产率很难被观察到，而某些工作环境或岗位性质下信息不对称程度较低，雇员的真实劳动生产率在短时间内就容易被观察到，前者可以称之为"筛选组"，需要雇员更强的教育信号；后者被称为"非筛选组"，教育信号对雇员作用不大。详细说明可参考文献：Riley J. G. , "Testing the educational screening hypothesis", *Journal of Political Economy*, Vol. 87, No. 5, 1979.

　　[②] Lang K. , Kropp D. , "Human capital and sorting: the effects of compulsory attendance laws", *Quarterly Journal of Economics*, Vol. 101, No. 3, 1986.

场竞争才能获取岗位，教育文凭能够帮助他们发送自己可培训性能力强的信号，文凭效应相对而言较大。接下来，本书将通过多种计量分析方法对此进行验证。

一 数据处理与说明

CGSS问卷询问了样本的职业信息，后期按照标准化职业分类（ISCO）[①]进行编码，分为9个大类，28个次主要团体，116个小团体和390个单元组，9个大类分别是立法者、高级官员和管理者、专业人员、技术人员和专业人员助理、一般职员、服务人员和商店及超市的销售人员、熟练的农业和渔业工人、工艺及相关行业的工人、厂房及机器操作员和装配员、初级职员（非技术工人）。表4—12是样本在9大职业分类中的详细分布，本书将前面3个大类定义为"专业性职业"（取值为1），后面6个大类定义为"通用性职业"（取值为0，参照组）。表4—13呈现了这两类职业下各变量的描述性统计分析，"专业性职业"下样本的平均小时工资对数要高于"通用性职业"的平均小时工资对数，表明"专业性职业"的工资水平具有优势，这与前文的分析是一致的。从受教育年限的平均数看，"专业性职业"要远高于"通用性职业"，表明"专业性职业"下职员的专用性人力资本积累较高。

表4—12　　　　　　　　强弱筛选职业的划分与分布

职业分类	个人职业	N	%
专业性职业	立法者、高级官员、管理者	1098	7.07
	专业人员	2198	14.16
	技术人员和专业人员助理	2059	13.26

[①] 联合国的国际劳动组织（ILO）在1958年首次创建了标准职业分类（ISCO），但分别在1968年、1988年和2008年进行了四次修订，目前联合国所属机构和各个国际机构都使用这一标准分类。本书使用的是1988年修订的职业标准分类版本。

续表

职业分类	个人职业	N	%
通用性职业	一般职员	1876	12.08
	服务人员和商店及超市的销售人员	1911	12.31
	熟练的农业和渔业人员	1131	7.28
	工艺及相关行业的工人	2233	14.38
	厂房及机器操作员和装配员	1530	9.85
	初级职员（非技术工人）	1490	9.6
	Total	15526	100

表4—13　　　　各变量的描述性统计分析

变量	专业性职业			通用性职业		
	N	均值	标准差	N	均值	标准差
小时工资对数	3656	2.698	0.845	7874	2.069	0.877
受教育年限	5351	13.70	2.601	10110	10.30	3.287
高中	5350	0.891	0.312	10169	0.477	0.499
专科	5350	0.304	0.460	10169	0.110	0.312
本科	5350	0.325	0.469	10169	0.0583	0.234
配偶受教育年限	3269	13.06	3.263	7020	9.890	3.656
配偶高中	3269	0.793	0.406	7020	0.417	0.493
配偶专科	3269	0.230	0.421	7020	0.0822	0.275
配偶本科	3269	0.283	0.450	7020	0.0708	0.257
性别	5355	0.554	0.497	10171	0.614	0.487
地区	5355	1.630	0.796	10171	1.675	0.786
工作经验	5338	17.45	10.74	10085	21.10	10.92
工作经验平方	5338	420.0	427.9	10085	564.6	472.7
子女数	5340	0.870	0.687	10137	1.072	0.789
父母60岁以上	4407	0.691	0.462	8218	0.729	0.444

二　计量结果与分析

表4—14呈现了文凭效应职业差异分析的计量结果，第（1）—（4）列是传统的OLS回归的估计结果，由结果可知，专业性职业的收入要比

通用性职业显著高出19%。从职业与受教育年限和教育文凭的交叉项系数上看，专业性职业下样本的生产性收益率要高于非专用性下样本的生产性收益率，但并不显著。专业性职业下各教育层级的文凭效应均小于通用性职业下的文凭效应，其中专科和本科层次的文凭效应职业差异是显著的。从分组样本的回归结果上看，专业性职业的生产性收益率为8.3%，通用性职业的生产性收益率为6.68%。专业性职业的高中、专科、本科的文凭效应分别为8.25%、13%、41.8%，其中专科和本科文凭效应是显著的。通用性职业下高中、专科、本科的文凭效应分别为15.6%、25.6%、57.1%，均是高度显著的且高于专业性职业下各级教育的文凭效应。该结果与前文的理论分析是一致的。从分位数回归上看，结果见表4—14第（5）—（7）列，职业与教育文凭的交叉项系数基本上都小于零，尤其是在高分位数层次上，本科和专科与职业的交叉项系数是高度显著的，进一步验证了专业性职业下的文凭效应小于通用性职业下的文凭效应，并且可以发现，这种差异存在收入异质性，在不同收入分布上差异大小并不一致且显著性程度也不相同。

从选择性偏差分析上看，结果见表4—14第（8）—（13）列，从总体样本上看，似然比检验显示模型中存在显著的选择性偏差，需要进行选择性偏差纠正。决策变量"子女数"和"父母60岁以上"均小于零，且前者是高度显著的，这两个变量会影响样本进入劳动力市场与否的选择。从各教育文凭与职业交叉项系数上看，结果与传统的OLS分析结果有点差异，虽然都是小于零的，但只有高中和专科层次是显著的。从分样本分析结果上看，专业性职业下的高中、专科、本科文凭效应分别为6.06%、16.2%、48%。通用性职业下的高中、专科、本科文凭效应分别为13.9%、18.9%、48.6%，均高于专业性职业下各级教育的文凭效应。但需要指出的是，在专业性职业样本的选择性偏差分析中，似然比检验显示分样本并不存在显著的选择性偏差，两个决策变量均是负数但都不显著，因此该选择性偏差分析的结果仅供参考，不适合过度解读。

表4—15呈现了IV估计和综合模型估计的拟合结果，从总体的IV估计上看［第（1）列］，内生性检验显示确实存在内生性问题，弱工具变量检验的联合显著性检验统计也大于10，因此IV估计是有效的。各教育文凭与职业的交叉项系数均是负数但仅本科层次是显著的。从分样本估计

表4-14 文凭效应职业差异的计量分析（OLS、QR和选择性偏差分析）

	OLS估计				QR				选择性偏差分析			
变量	(1) 总体	(2) 总体	(3) 通用性职业	(4) 专业性职业	(5) 总体	(6) 总体	(7) 总体	(8) 总体	(9) 总体	(10) 通用性职业	(11) 通用性职业	(12) 专业性职业	(13) 专业性职业
	小时工资对数	小时工资对数	小时工资对数	小时工资对数	q25	q50	q75	小时工资对数	select	小时工资对数	select	小时工资对数	select
受教育年限	0.0703*** (0.00509)	0.0688*** (0.00537)	0.0668*** (0.00543)	0.0830*** (0.0158)	0.0795*** (0.0109)	0.0698*** (0.00747)	0.0618*** (0.00583)	0.0692*** (0.00662)	0.0356*** (0.00728)	0.0666*** (0.00668)	0.0249*** (0.00776)	0.0622*** (0.0184)	0.187*** (0.0198)
高中	0.142*** (0.0267)	0.142*** (0.0291)	0.145*** (0.0293)	0.0793 (0.0696)	0.104** (0.0471)	0.194*** (0.0404)	0.187*** (0.0341)	0.139*** (0.0327)	0.0118 (0.0383)	0.130*** (0.0334)	0.104** (0.0414)	0.0589 (0.0751)	0.164* (0.0851)
专科	0.187*** (0.0266)	0.239*** (0.0339)	0.228*** (0.0341)	0.122** (0.0576)	0.275*** (0.0545)	0.217*** (0.0432)	0.225*** (0.0425)	0.203*** (0.0373)	0.213*** (0.0492)	0.173*** (0.0389)	0.388*** (0.0578)	0.150** (0.0603)	0.182** (0.0794)
本科	0.404*** (0.0310)	0.470*** (0.0427)	0.452*** (0.0431)	0.349*** (0.0713)	0.467*** (0.0636)	0.392*** (0.0383)	0.403*** (0.0496)	0.421*** (0.0484)	0.482*** (0.0684)	0.396*** (0.0489)	0.558*** (0.0804)	0.392*** (0.0748)	0.351*** (0.100)
专业性职业	0.174*** (0.0172)	0.182 (0.146)			0.216 (0.207)	0.172 (0.205)	-0.0332 (0.230)	0.580*** (0.177)	-1.717*** (0.157)				
职业×受教育年限		0.00713 (0.0168)			-0.00848 (0.0221)	0.000803 (0.0229)	0.0336 (0.0268)	-0.0235 (0.0188)	0.125*** (0.0185)				

续表

变量	OLS估计				QR				选择性偏差分析			
	(1)总体 小时工资对数	(2)总体 小时工资对数	(3)通用性职业 小时工资对数	(4)专业性职业 小时工资对数	(5)总体 q25	(6)总体 q50	(7)总体 q75	(8)总体 小时工资对数	(9)总体 select	(10)通用性职业 小时工资对数	(11)通用性职业 select	(12)专业性职业 小时工资对数	(13)专业性职业 select
职业×高中		-0.0495 (0.0764)			0.143 (0.0902)	0.0326 (0.0968)	-0.154 (0.125)	-0.0689* (0.0828)	0.0760 (0.0859)				
职业×专科		-0.127* (0.0673)			-0.105 (0.0873)	-0.112 (0.0789)	-0.260*** (0.0973)	-0.0444* (0.0725)	-0.247*** (0.0829)				
职业×本科		-0.138* (0.0837)			-0.127 (0.107)	-0.133 (0.0961)	-0.226* (0.122)	-0.0204 (0.0915)	-0.520*** (0.107)				
子女数									-0.0786*** (0.0151)		-0.168*** (0.0177)		-0.0377 (0.0344)
父母60岁以上									-0.0532 (0.0339)		0.0277 (0.0451)		-0.107 (0.0735)
LR test									5.58**		9.88***		0.97

续表

变量	OLS估计				QR			选择性偏差分析					
	(1) 总体	(2) 总体	(3) 通用性职业	(4) 专业性职业	(5) 总体	(6) 总体	(7) 总体	(8) 总体	(9) 总体	(10) 通用性职业	(11) 通用性职业	(12) 专业性职业	(13) 专业性职业
	小时工资对数	小时工资对数	小时工资对数	小时工资对数	q25	q50	q75	小时工资对数	select	小时工资对数	select	小时工资对数	select
N	11,472	11,472	7,823	3,649	11,472	11,472	11,472	19,185	19,185	11,202	11,202	5,293	5,293
R-squared	0.350	0.351	0.285	0.267	0.2149	0.2217	0.2043						

注：①括号内为标准误；②*** $p<0.01$，** $p<0.05$，* $p<0.1$；③表中省略了控制变量（性别、地区、工作经验、工作经验平方）及常数项的估计结果。

第四章 劳动力市场分割与文凭效应

表4—15 文凭效应职业差异的计量分析（IV 估计和综合模型分析）

变量	IV 估计 总体 (1) 小时工资对数	IV 估计 通用性职业 (2) 小时工资对数	IV 估计 专业性职业 (3) 小时工资对数	IV 估计 (4) 小时工资对数	综合模型估计 总体 (5) 样本选择	综合模型估计 总体 (6) 小时工资对数	综合模型估计 (7) 小时工资对数	综合模型估计 通用性职业 (8) 样本选择	综合模型估计 通用性职业 (9) 小时工资对数
受教育年限	0.0986*** (0.0268)	0.0639** (0.0260)	−3.194 (2.942)			0.0467 (0.0348)			0.0299 (0.0321)
高中	0.275* (0.166)	0.445*** (0.165)	10.80 (9.492)			0.522*** (0.195)			0.626*** (0.184)
专科	0.167 (0.163)	0.194 (0.167)	10.79 (9.418)			−0.0676 (0.164)			0.00478 (0.162)
本科	0.494*** (0.137)	0.590*** (0.137)	13.90 (11.97)			0.412** (0.162)			0.519*** (0.154)
职业×受教育年限	0.0259 (0.0185)					0.0690*** (0.0255)			
职业×高中	−0.300 (0.329)					−0.768* (0.395)			
职业×专科	−0.0343 (0.241)					−0.190 (0.246)			

续表

变量	IV 估计 总体 (1) 小时工资对数	IV 估计 通用性职业 (2) 小时工资对数	IV 估计 专业性职业 (3) 小时工资对数	(4) 小时工资对数	综合模型估计 总体 (5) 样本选择	(6) 小时工资对数	(7) 小时工资对数	综合模型估计 通用性职业 (8) 样本选择	(9) 小时工资对数
职业×本科	-0.122* (0.127)					-0.337** (0.145)			
配偶受教育年限				0.0175*** (0.00616)	0.00281 (0.00738)		0.0245*** (0.00665)	0.00121 (0.00791)	
配偶高中				0.258*** (0.0386)	0.141*** (0.0462)		0.237*** (0.0402)	0.145*** (0.0474)	
配偶专科				0.143*** (0.0504)	0.327*** (0.0660)		0.113** (0.0523)	0.352*** (0.0668)	
配偶本科				0.308*** (0.0614)	0.600*** (0.0813)		0.270*** (0.0643)	0.628*** (0.0826)	
配偶受教育年限×职业				0.0677*** (0.00481)	-0.0189*** (0.00538)				
配偶高中×职业				-0.511*** (0.0718)	0.371*** (0.0820)				

续表

变量	IV 估计			综合模型估计					
	总体	通用性职业	专业性职业	总体				通用性职业	
	(1) 小时工资对数	(2) 小时工资对数	(3) 小时工资对数	(4) 小时工资对数	(5) 样本选择	(6) 小时工资对数	(7) 小时工资对数	(8) 样本选择	(9) 小时工资对数
配偶专科×职业				−0.300*** (0.0654)	0.145 (0.0953)				
配偶本科×职业				−0.446*** (0.0678)	0.217** (0.108)				
子女数					−0.210*** (0.0197)			−0.229*** (0.0221)	
父母60岁以上					0.129*** (0.0444)			0.108** (0.0521)	
Lamda					−0.666*** (0.127)	−0.495*** (0.158)		−0.602*** (0.135)	−0.331** (0.154)
Observations	9,039	6,213	2,826	11,921	11,921	7,749	8,410	8,410	5,200

续表

变量	IV 估计			综合模型估计					
	总体	通用性职业	专业性职业	总体			通用性职业		
	(1)小时工资对数	(2)小时工资对数	(3)小时工资对数	(4)小时工资对数	(5)样本选择	(6)小时工资对数	(7)小时工资对数	(8)样本选择	(9)小时工资对数
R-squared	0.338	0.261	—			0.351			0.262
内生性检验	26.1454***	33.0181***	18.1055***			5.57899***			7.0048***
弱工具变量检验	28.5352	45.0603	0.328			18.7089			24.3323

注：①括号内为标准误差；②*** p<0.01，** p<0.05，* p<0.1；③表中省略了控制变量（性别、地区、工作经验、工作经验平方）及常数项的估计结果；④"—"表示的是由于模型本身存在问题（弱工具变量），因此结果并未给出该拟合优度。

上看，通用性职业的高中和本科文凭效应均是显著的。但是在专业性职业的样本估计中，弱工具变量检验显示统计量仅有 0.328，远小于 10 的，存在弱工具变量问题，估计结果存在很大的偏差。需要寻找其他工具变量来解决专业性职业子样本的内生性问题，以后的研究中也将不断尝试。从总体的综合模型估计结果上看［第（4）—（6）列］，各教育文凭与职业的交叉项系数是负的，且在高中和本科层次是高度显著的。表明，在纠正了选择性偏差和内生性问题之后，文凭效应在专业性职业和通用性职业之间存在着显著差异，前者要小于后者。该结果再一次验证了前文中的理论分析。

第六节　文凭效应的公司规模差异

企事业单位是劳动力市场中的基本组织单元，存在着规模差异，不同规模的企事业单位之间的劳动力工资决定机制也可能存在差异。大型公司[①]内部的薪资待遇、人事规章制度等方面较为完善，存在着发育较为成熟的内部劳动力市场，劳动力的选聘和晋升更多的是在公司内部进行，只有较低层次岗位才会面向市场招聘，因此，大型公司的劳动力资源配置并未完全市场化，劳动力工资决定机制除了市场性因素的影响外，更多的是由公司内部的薪资制度、岗位性质、层级阶梯等决定的。劳动力工资更多反映的是公司内部员工间的层级差异和相对劳动生产率，并非是完全市场化下的边际劳动生产率。对于大型公司的员工而言，教育文凭对他们的薪资水平和岗位晋升的影响并不大，文凭效应应该较低。相对而言，小型公司的内部劳动市场制度尚未健全，劳动力资源配置更多的是受市场化因素的影响，是一个完全竞争的劳动力市场，劳动力工资水平由市场出清状态下劳动力的边际生产率决定，劳动力需要经历激励的市场化竞争来获取岗位及其对应的薪资，在劳动力市场信息不对称情况下，教育文凭的信号作用能够帮助他们展示能力信息，因此，对于小公司的职员而言，文凭效应较大。事实是否如此？接下来本节将对此展

---

① 本节分析教育文凭在不同规模下的企事业单位之间是否存在差异，为简化表述，将所有企事业单位统称为"公司"，后文中提到的"公司"均包含事业单位在内，特此说明。

开经验验证。

一 数据处理与说明

如何界定大公司和小公司是本次分析的难点,从 CGSS 问卷上看,相对较好且可行的方式以公司的实际员工数量来衡量公司规模,但同时面临着一个技术难题,员工数量达到多少才能定义为大公司?本书借鉴鲍尔等关于 1993—1997 年日本劳动力市场中文凭效应的分析[①],以员工数量达到 100 为分界点,实际工作人数小于 100 人的公司定义为"小公司",大于或等于 100 人的公司定义为"大公司",这样操作的原因有两方面考虑:一是中国目前的劳动力市场发展状态与 1993—1997 年日本的劳动力市场较为相近,可以参考借鉴;二是方便与前人的研究结果进行比较,更好地分析文凭效应可能存在公司规模差异的原因。表4—16 呈现了不同公司规模下各变量的描述性统计分析。小公司的平均小时工资对数小于大公司的平均小时工资对数,说明劳动力收入存在明显的公司规模差异。从平均受教育年限上看,小公司的平均受教育年限仅有 11.13 年,大概处于高中水平以下,大公司的平均受教育年限为 12.22 年,高于一般的高中水平,由此说明,不同规模公司下员工平均的人力资本积累存在差异。

表4—16　　各变量的描述性统计分析

变量	小公司 N	小公司 均值	小公司 标准差	大公司 N	大公司 均值	大公司 标准差
小时工资对数	6164	2.111	0.912	4861	2.519	0.861
受教育年限	8018	11.13	3.552	6505	12.22	3.157
高中	8050	0.570	0.495	6519	0.716	0.451
专科	8050	0.169	0.375	6519	0.202	0.401
本科	8050	0.126	0.332	6519	0.197	0.398
配偶受教育年限	5536	10.45	3.910	4366	11.83	3.472

---

① Bauer T. K., Dross P. J., Haisken-DeNew J. P., "Sheepskin effects in Japan", *International Journal of Manpower*, Vol. 26, No. 4, 2005.

续表

变量	小公司			大公司		
	N	均值	标准差	N	均值	标准差
配偶高中	5536	0.479	0.500	4366	0.651	0.477
配偶专科	5536	0.118	0.323	4366	0.158	0.364
配偶本科	5536	0.116	0.321	4366	0.182	0.386
性别	8056	0.574	0.495	6520	0.612	0.487
地区	8056	1.725	0.801	6520	1.567	0.761
工作经验	7994	20.05	11.13	6490	19.25	10.74
工作经验平方	7994	525.9	470.1	6490	485.8	446.3
子女数	8017	1.066	0.811	6508	0.903	0.658
父母60岁以上	6550	0.705	0.456	5478	0.718	0.450

二 计量结果与分析

表4—17呈现了不同公司规模下文凭效应差异的计量分析结果，第（1）—（4）列是传统OLS估计结果，公司规模会显著影响劳动力工资水平，大公司下劳动力收入比小公司下劳动力收入高出21.4%。从各教育文凭与公司规模的交叉项系数上看，拟合系数均为负数，且在专科和本科层次是显著的，表明专科和本科文凭效应存在显著的公司规模差异。从分样本拟合结果上看，大公司的生产性收益率高出小公司的生产性收益率，分别为8.38%和6.5%。小公司下高中、专科、本科的文凭效应分别为17.4%、33.4%、65.9%，大公司下高中、专科、本科的文凭效应分别为16.6%、18.6%、49%，均小于小公司下各级教育的文凭效应。从分位数回归上看［结果见第（5）—（7）列］，大公司的生产性收益率均大于小公司的生产性收益率，收入分位数越高，生产性收益率差异越大。从各级教育文凭与公司规模的交叉项系数上看，拟合结果均为负数且大部分都是显著的，再次说明文凭效应存在着公司规模差异，这与前文分析是一致的，与鲍尔等人的研究结果也是一致的。另外，还可以发现，从具体大小上看，随着收入分位数的提高，在专科和本科层次，拟合系数的绝对值逐渐变小，表明文凭效应的公司规模差异在低收入群体间表现得更为明显，这与该群体的工作特征相关，这类群体在小公司

中更多的是新入职员工，教育文凭的信号功能帮助他们在激烈的市场竞争中脱颖而出，获得工作岗位，文凭效应较大。而大公司中的低收入群体更多的是那些处于低层级、非核心岗位上的员工群体，对于他们而言，教育文凭已经难以发挥出足够的信号功能，以帮助他们获取职位晋升和较高薪资，文凭效应较小。

从选择性偏差分析的结果上看［表中第（8）—（13）列］，总体估计的似然比检验显示存在显著的选择性偏差，需要进行纠正。决策变量"子女数"和"父母60岁以上"均为负数且前者是显著的，这两个因素会降低样本进入劳动力市场的概率。从公司规模与受教育年限和教育文凭的交叉项系数上，受教育年限和高中文凭与公司规模的交叉项系数是正数，专科和本科层次与公司规模的交叉项系数为负数，虽然均不显著，但也说明了在高等教育层次大公司下的文凭效应小于小公司下的文凭效应，基本结论与上述分析是一致的。从分样本的选择性偏差分析上看，大公司的生产性收益率高于小公司的生产性收益率，分别为8.63%和6.43%。大公司的高中、专科、本科的文凭效应分别为15.6%、19.2%、49.9%。小公司的高中、专科、本科的文凭效应分别为16.3%、26.6%、58.7%，明显大于大公司各级教育的文凭效应。需要指出的是，在对大公司样本进行选择性偏差分析时使用MLE估计法并不能产生迭代收敛结果，使用Twostep法进行估计时反米尔斯比率为0.0016，且不显著，因此认为在此子样本分析中并不存在明显的选择性偏差。

表4—18呈现了IV估计和综合模型估计的拟合结果，先从IV估计结果上看［表中第（1）—（3）列］，在总体样本估计中，内生性检验显示存在显著的内生性问题，弱工具变量检验统计量大于10，因此总体样本的IV估计是有效的。从拟合系数上看，教育年限和教育文凭与公司规模的交叉项系数大部分为负数（高中层次除外）。从分样本的IV估计上看，大公司的生产性收益率远远大于小公司的生产性收益率，分别为16.7%和9.86%。大公司高中、专科、本科的文凭效应分别为10.4%、−12.3%、22.5%，均是不显著的，而小公司高中、专科、本科的文凭效应分别为16.5%、41.1%、60.2%，在专科和本科层次是显著的，均大于大公司各级教育的文凭效应。估计结论与前面是一致的。

紧接着，进行综合模型估计，由于前面选择性偏差分析中发现大公

表4—17 文凭效应公司规模差异的计量分析（OLS、QR和选择性偏差分析）

		OLS估计				QR				选择性偏差分析			
	(1)	(2)	(3)小公司	(4)大公司	(5)	(6)	(7)	(8)总体	(9)总体	(10)小公司	(11)小公司	(12)大公司	(13)大公司
变量	小时工资对数	小时工资对数	小时工资对数	小时工资对数	q25	q50	q75	小时工资对数	select	小时工资对数	select	小时工资对数	select
受教育年限	0.0716***	0.0675***	0.0650***	0.0838***	0.0776***	0.0598***	0.0618***	0.0692***	0.0342***	0.0643***	0.0455***	0.0863***	0.116***
	(0.00543)	(0.00643)	(0.00671)	(0.00959)	(0.0109)	(0.00674)	(0.00783)	(0.00757)	(0.00873)	(0.00815)	(0.00876)	(0.0153)	(0.0151)
高中	0.163***	0.156***	0.160***	0.154***	0.103***	0.245***	0.256***	0.147***	0.0823*	0.151***	0.0514	0.145***	−0.0321
	(0.0276)	(0.0349)	(0.0363)	(0.0438)	(0.0509)	(0.0449)	(0.0508)	(0.0388)	(0.0463)	(0.0405)	(0.0463)	(0.0481)	(0.0733)
专科	0.235***	0.301***	0.288***	0.171***	0.382***	0.333***	0.210***	0.259***	0.454***	0.236***	0.456***	0.176***	0.120
	(0.0267)	(0.0352)	(0.0365)	(0.0409)	(0.0518)	(0.0420)	(0.0412)	(0.0396)	(0.0545)	(0.0423)	(0.0547)	(0.0454)	(0.0857)
本科	0.459***	0.525***	0.506***	0.399***	0.614***	0.500***	0.349***	0.493***	0.607***	0.462***	0.616***	0.405***	0.237**
	(0.0311)	(0.0413)	(0.0430)	(0.0483)	(0.0550)	(0.0400)	(0.0475)	(0.0468)	(0.0680)	(0.0501)	(0.0682)	(0.0550)	(0.106)
公司规模	0.194***	0.0890			0.224	0.00252	−0.0905	0.107	−0.398***				
	(0.0143)	(0.0986)			(0.170)	(0.126)	(0.121)	(0.110)	(0.137)				
公司规模×受教育年限		0.0137			0.00269	0.0271*	0.0287*	0.00776	0.102***				
		(0.0119)			(0.0195)	(0.0148)	(0.0147)	(0.0134)	(0.0168)				

续表

变量	OLS 估计				QR				选择性偏差分析			
	(1)	(2)	(3)小公司	(4)大公司	(5)	(6)	(7)	(8)总体	(9)总体	(10)小公司	(11)小公司	(12)大公司	(13)大公司
	小时工资对数	小时工资对数	小时工资对数	小时工资对数	q25	q50	q75	小时工资对数	select	小时工资对数	select	小时工资对数	select
公司规模×高中		−0.00429 (0.0579)			0.0907 (0.0834)	−0.0818 (0.0659)	−0.130* (0.0731)	0.00110 (0.0633)	−0.126 (0.0848)				
公司规模×专科		−0.153*** (0.0554)			−0.233*** (0.0809)	−0.206*** (0.0634)	−0.114* (0.0649)	−0.0975 (0.0612)	−0.310*** (0.0984)				
公司规模×本科		−0.153** (0.0652)			−0.281*** (0.0924)	−0.216*** (0.0742)	−0.0197 (0.0791)	−0.103 (0.0727)	−0.311** (0.122)				
子女数									−0.0909*** (0.0170)		−0.122*** (0.0193)		−0.0259 (0.0359)
父母60岁以上									−0.0311 (0.0414)		−0.0602 (0.0480)		0.0557 (0.0854)
LR									2.83*		3.86**		−0.0016

续表

变量	OLS 估计				QR			选择性偏差分析				
	(1)	(2)	(3)小公司	(4)大公司	(5)	(6)	(7)	(8)总体	(9)总体	(10)小公司	(11)	(12)大公司	(13)
	小时工资对数	小时工资对数	小时工资对数	小时工资对数	q25	q50	q75	小时工资对数	select	小时工资对数	select	小时工资对数	select
N	10,973	10,973	6,130	4,843	10,973	10,973	10,973	15,201	15,201	9,637	9,637	5,564	5,564
R-squared	0.361	0.361	0.312	0.358	0.2282	0.230	0.22056						

注：①括号内为标准误；② *** p<0.01, ** p<0.05, * p<0.1；③表中省略了控制变量（性别、地区、工作经验、工作经验平方）及常数项的估计结果。

表4—18　文凭效应公司规模差异的计量分析（IV 估计和综合模型分析）

变量	IV 估计 (1) 总体 小时工资对数	(2) 小公司 小时工资对数	(3) 大公司 小时工资对数	(4) 小时工资对数	综合模型估计 总体 (5) select	(6) 小时工资对数	小公司 (7) 小时工资对数	(8) select	(9) 小时工资对数
受教育年限	0.120*** (0.0347)	0.0986*** (0.0347)	0.167* (0.0861)			0.0891** (0.0390)			0.0568 (0.0409)
高中	0.0412 (0.207)	0.153 (0.209)	0.0988 (0.401)			0.125 (0.236)			0.332 (0.247)
专科	0.353** (0.168)	0.344** (0.167)	−0.131 (0.252)			0.476** (0.204)			0.288 (0.219)
本科	0.437*** (0.139)	0.471*** (0.137)	0.203 (0.322)			0.510*** (0.181)			0.370* (0.204)
公司规模×受教育年限	−0.00419 (0.0874)					0.0320 (0.123)			
公司规模×高中	0.284 (0.430)					0.134 (0.576)			
公司规模×专科	−0.420 (0.296)					−0.587 (0.405)			

续表

变量	IV 估计				总体		综合模型估计	小公司	
	(1) 总体 小时工资对数	(2) 小公司 小时工资对数	(3) 大公司 小时工资对数	(4) 小时工资对数	(5) select	(6) 小时工资对数	(7) 小时工资对数	(8) select	(9) 小时工资对数
公司本科×本科	-0.0878 (0.337)					-0.180 (0.493)			
公司规模	0.105 (0.676)				0.281** (0.142)	-0.219 (0.963)			
配偶受教育年限				0.0315*** (0.00697)	-0.00867 (0.00857)		0.0239*** (0.00811)	-0.000398 (0.00869)	
配偶高中				0.252*** (0.0451)	0.148*** (0.0521)		0.256*** (0.0507)	0.108** (0.0522)	
配偶专科				0.176*** (0.0614)	0.499*** (0.0658)		0.101 (0.0778)	0.509*** (0.0660)	
配偶本科				0.256*** (0.0764)	0.760*** (0.0760)		0.160 (0.0985)	0.767*** (0.0763)	
配偶受教育年限×公司规模				0.00514 (0.0133)	0.0421** (0.0175)				

续表

变量	IV估计			综合模型估计					
	(1) 总体 小时工资对数	(2) 小公司 小时工资对数	(3) 大公司 小时工资对数	(4) 小时工资对数	(5) 总体 select	(6) 小时工资对数	(7) 小时工资对数	(8) 小公司 select	(9) 小时工资对数
配偶高中×公司规模				-0.0648 (0.0703)	0.0853 (0.101)				
配偶专科×公司规模				-0.0576 (0.0797)	-0.318*** (0.118)				
配偶本科×公司规模				0.0777 (0.0927)	-0.284** (0.140)				
子女数					-0.163*** (0.0212)			-0.168*** (0.0239)	
父母60岁以上					0.0925* (0.0481)			0.0895 (0.0558)	
lambda					-0.528*** (0.156)	-0.141 (0.192)		-0.787*** (0.217)	-0.410* (0.242)
N	8,660	4,777	3,883	11,063	11,063	7,489	6,973	6,973	4,046

续表

变量	IV 估计			综合模型估计					
	(1) 总体	(2) 小公司	(3) 大公司	总体		小公司		
	小时工资对数	小时工资对数	小时工资对数	(4) 小时工资对数	(5) select	(6) 小时工资对数	(7) 小时工资对数	(8) select	(9) 小时工资对数
R-squared	0.346	0.301	0.344			0.359			0.322
内生性检验	22.1928***	21.0778***	23.0381***			3.89429***			3.04022**
弱工具变量检验	16.4217	36.6128	13.85			8.10135			22.4182

注：①括号内为标准误；② *** $p<0.01$，** $p<0.05$，* $p<0.1$；③表中省略了控制变量（性别、地区、工作经验、工作经验平方）及常数项的估计结果。

司子样本中并不存在显著的选择性偏差,因此此处只进行了总体样本和小公司样本的综合模型估计,结果见表中第(4)—(9)列。从总体估计上看,反米尔斯比率的拟合系数为负数但并不显著,内生性检验显示具有显著的内生性问题,弱工具变量检验小于10,可能存在一定的弱工具变量风险。从教育文凭与公司规模的交叉项系数上看,均不显著,但专科和本科层次的系数为负数,再次验证了大公司在高等教育层次上的文凭效应小于小公司相应层次的文凭效应。从小公司样本的综合模型估计结果上看,反米尔斯比率是显著小于零的,内生性检验和弱工具变量检验都证明此子样本估计是有效的。从具体结果上看,在纠正内生性问题和选择性偏差之后,小公司下生产性收益率仅为5.68%,但高中、专科、本科的文凭效应分别达到了39.4%、33.4%、44.8%,且在本科层次是显著的。

综上分析,多种计量方法表明,教育文凭的信号价值存在着公司规模差异,大公司各级教育的文凭效应均低于小公司相应层次的文凭效应,尤其是在专科和本科层次,文凭效应的公司规模差异是显著的。该计量结果验证了前文理论分析中的推论,大公司由于内部劳动力市场发育较为成熟,劳动力工资决定机制除市场性因素外更多的是受内部市场的调节,教育文凭并不能给在大公司下工作的样本带来较高的额外收益。而小公司由于规模较小,尚未建立健全内部劳动力市场制度,市场化程度较高,需要教育文凭来彰显能力以获取工作,带来额外价值。

第七节 不同劳动力市场分割下的文凭信号价值表现

新古典经济学关于劳动力市场完全竞争的假设被许多研究者所质疑,无论是发达国家,还是发展中国家,劳动力市场不完全竞争状态明显存在,劳动力市场分割是一种普遍现象。同样地,受制度性或社会歧视性因素的影响,中国劳动力市场中也存在着多重分割,主要表现在城乡分割、部门分割、职业分割、地区分割、性别分割等,不同时代下的市场分割特征和形式存在差异,研究者们既对中国劳动力市场分割的特征及其变化趋势进行了大量研究,也探究了劳动力市场分割背景下劳动力工资决定机制及其相关因素,教育或人力资本是劳动力工资决定机制中的重要因素，大量研究分析了教育或人力资本作用的市场差异，取得了一系列研究成果。然而，很少研究关注到，教育因素本身也可以进一步分解，教育在劳动力市场中发挥的作用并不是唯一的，其中经典的分类便是教育的生产性功能和信号功能，本章的核心关注点是，在分解教育功能的基础上，分析教育的信号功能如何在不同的劳动力市场中发挥作用，换言之，在市场分割现实存在条件下，教育信号功能是否存在市场差异。主要选取了五种代表性的市场分割类型，分别是性别分割、部门分割、地区分割、职业分割、公司规模分割，不同市场分割类型下文凭效应的研究结果如图4—1所示。

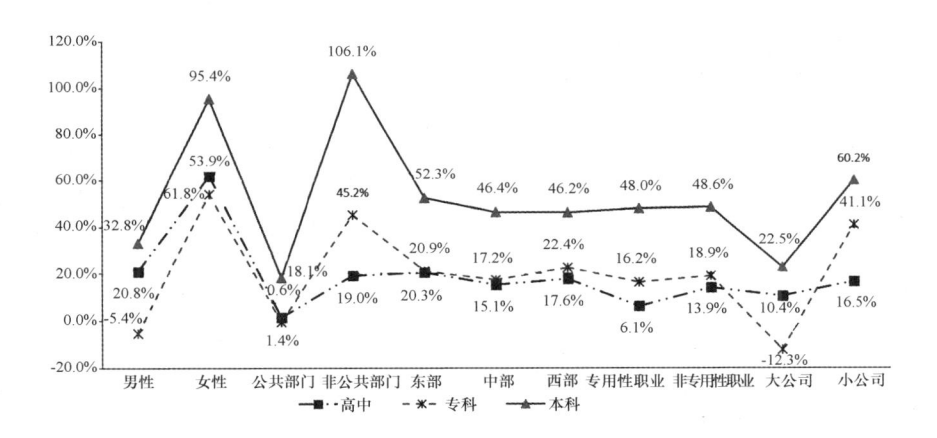

图4—1 劳动力市场分割下各级教育文凭效应的计量结果

研究结果呈现出教育文凭在分割化的劳动力市场中发挥信号作用的三大特征：一是研究结果证明劳动力市场分割的确会影响教育信号功能的发挥及其作用大小，这一点从上图中三条波动的文凭效应曲线可以明显看出；二是作用的大小与市场中存在的社会歧视性因素相关，由于传统社会观念、旧时代管理制度等因素的影响，中国劳动力市场中存在着明显的性别歧视和户籍歧视，这些歧视性观念将女性或乡村户口等劳动力隔离开来，这些被歧视群体很难获得平等的就业机会和薪资待遇，需要比其他类型群体展示更多的能力信息才有可能进入其他群体所从事的岗位，教育文凭充当了他们的能力信号装置，帮助他们获取相应收益；三是作用大小与市场化程度成正比，市场化程度越高，教育文凭发挥作用的可能性越大、文凭效应越高。对于那些内部劳动力市场较为完善、受计划经济政策及其残留影响较重、实行"论资排辈制""年资工资制"等类型的企事业单位,市场竞争程度较低,市场性因素对劳动力工资水平的作用强度并不大,也并不需要或强调教育文凭帮助他们获取收入及岗位提升,文凭效应较小。而那些小型企事业单位、市场化体制改革过程中新兴企业等受市场化因素的影响更重,市场化程度较高,劳动力工资水平反映的是市场出清状态下边际劳动生产率,劳动力需要教育文凭的信号功能来参与市场竞争,获取岗位及收入,文凭效应较高。

第五章　家庭资本与文凭效应

改革开放以来，伴随着经济持续高速增长，中国在教育模式和劳动力市场机制等上发生着剧烈的变革。随着经济发展而日益增长的高素质人才需求推动了教育模式的改革与创新，国家教委在 20 世纪 90 年代先后启动的"211 工程建设""985 工程建设"是适应经济发展需要而进行教育政策改革的伊始。1999 年启动的高等教育扩招正式昭示着中国高等教育跨越式发展的启动，高等教育毛入学率急速增长，2002 年就达到了 15%，顺利实现了由精英教育模式向大众化教育模式的过渡，2018 年高等教育毛入学率更是达到了 48.1%，正朝着高等教育普及化阶段迈进。与这种教育模式的剧烈变革相生相伴的是高素质人才供给的高速增长，自 2003 年起，每年均有几百万全国普通高校毕业生走向劳动力市场寻求岗位，据公开数据显示，2005 年为 338 万人，2015 年则达到了 749 万人，短短十年间，毕业生人数增长了 121.6%，规模增长比"翻一番"还高。与此同时，中国高素质劳动力资源配置机制经历着由计划体制向市场化的过渡，毕业生就业政策由最原始的"统包统分、包当干部"的政府计划分配性模式向"自主择业"市场化配置路径演变，高校毕业生进入劳动力市场后完全需要自主寻求职业与岗位。如此现实背景下，严峻的劳动力就业问题成了当前个人、家庭、政府和社会等普遍关注的焦点。越来越多的研究发现，单纯的教育投资已经难以保障实现个人就业及其收入获取等，家庭资本和社会资源等非市场性因素已经渗入劳动力就业选择及其收入分配中来，并发挥着越来越重要的作用。本章将在前人研究的基础上，继续探讨在"人情关系"纷繁复杂的中国劳动力市场中，教育文凭的信号功能将如何行使。细言之，作为个人"社会资本"核心代表的"家庭资本"在个人就业及其收入分配中如何与教育文凭的信号功能发生交互作用，是替代还是互补？

第一节 家庭资本类型及对就业的干扰效应

社会网络关系在个人职业发展中发挥着越来越重要的作用，已是不争的事实，而在以"伦理本位""血缘关系""新传统主义"等为特征的中国传统文化中，社会网络关系很大部分源自家庭或家族"血缘关系"的延伸和拓展[①]，某种程度上说，在中国现实环境中，"家庭资本"是决定"社会资本"规模和质量的核心因素。家庭资本在一定程度上决定了个人拥有的社会资本存量和社会网络关系规模。接下来，本书将结合已有研究基础和社会资本理论，提出本章的研究假说。

中国的现实是，"家庭"是中国经济社会的基本单元和"细胞"组织，受传统文化及血缘关系等根深蒂固的影响，"家庭"对个人整个发展过程中都有着极其重要的作用和影响，"家庭资本"是个人拥有并随时能够拿来运用以达到特定行动目的的一种有效、可持续的资源，类似于"社会资本"的划分，可以将"家庭资本"划分为三部分：家庭人力资本、家庭经济资本、家庭社会资本。同样地，这三类"家庭资本"之间在特定条件下可以进行转化。家庭人力资本更多的是反映家庭成员具有的文化知识程度、培训经历以及工作经验等狭义的资本，也有研究者将家庭客观或体制环境状态下具象的文化资源（如图书、藏品等）、内在抽象的道德修养等作为家庭人力资本的范畴。常见衡量家庭人力资本的代表性变量有父母受教育程度、父母培训经历等。家庭经济资本反映的是家庭所拥有的外在的、可转换的、以财产权形式制度化的经济资源，常用父母收入水平、家庭经济地位等作为操作化指标。家庭人力资本和家庭经济资本都是家庭所独立占有的、排他性的资源，而家庭社会资本则是嵌入社会关系网络之中、无形的、有强弱之分且可被用来实现特定性工具目的的有价值资源，常用父母工作单位、党政关系、社会声望等为

[①] 梁漱溟：《中国文化要义》，上海人民出版社 2005 年版；Walder Andrew G., "Property rights and stratification in socialist redistributive economies", *American Sociological Review*, Vol. 57, No. 4, 1992；李黎明、张顺国：《影响高校大学生职业选择的因素分析——基于社会资本和人力资本的双重考察》，《社会》2008 年第 2 期。

操作性指标。

目前文献中关于家庭资本与就业及收入分配的研究大致可以归纳为三条路径（图5—1呈现了三条研究路径）：一是，家庭资本的间接作用分析路径。通过分析家庭资本对子女教育获得的影响，进而影响子女的就业及其收入问题。该条路径的焦点在于分析家庭背景因素如何在子女受教育过程中发挥作用以及家庭资本的代际传递机制引起的教育资源分配问题，落脚点在于教育资源分配及教育表现差异将会影响到子女未来的职业发展及其收入分配状况。如李春玲在结合中国社会政治变迁的历史背景下，利用1940—2001年的家庭调查数据，分析家庭背景如何对个人的教育机会和教育年限产生影响，发现教育机会平等在不同年代间存在巨大差异，1940—1978年是从极端的不平等状态演化到极端的平等状态，1978年之后，教育机会不平等问题加重。[1] 同样从历史角度出发，李煜认为教育不平等的产生与制度变迁密切相关，恢复高考之后家庭资本（主要是教育背景，以父母受教育水平衡量）对后代教育程度有重要影响，呈现出一种文化再生产模式，而随着经济市场化的推动，家庭阶层背景对教育获得的影响开始显现，此时呈现的是资源转换与文化再生产双重模式。[2] 再将家庭资源划分为内生性资源（家庭内部结构及其教育程度，不受制度变迁影响）和外生性资源（家庭与外在社会的联系，与外界环境变化密切相关）之后，刘精明认为在对中国基础教育阶段教育不公平的影响中内生性因素的作用更具持续性，而外生性因素的作用波动较大。[3] 另外，也有大量研究关注家庭资本如何影响子女的教育表现，如卢德格尔·沃蓓曼认为父母受教育程度显著影响子女的学业成绩[4]，而杨·吉恩和康利·道尔顿则认为家庭经济资本对子女学业成绩影响较弱

---

[1] 李春玲：《社会政治变迁与教育机会不平等》，《中国社会科学》2003年第3期。
[2] 李煜：《制度变迁与教育不平等的产生机制——中国城市子女教育的获得（1966—2003）》，《中国社会科学》2006年第4期。
[3] 刘精明：《中国基础教育领域中的机会不平等及其变化》，《中国社会科学》2008年第5期。
[4] Wößmann L., "Educational production in East Asia: the impact of family background and schooling policies on student performance", *German Economic Review*, Vol. 6, No. 3, 2005.

且与外界经济发展水平及社会文化环境等有关①、杨宝琰和万明钢则利用甘肃省某县初中毕业生数据将家庭资本对子女学业成绩的影响区分为中介效应和调节效应后发现,父亲受教育程度对子女学业成绩的影响表现为直接作用,而经济资本则是通过中介作用产生影响。② 使用这一路径的研究文献还有很多,在此不再进行梳理。

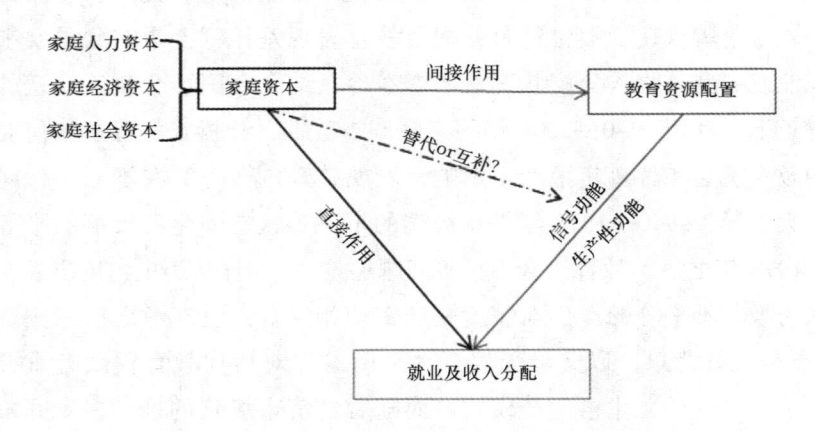

图5—1 关于家庭资本与就业及收入分配研究的路径分析

二是家庭资本的直接作用分析路径。家庭资本不仅在子女受教育过程中发挥着重要作用,并且在子女后续工作找寻及职业发展中产生着持续的影响力。为此,研究者们也直接探讨了家庭资本对子女就业及其收入分配的直接影响。大多通过选取家庭收入、父母双方受教育程度、父母职业、父母党政关系等代理指标来衡量家庭资本的规模③,也有学者直

---

① Yeung W. J., Conley D., "Black-white achievement gap and family wealth", *Child Development*, Vol. 79, No. 2, 2008.
② 杨宝琰、万明钢:《父亲受教育程度和经济资本如何影响学业成绩——基于中介效应和调节效应的分析》,《北京大学教育评论》2015年第2期。
③ 文东茅:《家庭背景对我国高等教育机会及毕业生就业的影响》,《北京大学教育评论》2005年第3期;李泽彧、谭净:《人力资本和社会资本双重作用下的研究生就业分析》,《现代大学教育》2011年第2期。

接对家庭资本拥有状况或者家庭资本使用状况等进行测度[1]。家庭资本的直接作用表现在多个方面，工作找寻努力程度、找寻成本、就业预期、职业选择、岗位获得、起薪、岗位晋升等。

三是家庭资本与人力资本对就业及收入影响的交互作用分析路径。这种路径的分析主要集中于探讨家庭资本与人力资本在个人就业及收入分配中彼此间的作用关系，究竟是互补（两者共同作用）还是替代（两者只需其中一个发挥作用）[2]、何种资本对工作获取或者收入更为重要[3]、以及这种关系是否会随着学历层次、劳动力市场竞争程度或者时间变化而发生变化等。[4]

既有文献在关于家庭资本、人力资本与就业及收入分配间关系的研究上取得了大量成果，推动了人力资本理论、社会资本理论等理论的发展，然而，需要注意的是，教育在个人工作找寻过程中至少存在两大经济功能：一是生产性功能，教育年限越多，自身的生产率更高；未来的工作效率更高，二是信息功能，在劳动力市场信息不对称情况下，雇主通过筛选潜在雇员的教育文凭来筛选高能力员工，以避免逆向选择问题。那么，在家庭资本的作用下，教育的两大经济功能又将分别如何体现？理论上可以进行两种推断：一是家庭资本可以帮助个人获取更多的就业及岗位相关信息，能够更好地实现工作匹配，个人获取的教育文凭也更能体现自身在某个"匹配"岗位下的能力，更大地发挥教育信号功能，因此文凭效应较大，同时也因进入更匹配的工作岗位带来更高的生产效

---

[1] 陈成文、谭日辉：《社会资本与大学生就业关系研究》，《高等教育研究》2004年第4期；阎凤桥、毛丹：《影响高校毕业生就业的社会资本因素分析》，《复旦教育论坛》2008年第4期；杜桂英、岳昌君：《高校毕业生就业机会的影响因素研究》，《中国高教研究》2010年第11期；马莉萍、丁小浩：《高校毕业生求职中人力资本与社会资本关系作用感知的研究》，《清华大学教育研究》2010年第1期。

[2] 赖德胜、孟大虎、苏丽锋：《替代还是互补——大学生就业中的人力资本和社会资本联合作用机制研究》，《北京大学教育评论》2012年第1期；马莉萍、丁小浩：《高校毕业生求职中人力资本与社会资本关系作用感知的研究》，《清华大学教育研究》2010年第1期。

[3] 胡永远等：《个人社会资本对大学生就业市场的影响》，《中国人口科学》2007年第6期；杜桂英、岳昌君：《高校毕业生就业机会的影响因素研究》，《中国高教研究》2010年第11期。

[4] 阎凤桥、毛丹：《影响高校毕业生就业的社会资本因素分析》，《复旦教育论坛》2008年第4期；徐晓军：《大学生就业过程中的双重机制：人力资本与社会资本》，《青年研究》2002年第6期。

率，个人收入也将提高，生产性功能也发挥最大。家庭资本与教育功能呈现出"互补"模式；二是家庭资本在劳动力市场中发挥着实质性的强影响，直接影响个人工作岗位及其收入分配结果，教育的两大功能（尤其是信号功能）的作用并不大，甚至极端情况下可以被忽略，家庭资本与教育功能呈现出一种"替代"模式。在区分教育的两大经济功能下，家庭资本与教育功能之间到底是替代还是互补？这个需要更多的实证研究进行验证。这个问题可以看作对第三条研究路径的扩展和延伸，但目前所搜寻到的国内文献并未回答这个问题，而在国外文献中也仅搜寻到少量实证性文章对此问题进行分析，如欧内克[1]、里德尔[2]在控制了受教育年限下拥有文凭的人比没有文凭的人具有更高的收益率，控制家庭背景（父母受教育程度）的变量后，文凭效应则大大下降。而沙巴尔却发现在控制受教育年限下，家庭资本（父亲教育程度、父亲收入和母亲收入）并不会影响文凭效应[3]，由此可见，既有研究在结论上并未取得一致。有鉴于此，本章将在参考国外研究文献基础上，扩展国内关于这一研究的文献，在区分教育的生产性功能和信息功能的前提下探讨家庭资本与文凭效应之间的作用关系。结合已有研究文献并基于 CGSS 历年调查问卷及其数据，本章选取了四个操作化指标，分别是父母受教育程度、父母单位类型、父母职业类型以及家庭经济地位，分别考察家庭人力资本、家庭社会资本以及家庭经济资本这三种类型的家庭资本如何在劳动力就业及收入变化过程中与教育信息功能发生交互作用。

第二节　父母教育程度与子女的文凭效应

一　数据处理与说明

本章首先探讨的是家庭人力资本如何影响子女文凭价值的发挥，选

---

[1] Olneck Michael, "The Effects of Education", Christopher Jencks C. et al. ed., *Who gets ahead? The determinants of economic success in America*. New York: Basic Books, 1977: 159-190.

[2] Riddell C. W., *Understanding "Sheepskin Effects" in the returns to education: The role of cognitive skills*. Canada: Department of Economics, University of Toronto, 2008.

[3] Shabbir T., "Sheepskin Effects of Investment in Schooling: Do They Signal Family Background? Case of Pakistan", *Pakistan Journal of Commerce & Social Sciences*. Vol. 7, No. 1, 2013.

取的操作化指标是"父母受教育程度",在 CGSS 调查问卷中均有询问被调查个体父母的最高受教育程度状态,详细的分布如表 5—1 所示。本书将只要父母双方中任一方接受了"专科"(非全日制)、"专科"(全日制)、"本科"(非全日制)、"本科"(全日制)或"研究生及以上"教育的样本归为一组,该组群体定义为"父母接受了高等教育"(取值为1)。父母双方都未接受上述五种类型教育的样本归为"父母未接受高等教育"组(参照组,取值为0)。有关变量详细的描述性统计分析见表 5—2。在调查样本中父母中有一方接受了高等教育的样本数有 887 个,占总分析样本的 6.2%。父母接受了高等教育的样本的平均小时工资对数为 2.836,比父母未接受高等教育的样本的小时工资对数(2.251)高出26%,说明接受过高等教育的父母确实能够给个人带来经济上的影响。从平均受教育年限上看,父母接受了高等教育的样本的平均受教育年限比父母未接受高等教育的样本的平均受教育年限要高出 3.04 年,同时,各教育文凭变量的平均数均要高于父母未接受高等教育的样本,表明接受了高等教育的父母会影响下一代子女的受教育程度,可能的原因是这些父母们更能理解和重视受教育的重要性,更能指导和影响子女的教育选择与意愿,他们在日常的生活行为、处事态度等也会在潜移默化中影响子女的教育努力程度和自主学习积极性。这也就是前文所提到的家庭资本的间接作用途径,影响了下一代子女的教育资源配置状况。接下来,将通过多种计量方法来探究除了这种间接作用机制外,家庭资本如何在劳动力市场中直接影响子女的就业及其收入分配问题,以及与教育文凭之间可能存在的交互作用关系。

表 5—1　　　　　　历年调查中父母受教育程度的分布状况

最高受教育程度	父亲 N	父亲 %	母亲 N	母亲 %
未接受教育	2,748	19.10	5,401	37.54
私塾	1,147	7.970	740	5.140
小学	4,290	29.82	4,111	28.57
初中	3,195	22.21	2,409	16.74
职业高中	152	1.060	98	0.680

续表

最高受教育程度	父亲 N	父亲 %	母亲 N	母亲 %
普通高中	1,431	9.950	890	6.190
中专	493	3.430	345	2.400
技校	66	0.460	30	0.210
专科（非全日制）	167	1.160	92	0.640
专科（全日制）	223	1.550	108	0.750
本科（非全日制）	96	0.670	21	0.150
本科（全日制）	269	1.870	96	0.670
研究生及以上	17	0.120	4	0.0300
其他	93	0.650	42	0.290
Total	14,387	100	14,387	100

表5—2　　不同分组下各变量的描述性统计分析

变量	父母未接受高等教育 N	均值	标准差	父母接受高等教育 N	均值	标准差
小时工资对数	10450	2.251	0.903	697	2.836	0.864
受教育年限	13161	11.32	3.467	887	14.36	2.180
高中	13213	0.599	0.490	887	0.945	0.229
专科	13213	0.170	0.376	887	0.301	0.459
本科	13213	0.135	0.342	887	0.432	0.496
配偶受教育年限	9545	10.74	3.787	582	14.16	2.864
配偶高中	9545	0.520	0.500	582	0.881	0.324
配偶专科	9545	0.124	0.330	582	0.253	0.435
配偶本科	9545	0.122	0.328	582	0.419	0.494
性别	13220	0.596	0.491	887	0.536	0.499
东部	13220	0.529	0.499	887	0.656	0.475
中部	13220	0.272	0.445	887	0.194	0.396
工作经验	13137	20.54	10.85	879	15.76	10.18
工作经验平方	13137	539.5	465.4	879	352.0	374.9
子女数	13175	1.057	0.757	886	0.707	0.558
父母60岁以上	11602	0.714	0.452	837	0.645	0.479

二　计量结果与分析

多种计量方法下的拟合结果如表5—3所示，从OLS估计结果上看［第（1）列］，"父母接受高等教育"变量的系数大于零且是高度显著的，表明父母是否接受高等教育会显著影响子代的收入。从父母是否接受高等教育与各教育文凭的交叉项系数上看，均大于零且在高中和本科层次是显著的，表明，父母接受了高等教育能够提高子女教育文凭的信号价值，可能的原因有两方面：一是相对而言，父母接受了高等教育能够帮助子女理性地选择未来的就业方向、岗位或职业等，提高子女所学知识与岗位要求的匹配程度，这样可以更好地体现教育文凭的信号价值，提高文凭效应；二是父母接受了高等教育这一事实本身就发送了能力信息，也一定程度上表明了其子女可能具有高能力，在相同教育文凭条件下，雇主可能更愿意招聘那些父母接受过高等教育的个人，从而外在表现为这些群体的文凭效应较高。从此结果上看，以父母受教育程度为代表的家庭人力资本与教育文凭之间呈现出"互补"效应，家庭人力资本越好的个人更能发挥出教育文凭的信号价值。

从分位数回归结果上看［第（2）—（4）列］，家庭人力资本对低分位收入群体文凭效应的影响更大，在所有教育层次上均是显著的，在中分位收入群体中都存在正向影响，但只有在本科层次显著，而在高分位收入群体上都是正向影响且均不显著，由此说明，家庭人力资本与教育文凭之间的交互作用存在着收入异质性，子女收入水平越高，交互作用越低。可能的原因是，收入越高的个体自身能力本来就强，具有更多的能力信号发送渠道，能够自主实现教育能力信号与工作需求之间的内在匹配，相对那些低收入群体而言，他们并不需要家庭人力资本帮助他们发挥教育文凭的信号价值。

表中第（5）—（6）列呈现了样本选择偏差分析结果，从拟合的最大似然比检验上看，系数是显著大于零的，表明样本估计中确实存在着选择性偏差，需要进行选择性偏差纠正。决策变量"子女数"和"父母60岁以上"的拟合系数均显著小于零，表明子女数量和父母是否超过60岁均会影响子女是否进入劳动力市场的选择。从各教育文凭与父母受教育程度的交叉项系数上看，均大于零且在高中和本科层次是显著的，拟

表5-3　各层级教育文凭效应的计量分析

变量	OLS (1) 小时工资对数	QR (2) q25	QR (3) q50	QR (4) q75	选择性偏差分析 (5) 小时工资对数	选择性偏差分析 (6) 样本选择	IV估计 (7) 小时工资对数	综合模型估计 (8) 小时工资对数	综合模型估计 (9) 样本选择	综合模型估计 (10) 小时工资对数
受教育年限	0.0729*** (0.00528)	0.0803*** (0.00848)	0.0713*** (0.00749)	0.0664*** (0.00562)	0.0686*** (0.00676)	0.0779*** (0.00533)	0.113*** (0.0289)			0.0617 (0.0429)
高中	0.162*** (0.0275)	0.138*** (0.0399)	0.244*** (0.0350)	0.211*** (0.0317)	0.150*** (0.0304)	0.132*** (0.0296)	0.197 (0.163)			0.337* (0.192)
专科	0.218*** (0.0274)	0.260*** (0.0404)	0.202*** (0.0348)	0.169*** (0.0288)	0.181*** (0.0308)	0.488*** (0.0363)	0.156 (0.124)			0.220 (0.138)
本科	0.441*** (0.0320)	0.467*** (0.0442)	0.350*** (0.0405)	0.354*** (0.0371)	0.412*** (0.0361)	0.609*** (0.0440)	0.400*** (0.111)			0.508*** (0.131)
父母高等教育×受教育年限	-0.0846** (0.0427)	-0.138*** (0.0528)	-0.0921 (0.0590)	-0.0468 (0.0952)	-0.0814* (0.0429)	-0.00984 (0.0525)	-0.0356 (0.0409)			-0.0552 (0.0491)
父母高等教育×高中	0.391** (0.192)	0.547** (0.237)	0.416* (0.259)	0.199 (0.467)	0.353* (0.201)	-0.0546 (0.232)	0.362 (0.640)			0.727 (0.783)
父母高等教育×专科	0.192 (0.153)	0.324* (0.177)	0.267 (0.218)	0.0572 (0.310)	0.232 (0.155)	-0.188 (0.191)	0.254 (0.452)			0.124 (0.506)

续表

变量	OLS (1) 小时工资对数	QR (2) q25	QR (3) q50	QR (4) q75	选择性偏差分析 (5) 小时工资对数	选择性偏差分析 (6) 样本选择	IV 估计 (7) 小时工资对数	综合模型估计 (8) 小时工资对数	综合模型估计 (9) 样本选择	综合模型估计 (10) 小时工资对数
父母高等教育×本科	0.336* (0.188)	0.473** (0.227)	0.434* (0.269)	0.261 (0.404)	0.331* (0.190)	−0.0540 (0.235)	0.337* (0.182)			0.311* (0.196)
父母高等教育	0.776** (0.388)	1.242** (0.486)	0.762 (0.534)	0.587 (0.736)	0.766** (0.391)	0.196 (0.461)	0.387 (0.672)	−0.310 (0.339)	0.520 (0.429)	0.271 (0.559)
子女数						−0.201*** (0.0126)			−0.251*** (0.0152)	
父母60岁以上						−0.0996*** (0.0313)			0.154*** (0.0363)	
配偶受教育年限								0.0214*** (0.00666)	0.0393*** (0.00529)	
配偶高中								0.225*** (0.0355)	0.278*** (0.0332)	
配偶专科								0.160*** (0.0366)	0.318*** (0.0433)	

续表

变量	OLS	QR			选择性偏差分析		IV 估计		综合模型估计	
	(1) 小时工资对数	(2) q25	(3) q50	(4) q75	(5) 小时工资对数	(6) 样本选择	(7) 小时工资对数	(8) 小时工资对数	(9) 样本选择	(10) 小时工资对数
配偶本科								0.317*** (0.0425)	0.544*** (0.0504)	
配偶受教育年限 × 父母高等教育								0.0402 (0.0394)	-0.0292 (0.0511)	
配偶高中 × 父母高等教育								0.119 (0.202)	-0.131 (0.249)	
配偶专科 × 父母高等教育								-0.244 (0.163)	0.0575 (0.211)	
配偶本科 × 父母高等教育								-0.288 (0.200)	0.141 (0.263)	
lambda									-0.392*** (0.0798)	-0.188 (0.122)
LR test						8.38***				
Observations	11,096	11,096	11,096	11,096	28,158	28,158	8,889	20,698	20,698	7,681

续表

变量	OLS	QR		选择性偏差分析		IV 估计		综合模型估计	
	(1)	(2)	(3)	(4)	(5)	(6)	(7)	(8)	(9)	(10)
	小时工资对数	q25	q50	q75	小时工资对数	样本选择	小时工资对数	小时工资对数	样本选择	小时工资对数
R-squared	0.347	0.2134	0.2183	0.2013			0.335			0.358
内生性检验							24.199***			2.9558***
弱工具变量检验							25.5266			15.3141

注：①括号内为标准误；②*** p<0.01，** p<0.05，* p<0.1；③表中并未呈现控制变量（性别、地区、工作经验、工作经验平方）和常数项的估计结果。

合结果与 OLS 估计结果的方向是一致的，从具体数值上看，父母接受了高等教育的个人的高中、专科和本科教育的文凭效应比父母未接受高等教育的个人的文凭效应分别高出 42.3%、26.1% 和 39.2%。

从 IV 估计结果上看［表中第（7）列］，内生性检验显示样本估计中存在着显著的内生性问题，弱工具变量检验结果也表明使用配偶受教育年限和教育文凭作为工具变量是可取的，该 IV 估计是有意义的。从具体结果上看，各教育文凭与父母受教育程度的交叉项系数是正数但仅在本科层次是显著的，父母接受了高等教育的个人的高中、专科和本科教育的文凭效应比那些父母未接受教育的个人的文凭效应分别高出 43.6%、28.9% 和 40.1%。

为同时纠正选择性偏差和内生性问题，本书同样使用了综合模型进行了拟合估计，估计结果如表中第（8）—（10）列所示，内生性检验再次证明了内生性问题，弱工具变量检验也验证了配偶受教育年限并不是"弱工具变量"。从交叉项系数上看，均为正数且在本科层次是显著的。这与前面的计量分析结论是一致的。

综上分析，在对个人劳动力市场就业及其收入分配的作用上，家庭人力资本与教育文凭之间呈现出"互补"效应，家庭人力资本越高，个人能够更好地发挥教育文凭的信号价值，文凭效应越高。也就是说，家庭人力资本能够一定程度上转换成子女的信号资本，实现家庭人力资本的代际传递[①]。

第三节 父母工作单位与子女的文凭效应

一 数据处理与说明

接下来本章将分析的是在子女就业及其收入增长过程中，家庭社会资本与教育文凭如何发生交互作用，选取的操作化变量为父母单位类型和父母职业类型。本书将对这两种类型变量分别作计量分析。

[①] 这种代际传递机制与前面一节中"家庭资本间接作用机制影响子女教育资源分配，从而实现代际传递"的含义是不一致的，前者更多体现的是对子女受教育的影响，是一种中间效应，而此处的代际传递体现的是在劳动力市场中的直接效应之一（另一个是直接提升子女收入），通过与子女教育文凭的交互作用，直接转换成子女在劳动力市场中的就业与收入分配优势。

父母工作单位的详细分布见表5—4所示,本书将"党政机关""事业单位"和"军队"三种单位类型合并为"强单位类型"(只要父母中任一方是,则取值为1),"企业""社会团体""无单位/自雇/自办企业""其他"四种单位类型合并为"弱单位类型"(父母双方都是,则取值为0,参照组)。这种划分的依据是,在目前中国社会中,相对而言,"党政机关""事业单位"和"军队"属于权力性部门,掌握着中国社会各方面事务管理权限和资源配置力量,在这些单位工作的群体更容易接触到一些有实权、社会关系强、人脉广等特点的社会人士,建立的社会网络关系较为紧密且价值性较强,可以给子女带来更多实质性帮助。而其他单位类型更多的是一些具体实业公司或组织,掌握的权力和拥有的资源相对较少,建立的社会关系的广度、强度和力度相对较弱。从理论上说,父母在强单位类型工作的个人能够利用所拥有的家庭社会资本帮助自己获取工作岗位、职位晋升或者工资提升,这些实质性的帮助或影响能够降低教育文凭的信号价值,两者呈现出"替代"效应。接下来将通过多种计量分析方法进行验证。

表5—4　　　　　　　　父母工作单位的分布状况

单位类型	父亲 N	%	母亲 N	%
党政机关	515	5.060	125	1.510
企业	3,251	31.92	2,171	26.18
事业单位	1,286	12.63	750	9.040
社会团体	129	1.270	75	0.900
无单位/自雇/自办企业	4,681	45.96	5,050	60.89
军队	82	0.810	27	0.330
其他	242	2.380	95	1.150
Total	10,186	100	8,293	100

详细的变量描述性统计分析见表5—5所示,从平均小时工资对数数值上看,父母在强单位类型工作的个人的收入(2.582)要高出父母在弱单位类型工作的个人的收入(2.290),表明父母工作单位类型强弱与个

人收入呈正相关。父母在强单位类型工作的个人的平均受教育年限比父母在弱单位类型工作的个人的受教育年限高 2.01 年，各教育文凭的平均值也是前者要高于后者。

表 5—5　　　　　　　　各变量的描述性统计分析

变量	弱单位类型 N	弱单位类型 均值	弱单位类型 标准差	强单位类型 N	强单位类型 均值	强单位类型 标准差
小时工资对数	7210	2.290	0.891	1883	2.582	0.844
受教育年限	8342	11.27	3.527	2194	13.28	2.851
高中	8345	0.585	0.493	2193	0.828	0.378
专科	8345	0.166	0.372	2193	0.264	0.441
本科	8345	0.136	0.343	2193	0.291	0.455
配偶受教育年限	6715	10.54	3.804	1760	12.78	3.345
配偶高中	6715	0.496	0.500	1760	0.759	0.428
配偶专科	6715	0.121	0.326	1760	0.195	0.396
配偶本科	6715	0.109	0.312	1760	0.269	0.444
性别	8346	0.610	0.488	2195	0.557	0.497
东部	8346	0.549	0.498	2195	0.530	0.499
中部	8346	0.263	0.440	2195	0.256	0.436
工作经验	8324	20.30	11.12	2181	19.29	10.45
工作经验平方	8324	535.8	473.9	2181	481.5	426.2

二　计量结果与分析

表 5—6 呈现了多种计量方法下的拟合结果，从传统的 OLS 回归上看［第（1）、（2）列］，父母单位类型会显著影响子代的收入水平，父母在强单位类型下工作的个人的收入要比父母在弱单位类型工作的个人的收入高出 4.4%。然而从各教育文凭与父母单位类型的交叉项系数上看，均是不显著的，高中和专科的拟合系数大于零，本科的拟合系数小于零但数值非常小。从分位数回归上看［第（3）—（5）列］，家庭社会资本与教育文凭之间的关系在低分位收入人群中呈现为替代效应，尤其是在专科和本科层次，而在高分位收入人群中呈现为互补效应，虽然拟合结果均不显著，但也能反映出一个现实，对于那些低收入低福利的岗位，

竞争并不激烈，单凭家庭社会资本就能一定程度上实现岗位的获取及其相应收入，文凭效应较低。而对于那些高收入高福利的岗位，竞争异常激烈，单纯的家庭社会资本并不能完全决定最终结果，需要辅助于教育文凭给自身带来的信号价值，两者呈现出互补模式。

从样本选择性偏差分析的结果上看［第（6）—（7）列］，样本估计模型中确实存在着选择性偏差问题，决策变量"子女数"和"父母60岁以上"均是显著小于零的，表明这些决定变量会影响到样本是否进入劳动力市场的选择。从具体交叉项系数上看，均不显著但为正数，表明家庭社会资本与教育文凭之间呈现为互补效应，具体来看，父母在强单位类型工作的个人的高中、专科和本科教育的文凭比父母在弱单位类型工作的个人的文凭效应分别高出7.5%、4.3%和2.3%。

从 IV 估计上看［第（8）列］，内生性检验显示样本模型中存在内生性问题，弱工具变量检验也证明配偶受教育年限和教育程度并不是弱工具变量。从具体结果上看，父母单位类型与高中和本科文凭的交叉项系数是正数，且在高中层次是显著的，表明，家庭社会资本与教育文凭之间在子女受教育程度为高中和本科层次时呈现为互补效应，父母在强单位类型工作的个人的高中和本科文凭比父母在弱单位类型工作的个人的文凭效应分别高出57.6%和7.4%。这也表明，在子女受教育程度较低时家庭社会资本与教育文凭的交互作用更大，可能的原因是，受教育程度较低的子女在找寻工作及岗位晋升时更需要家庭社会资本的辅助，才能达到相应的行动目的。从综合模型估计结果上看［第（9）—（11）列］，内生性问题依然显著，但是弱工具变量检验显示此时的估计可能存在弱工具变量问题，估计结果可能存在较大的偏误，从交叉项拟合系数上看，高中层次是正数，专科和本科层次是负数，均不显著，该研究结果仅供参考，有待进一步分析和寻找更为合适的变量进行分析。

综上所述，在分别纠正选择性偏差和内生性问题时，均发现家庭社会资本与教育文凭之间存在着互补效应，这与前面的理论推导是不一致的，可能的原因是：一方面，在本书使用这些变量作为家庭社会资本的操作化变量时，一个潜在假设是子女在工作找寻与岗位晋升中使用了这些先定的家庭社会资本，然而，这种假设在很多情况下是不成立的，子女并不一定会使用这些先定的家庭社会资本，由此高估了家庭社会资本

表 5—6　各层级教育文凭效应的计量分析

变量	OLS (1) 小时工资对数	OLS (2) 小时工资对数	QR (3) q25	QR (4) q50	QR (5) q75	选择性偏差 (6) 小时工资对数	选择性偏差 (7) 样本选择	IV 估计 (8) 小时工资对数	IV 估计 (9) 小时工资对数	综合模型估计 (10) 样本选择	综合模型估计 (11) 小时工资对数
受教育年限	0.0576*** (0.00581)	0.0577*** (0.00611)	0.0518*** (0.0112)	0.0511*** (0.00637)	0.0556*** (0.00731)	0.0566*** (0.00759)	0.0585*** (0.00638)	0.102*** (0.0261)			0.0601* (0.0353)
高中	0.200*** (0.0299)	0.199*** (0.0323)	0.216*** (0.0469)	0.282*** (0.0364)	0.223*** (0.0374)	0.169*** (0.0363)	0.211*** (0.0368)	0.163 (0.164)			0.233 (0.191)
专科	0.254*** (0.0287)	0.247*** (0.0322)	0.344*** (0.0545)	0.262*** (0.0281)	0.189*** (0.0311)	0.219*** (0.0361)	0.482*** (0.0449)	0.247 (0.159)			0.333* (0.175)
本科	0.499*** (0.0335)	0.498*** (0.0379)	0.616*** (0.0653)	0.441*** (0.0433)	0.405*** (0.0511)	0.482*** (0.0424)	0.535*** (0.0529)	0.485*** (0.114)			0.602*** (0.125)
父母单位	0.0430** (0.0194)	0.0121 (0.170)	−0.00383 (0.223)	0.102 (0.229)	−0.0855 (0.251)	0.112 (0.190)	−0.0900 (0.195)	−0.061 (0.351)			−1.053 (2.015)
父母单位 × 受教育年限		0.00139 (0.0198)	0.000491 (0.0250)	−0.00976 (0.0257)	0.00210 (0.0300)	−0.0111 (0.0219)	0.0214 (0.0232)	−0.0291** (0.0137)			0.0912 (0.248)
父母单位 × 高中		0.0115 (0.0894)	0.0815 (0.103)	0.0594 (0.106)	0.0779 (0.127)	0.0720 (0.0964)	−0.159 (0.107)	0.455* (0.264)			0.149 (1.019)

第五章 家庭资本与文凭效应 223

续表

变量	OLS (1) 小时工资对数	OLS (2) 小时工资对数	QR (3) q25	QR (4) q50	QR (5) q75	选择性偏差 (6) 小时工资对数	选择性偏差 (7) 样本选择	IV估计 (8) 小时工资对数	综合模型估计 (9) 小时工资对数	综合模型估计 (10) 样本选择	综合模型估计 (11) 小时工资对数
父母单位×专科		0.0186 (0.0800)	-0.0313 (0.102)	0.00541 (0.0875)	0.00407 (0.121)	0.0418 (0.0863)	0.00247 (0.105)	-0.112 (0.259)			-0.592 (0.748)
父母单位×本科		-0.00241 (0.0953)	-0.139 (0.124)	-0.000144 (0.117)	0.0464 (0.144)	0.0232 (0.104)	0.135 (0.125)	0.0717 (0.120)			-0.502 (0.960)
子女数							-0.233*** (0.0150)			-0.251*** (0.0170)	
父母60岁以上							-0.0790** (0.0370)			0.168*** (0.0411)	
配偶受教育年限									0.0214*** (0.00696)	0.0309*** (0.00596)	
配偶高中									0.204*** (0.0412)	0.301*** (0.0394)	
配偶专科									0.177*** (0.0428)	0.317*** (0.0520)	

续表

变量	OLS (1) 小时工资对数	OLS (2) 小时工资对数	QR (3) q25	QR (4) q50	QR (5) q75	选择性偏差 (6) 小时工资对数	选择性偏差 (7) 样本选择	IV 估计 (8) 小时工资对数	综合模型估计 (9) 小时工资对数	综合模型估计 (10) 样本选择	综合模型估计 (11) 小时工资对数
配偶本科									0.335*** (0.0494)	0.491*** (0.0613)	
配偶受教育年限×父母单位									0.00757 (0.00547)	0.0157*** (0.00555)	
配偶高中×父母单位									0.000427 (0.0775)	−0.0658 (0.0845)	
配偶专科×父母单位									−0.0747 (0.0715)	0.0311 (0.0971)	
配偶本科×父母单位									−0.0667 (0.0705)	0.0166 (0.101)	
lambda										−0.388*** (0.0874)	−0.182 (0.114)
LR test							4.83**				
Observations	9,072	9,072	9,072	9,072	9,072	19,902	19,902	7,419	16,440	16,440	6,361

续表

变量	OLS		QR			选择性偏差		IV 估计		综合模型估计	
	(1)	(2)	(3)	(4)	(5)	(6)	(7)	(8)	(9)	(10)	(11)
	小时工资对数	小时工资对数	q25	q50	q75	小时工资对数	样本选择	小时工资对数	小时工资对数	样本选择	小时工资对数
R-squared	0.343	0.343	0.2109	0.2120	0.1948			0.334			0.349
内生性检验								19.2293***			2.59221***
弱工具变量检验								26.5198			6.08128

注：①括号内为标准误差；②*** p<0.01, ** p<0.05, * p<0.1；③表中并未呈现控制变量（性别、地区、工作经验、工作经验平方）和常数项的估计结果。

的作用。更为精确的操作方法是询问样本个体在工作找寻及岗位晋升中具体使用了哪些家庭社会资本,如"父母是否有托熟人帮忙""家人是否请人关照"等,这样才能更为准确地衡量家庭社会资本的作用及其与教育文凭之间的交互作用关系。另一方面,在当前市场化竞争日趋激烈的现实下,单单依靠父母所拥有的社会关系帮助子女寻求岗位或影响其职业发展等可能并不足够(这可能取决于所使用的家庭社会关系的强度、市场化竞争的激烈程度与透明度等),与此同时,本书使用的"父母单位类型"变量只是表明了父母的工作单位信息,并没有指出父母在这些单位工作时的具体岗位和层级信息,而我们知道,即使在强单位类型,也存在着权力和资源的岗位和层级差异,基础性岗位或低层级部门下工作的父母可能具有的家庭社会资本并不高,社会关系强度并不够,子女也需要展现出一定的能力,需要教育文凭帮助他们发送自身具有的能力信息,如此情况下,家庭社会资本与教育文凭之间也有可能呈现出本书所发现的"互补"关系。

第四节 父母职业类型与子女的文凭效应

一 数据处理与说明

接下来,本书将分析以父母职业类型为代表的家庭社会资本如何影响子女的就业及其收入分配,并探讨父母职业类型与子代教育文凭之间可能存在的交互作用关系。详细的父母职业类型分布状况见表5—7所示,本书将前面三种(立法者、高级官员、管理者,专业人员以及技术人员和专业人员助理)合并为"专业性职业"(父母中任一方在以上三种职业中工作,则取值为1),后面六种(一般职员、服务人员和商店及超市的销售人员、熟练的农业和渔业人员、工艺及相关行业的工人、厂房及机器操作员和装配员、初级职员(非技术工人))合并为"通用性职业"(父母双方均是,则取值为0,参照组),理由是,相对而言,对于前面三种职业而言,工作岗位需要专门的、特定的、对口的专业性知识,有很强的专业性和不可替代性，职业声望较高①。而后面六种职业类型并不要求员工具有某门特定的、专门的知识，只要具有一般的能力就可，可培训性强且可替代性高，职业声望较低。理论上讲，在声望较高的专业性职业中工作的父母具有更强、更广、更有力度的社会关系网络，这一社会关系网络的群体性特征较为明显，如专业性协会、行业性组织等，能够在特定专业或行业内具有一定的话语圈或者资源分享圈，能够帮助子女在这些特定的领域获得更多的职业信息和岗位机会等，至于与教育文凭之间的交互作用关系，取决于父母在这种社会关系网络中的关系强度和使用力度。而在声望较低的通用性职业中工作的父母具有的社会网络关系相对较窄、层次较低、强度较弱，并不能给其子女就业及职业发展带来卓有成效的帮助，这种社会网络关系并不会对教育文凭作用的发挥产生实质性影响。

表 5—7　　　　　　　　　父母职业类型的分布状况

职业	父亲 N	父亲 %	母亲 N	母亲 %
立法者、高级官员、管理者	1,069	9.550	240	2.560
专业人员	784	7	561	5.980
技术人员和专业人员助理	666	5.950	313	3.340
一般职员	592	5.290	424	4.520
服务人员和商店及超市的销售人员	598	5.340	670	7.140
熟练的农业和渔业人员	4,436	39.62	5,438	57.97
工艺及相关行业的工人	1,614	14.42	829	8.840
厂房及机器操作员和装配员	855	7.640	521	5.550
初级职员（非技术工人）	581	5.190	384	4.090
Total	11,195	100	9,380	100

表5—8呈现了父母在不同职业类型下工作的样本各变量的描述性统计分析。父母在专业性职业下工作的样本的平均小时工资对数（2.599）

---

① 李春玲：《当代中国社会的声望分层——职业声望与社会经济地位指数测量》，《社会学研究》2005年第3期。

高于父母在通用性职业下工作的样本（2.205），一定程度上说明，父母职业类型差异会影响子代的收入水平，在声望较高的职业下工作的父母能够帮助子女获得更好的就业机会及岗位，甚至影响到子女的收入分配状况。这是一种典型的代际传递机制，子女通过拥有的家庭社会资本提高自身收入，呈现出"强者越强、弱者越弱"的"马太效应"，家庭拥有的资本与财富顺利传递给子代，完成代际转换。从受教育年限的平均数上看，父母在专业性职业下工作的样本的数值高出父母在通用性职业工作的样本2.17年，各教育文凭的平均值也是前者高于后者，这也说明父母职业类型差异与子女受教育年限之间也存在相关关系，有可能是因为在高声望职业下工作的父母经济收入水平较高，自身知识水平也相对较高，更有可能影响子女的教育选择及其表现，这也是前文所提到的家庭资本对子代教育资源配置的间接影响。

表5—8　　父母不同职业类型下各变量的描述性统计分析

变量	父母通用性职业 N	均值	标准误	父母专业性职业 N	均值	标准误
小时工资对数	5681	2.205	0.901	2574	2.599	0.883
受教育年限	6546	11.00	3.597	3015	13.17	2.851
高中	6549	0.536	0.499	3015	0.828	0.378
专科	6549	0.156	0.363	3015	0.260	0.439
本科	6549	0.126	0.331	3015	0.274	0.446
配偶受教育年限	5343	10.18	3.891	2353	12.74	3.254
配偶高中	5343	0.447	0.497	2353	0.750	0.433
配偶专科	5343	0.105	0.306	2353	0.197	0.398
配偶本科	5343	0.103	0.304	2353	0.252	0.435
性别	6550	0.611	0.488	3017	0.552	0.497
东部	6550	0.516	0.500	3017	0.574	0.495
中部	6550	0.270	0.444	3017	0.232	0.422
工作经验	6532	20.36	10.95	3002	18.88	10.70
工作经验平方	6532	534.7	470.1	3002	471.1	430.8

二 计量结果与分析

表5—9呈现了各级教育文凭效应的计量分析结果，从传统的OLS估计上看［第（1）—（4）列］，父母职业类型会显著影响子代的收入水平，父母在专业性职业中工作会将子代收入显著提高11.6%。加入教育文凭与父母职业的交叉项之后，父母职业变量的拟合系数并不显著，各交叉项系数也不显著，在高中层次是正数，而专科和本科层次是负数。分样本回归上看，各教育层级的文凭效应均为显著的，但是不同样本下的文凭效应并不存在明显差异。从分位数回归上看［第（5）—（7）列］，各交叉项系数基本上均为负数，尤其是在专科和本科层次，与OLS估计结果类似。

选择性偏差分析结果显示［第（8）、（9）列］，样本估计中存在着显著的选择性偏差，需要进行偏差纠正，决策变量"子女数"和"父母60岁以上"均显著小于零，均会降低样本进入劳动力市场的概率。交叉项在高中和本科层次是正数，但在专科层次是负数，在纠正了选择性偏差问题之后，父母在专业性职业下工作的个人的高中、专科和本科教育的文凭效应分别比父母在通用性职业下工作的个人的文凭效应高出5.9%、-3.6%和3%。

从IV估计结果上看［第（10）列］，内生性检验显示存在显著的内生性问题，弱工具变量检验验证配偶受教育年限和教育程度并不是弱工具变量，拟合分析是有意义的。从各交叉项的拟合结果上看，专科层次是负数，高中和本科层次是正数且在高中层次是显著的。在纠正了内生性问题之后，父母在专业性职业下工作的个人的高中、专科和本科教育的文凭效应分别比父母在通用性职业下工作的个人的文凭效应分别高出87.4%、-19%和22.4%。

从综合模型估计结果上看［第（11）—（13）列］，高中和本科层次的交叉项系数是正数且在高中层次是显著的，但专科层次的交叉项是负数且不显著，说明，在同时纠正了选择性偏差问题和内生性问题之后，父母在专业性职业下工作的个人的高中、专科和本科教育的文凭效应分别比父母在通用性职业下工作的个人的文凭效应高出97.8%、-25.2%和20.2%。

综上分析可知，以父母职业类型为代表的家庭社会资本与教育文凭之间的交互作用关系在不同层次教育中并不一致，在高中和本科层次呈现

230 中国文凭效应

表 5—9　多种计量方法下各级教育文凭效应的拟合分析

变量	OLS 估计 (1) 小时工资对数	(2) 小时工资对数	(3) 小时工资对数	(4) 小时工资对数	QR (5) q25	(6) q50	(7) q75	选择性偏差 (8) 小时工资对数	(9) 样本选择	IV 估计 (10) 小时工资对数	(11) 小时工资对数	综合模型估计 (12) 样本选择	(13) 小时工资对数
受教育程度	0.0615*** (0.00628)	0.0607*** (0.00676)	0.0581*** (0.00685)	0.0824*** (0.0167)	0.0526*** (0.0147)	0.0561*** (0.00783)	0.0623*** (0.00787)	0.0588*** (0.00849)	0.0603*** (0.00679)	0.141*** (0.0307)			0.104** (0.0475)
高中	0.186*** (0.0326)	0.176*** (0.0369)	0.183*** (0.0372)	0.189*** (0.0724)	0.171*** (0.0638)	0.272*** (0.0390)	0.183*** (0.0394)	0.160*** (0.0417)	0.204*** (0.0408)	0.00939 (0.194)			0.0715 (0.231)
专科	0.222*** (0.0311)	0.235*** (0.0378)	0.230*** (0.0383)	0.170*** (0.0637)	0.356*** (0.0611)	0.237*** (0.0378)	0.176*** (0.0393)	0.207*** (0.0431)	0.611*** (0.0527)	0.110 (0.193)			0.210 (0.215)
本科	0.468*** (0.0362)	0.449*** (0.0441)	0.441*** (0.0446)	0.440*** (0.0779)	0.596*** (0.0796)	0.372*** (0.0431)	0.349*** (0.0530)	0.424*** (0.0499)	0.680*** (0.0624)	0.243* (0.139)			0.350** (0.159)
父母职业	0.110*** (0.0186)	−0.0655 (0.156)			−0.0368 (0.178)	−0.195 (0.227)	−0.153 (0.179)	0.00570 (0.169)	0.204 (0.161)	−0.075 (0.132)			−0.0095 (0.193)
父母职业 × 受教育年限		0.0141 (0.0182)			0.00805 (0.0218)	0.0221 (0.0262)	0.0186 (0.0213)	0.00463 (0.0196)	−0.00936 (0.0192)	−0.0361** (0.0141)			−0.0373** (0.0160)
父母职业 × 高中		0.0219 (0.0826)			0.0880 (0.107)	−0.0119 (0.104)	0.0391 (0.0955)	0.0573 (0.0878)	−0.00885 (0.0923)	0.628** (0.281)			0.682** (0.312)

第五章　家庭资本与文凭效应　231

续表

变量	OLS 估计				QR			选择性偏差		IV 估计	综合模型估计		
	(1) 小时工资对数	(2) 小时工资对数	(3) 小时工资对数	(4) 小时工资对数	(5) q25	(6) q50	(7) q75	(8) 小时工资对数	(9) 样本选择	(10) 小时工资对数	(11) 小时工资对数	(12) 样本选择	(13) 小时工资对数
父母职业×专科		-0.0685 (0.0750)			-0.0656 (0.0898)	-0.0938 (0.103)	-0.0919 (0.0734)	-0.0363 (0.0796)	-0.186** (0.0938)	-0.211 (0.283)			-0.290 (0.298)
父母职业×本科		-0.0179 (0.0904)			-0.0856 (0.118)	-0.0162 (0.123)	0.0367 (0.102)	0.0297 (0.0962)	-0.0356 (0.112)	0.202 (0.131)			0.184 (0.132)
配偶受教育年限											0.0208*** (0.00761)	0.0316*** (0.00609)	
配偶高中											0.217*** (0.0471)	0.268*** (0.0421)	
配偶专科											0.150*** (0.0529)	0.339*** (0.0587)	
配偶本科											0.275*** (0.0578)	0.440*** (0.0645)	
配偶受教育年限×父母职业											0.0115** (0.00519)	0.0229*** (0.0048)	

232 中国文凭效应

续表

变量	OLS估计 (1) 小时工资对数	(2) 小时工资对数	(3) 小时工资对数	(4) 小时工资对数	QR (5) q25	(6) q50	(7) q75	选择性偏差 (8) 小时工资对数	(9) 样本选择	IV估计 (10) 小时工资对数	综合模型估计 (11) 小时工资对数	(12) 样本选择	(13) 小时工资对数
配偶高中×父母职业											−0.0154 (0.0727)	−0.152** (0.0740)	
配偶专科×父母职业											−0.0862 (0.0724)	−0.170* (0.0871)	
配偶本科×父母职业											0.0104 (0.0712)	−0.150* (0.0893)	
子女数									−0.235*** (0.0158)			−0.225*** (0.0172)	
父母60岁以上									−0.115*** (0.0382)			0.104** (0.0407)	
lambda									−0.274* (0.193)			−0.417*** (0.106)	−0.137 (0.148)
Observations	8,237	8,237	5,672	2,565	8,237	8,237	8,237	22,792	22,792	6,731	16,252	16,252	5,779
R-squared	0.342	0.342	0.312	0.328	0.2137	0.2151	0.1989			0.318			0.336

续表

变量	OLS 估计				QR			选择性偏差		IV 估计	综合模型估计	
	(1)	(2)	(3)	(4)	(5)	(6)	(7)	(8)	(9)	(10)	(11)	(12)	(13)
	小时工资对数	小时工资对数	小时工资对数	小时工资对数	q25	q50	q75	小时工资对数	样本选择	小时工资对数	小时工资对数	样本选择	小时工资对数
内生性检验										19.1856***			2.25975**
弱工具变量检验										23.566			14.7953

注：①括号内为标准误差；② *** $p<0.01$，** $p<0.05$，* $p<0.1$；③表中并未呈现控制变量（性别、地区、工作经验、工作经验平方）和常数项的估计结果。

为"互补"效应，且在高中层次是显著的，在专科层次呈现为"替代"效应但并不显著。可能的解释是，一方面，对于只接受了高中层次教育的个人，想要进入较好的岗位工作，单纯依靠自身教育文凭远远不够，家庭社会资本需要发挥作用，而这种具有强烈专业性特征的家庭社会资本所形成的社会网络关系并不能直接影响仅有低文凭的子女的工作结果，仅能起到推荐或者信息资源分享的作用，两者因此呈现出"互补"关系。另一方面，交叉项在本科或专科层次都不显著的原因可能有两方面，一是对于那些接受高等教育的个人而言，这种以父母职业类型所形成的家庭社会资本强度或者说使用力度并不够，没有帮他们起到实质性作用；二是这些个体找寻的工作与父母职业类型所具有的专业性特征并不匹配，也就是说，子女寻找的工作已经超出了这些特定专业性社会网络关系的覆盖圈，家庭社会资本无法发挥有效作用。

第五节 家庭经济水平与子女的文凭效应

一 数据处理与说明

接下来，本书开始关注的是家庭经济资本与教育文凭之间的交互作用关系。已有研究发现，家庭经济资本是影响子女就业与收入状况的重要因素，主要通过两种路径产生作用，也即是前文提到的间接作用机制和直接作用机制，本书再次关注的是在家庭经济资本对子女就业与收入的直接作用过程中，是否与子女教育文凭的作用发生互动，它们之间是否存在替代或互补关系。常用的家庭经济资本代理变量有父母收入水平、家庭经济地位等，或者一些其他的测量量表进行实际测量。本书基于 CGSS 数据选择"家庭经济地位的自我感知"作为家庭经济资本的代理变量[1]，样本家庭

---

[1] 需要进行两点说明，第一点，由于在历年调查中无法获悉所有年份的父母亲的收入水平，因此只能舍弃这个代理变量，在 CGSS 调查问卷中还存在一个变量，"在 14 岁时家庭所处的社会等级"，一定程度上也能够用来说明样本个人所具有的家庭经济地位，但是存在两个潜在问题，首先该变量询问的是样本 14 岁时的经济状况，但当样本进入劳动力市场时家庭经济地位可能已经发生变化，无法有效衡量在样本找寻工作或职业发展时家庭经济资本的作用，其次是该变量具体询问的是社会等级，更偏社会阶层分析，与家庭经济地位概念并不一致。第二点，本书所使用的是"家庭经济地位"询问的是样本所在家庭在调查年份时的家庭经济地位状况，这里也可能存在一个问题，样本被调查时已经进入了劳动力市场，并且自身也能够创造经济价值，该变量可能涵盖了样本自身的努力水平，不能最准确地衡量除样本自身努力外的家庭经济资本，可能研究结果会高估了家庭经济资本的作用。

经济水平的分布状况如表 5—10 所示，需要说明的是，在历年调查中，仅有 2006 年、2008 年、2010 年及 2013 年中有关于此变量的信息，因此样本量相对较小。在此，我们将不考虑家庭经济水平处在中间层次下的样本，将"下层"和"中下层"合并为"中下层"（取值为 0，参照组），将"中上层"和"上层"合并为"中上层"（取值为 1）。理论上讲，家庭经济水平处在"中上层"的样本所拥有的家庭资本相对较高，至少可以从两方面帮助他们获取更好的岗位与收入，一是家庭经济资本较高的样本可能并不急于获取就业岗位，能够获取更多的时间和经济资本帮助他们去找寻更适合自己、更能发挥他们自身能力的"匹配"岗位，从而更能体现他们的价值。二是家庭经济资本较高一定程度上也能说明样本所在家庭具有的社会网络关系层次也较高、人脉较广、资源优势明显，这些隐藏在家庭经济资本背后的社会资本能给样本带来更多的职业信息或者其他优势，甚至直接影响到样本的就业结果与收入分配。因此，可以推断的是，家庭经济资本最终与教育文凭的信号功能之间呈现怎样的交互作用关系取决于家庭经济资本的强度与使用力度。接下来，本书将通过多种计量方法对此进行分析，以判断它们之间到底呈现何种关系。

表 5—10　　　　　　　　家庭经济水平分布状况

经济水平阶层	N	%
下层	358	3.310
中下层	3,525	32.55
中间层	4,791	44.24
中上层	1,394	12.87
上层	762	7.040
总计	10,830	100

表 5—11 呈现了不同家庭经济水平下各变量的描述性统计分析，从小时工资对数的平均数值上看，家庭经济水平处在中上层的样本（2.425）

要高于家庭经济水平处于中下层次的样本（2.021），说明家庭经济水平与样本收入之间存在正相关关系。在平均受教育年限和教育程度上，有家庭经济水平优势的样本也表现较好，数值均要高于没有家庭经济水平优势的样本。

表5—11　　不同家庭经济水平下的各变量描述性统计分析

变量	中下层 N	中下层 均值	中下层 标准差	中上层 N	中上层 均值	中上层 标准差
小时工资对数	3363	2.021	0.842	752	2.425	1.111
受教育年限	3860	10.88	3.478	2122	11.22	3.351
高中	3878	0.561	0.496	2156	0.616	0.486
专科	3878	0.143	0.350	2156	0.169	0.375
本科	3878	0.108	0.311	2156	0.128	0.334
配偶受教育年限	2951	10.30	3.649	474	12.45	3.695
配偶高中	2951	0.477	0.500	474	0.707	0.456
配偶专科	2951	0.0969	0.296	474	0.213	0.410
配偶本科	2951	0.0868	0.282	474	0.238	0.427
性别	3883	0.611	0.487	2156	0.590	0.492
东部	3883	0.508	0.500	2156	0.533	0.499
中部	3883	0.266	0.442	2156	0.254	0.435
工作经验	3854	20.21	11.10	2114	19.67	10.44
工作经验平方	3854	531.6	469.3	2114	495.9	439.5

二　计量结果与分析

表5—12呈现了各教育层级文凭效应的计量分析结果，从传统的OLS回归上看［第（1）、（2）列］，家庭经济水平确实会显著提高个体的收入水平，具有家庭经济优势的样本收入比没有家庭经济优势的样本高出27.6%。从教育文凭与家庭经济水平的交叉项系数上看，各交叉项均为负数且不显著，表明教育文凭与家庭经济资本之间呈现为替代作用，但这种交互作用并不显著。从分位数回归上看［第（3）—（5）列］，在中高分位收入水平上，各交叉项系数均为负数，且在专科层次是显著的，这可能与不同收入分位数上的样本的工作岗位性质有关。

表 5—12　各层级教育文凭效应的计量分析

变量	OLS 估计 (1) 小时工资对数	OLS 估计 (2) 小时工资对数	QR (3) q25	QR (4) q50	QR (5) q75	选择性偏差 (6) 小时工资对数	选择性偏差 (7) 样本选择	IV 估计 (8) 小时工资对数	综合模型估计 (9) 小时工资对数	综合模型估计 (10) 样本选择	综合模型估计 (11) 小时工资对数
受教育年限	0.0803*** (0.00774)	0.0649*** (0.00820)	0.0802*** (0.0136)	0.0510*** (0.0103)	0.0438*** (0.00883)	0.0513*** (0.00970)	0.0718*** (0.00831)	0.0975** (0.0471)			0.00974 (0.110)
高中	0.156*** (0.0414)	0.173*** (0.0437)	0.109** (0.0511)	0.261*** (0.0540)	0.248*** (0.0595)	0.170*** (0.0464)	0.209*** (0.0483)	0.218 (0.271)			0.262 (0.440)
专科	0.221*** (0.0437)	0.228*** (0.0478)	0.212*** (0.0760)	0.214*** (0.0540)	0.238*** (0.0466)	0.218*** (0.0499)	0.312*** (0.0637)	-0.00147 (0.228)			0.195 (0.314)
本科	0.433*** (0.0514)	0.383*** (0.0574)	0.331*** (0.0789)	0.357*** (0.0699)	0.424*** (0.0586)	0.354*** (0.0600)	0.461*** (0.0797)	0.421** (0.200)			0.439 (0.319)
家庭经济水平	0.244*** (0.0305)	-0.726*** (0.181)	-0.638* (0.311)	-0.885*** (0.218)	-0.891*** (0.323)	-0.653*** (0.213)	-0.655*** (0.156)	-0.028 (0.307)			-0.072 (0.553)
家庭经济水平 × 受教育年限		0.0978*** (0.0234)	0.0642* (0.0374)	0.115*** (0.0293)	0.122*** (0.0412)	0.111*** (0.0270)	-0.00782 (0.0203)	0.0583*** (0.0195)			0.0407 (0.0302)
家庭经济水平 × 高中		-0.151 (0.127)	-0.0756 (0.167)	-0.112 (0.165)	-0.137 (0.195)	-0.157 (0.148)	-0.128 (0.115)	0.216 (0.552)			1.929 (1.248)

续表

变量	OLS估计		QR			选择性偏差		IV估计		综合模型估计	
	(1) 小时工资对数	(2) 小时工资对数	(3) q25	(4) q50	(5) q75	(6) 小时工资对数	(7) 样本选择	(8) 小时工资对数	(9) 小时工资对数	(10) 样本选择	(11) 小时工资对数
家庭经济水平×专科		-0.182 (0.119)	0.146 (0.214)	-0.298* (0.165)	-0.315* (0.166)	-0.405*** (0.136)	0.522*** (0.134)	-1.177 (0.979)			-3.704** (1.820)
家庭经济水平×本科		-0.110 (0.136)	0.242 (0.207)	-0.234 (0.184)	-0.321 (0.198)	-0.340** (0.156)	0.617*** (0.156)	-0.430 (0.298)			-1.327** (0.668)
子女数							-0.207*** (0.0193)			-0.291*** (0.0246)	
父母60岁以上							-0.101* (0.0499)			0.114* (0.0598)	
配偶受教育年限									-0.00836 (0.0116)	0.0556*** (0.00837)	
配偶高中									0.175*** (0.0569)	0.221*** (0.0541)	
配偶专科									0.164** (0.0675)	0.205*** (0.0782)	

续表

变量	OLS 估计		QR			选择性偏差		IV 估计		综合模型估计	
	(1)	(2)	(3)	(4)	(5)	(6)	(7)	(8)	(9)	(10)	(11)
	小时工资对数	小时工资对数	q25	q50	q75	小时工资对数	样本选择	小时工资对数	小时工资对数	样本选择	小时工资对数
配偶本科									0.291***	0.543***	
									(0.0791)	(0.0971)	
配偶受教育年限 × 家庭经济水平									0.0873***	-0.00712	
									(0.00975)	(0.00905)	
配偶高中 × 家庭经济水平									-0.174	-0.159	
									(0.150)	(0.145)	
配偶专科 × 家庭经济水平									-0.598***	0.370**	
									(0.145)	(0.170)	
配偶本科 × 家庭经济水平									-0.509***	-0.134	
									(0.147)	(0.176)	
LR test							9.62***				
lambda										-0.649***	-0.554**
										(0.119)	(0.236)
Observations	4,076	4,076	4,076	4,076	4,076	12,381	12,381	3,089	8,146	8,146	2,805

续表

变量	OLS 估计 (1)	OLS 估计 (2)	QR (3) q25	QR (4) q50	QR (5) q75	选择性偏差 (6)	选择性偏差 (7)	IV 估计 (8)	IV 估计 (9)	综合模型估计 (10)	综合模型估计 (11)
	小时工资对数	小时工资对数				小时工资对数	样本选择	小时工资对数	小时工资对数	样本选择	小时工资对数
R-squared	0.343	0.354	0.2013	0.2166	0.2163			0.325			0.105
内生性检验								5.54475***			1.86968*
弱工具变量检验								3.40995			1.37493

注：①括号内为标准误；②*** p<0.01，** p<0.05，* p<0.1；③表中并未呈现控制变量（性别、地区、工作经验、工作经验平方）和常数项的估计结果；④IV 估计第一阶段弱工具变量检验 F 值分别为：248.458、180.977、52.9193、140.487、6641.67、2072.6、149.676、275.121；综合模型估计第一阶段弱工具变量检验 F 值分别为：51.5162、42.8789、27.6893、80.2693、6115.52、1905.06、144.172、244.161；上述 F 值均是显著的且大于 10，表明估计结果具有一定的可信度。

从选择性偏差分析上看［第（6）—（7）列］，似然比检验显示存在显著的选择性偏差，决策变量"子女数"和"父母60岁以上"均显著小于零，表明这两个变量会显著降低样本进入劳动力市场的概率。从交叉项系数上看，高中、专科和本科层次的交叉项系数均为负数，且在专科和本科层次是显著的，表明家庭经济资本会显著降低子女教育文凭的信号作用，两者之间呈现为替代效应，具有家庭经济资本优势的样本的高中、专科和本科教育的文凭效应比那些家庭经济处于劣势的样本的文凭效应分别低14.5%、33.3%和28.8%。

从IV估计上看［第（8）列］，内生性检验显示估计模型中存在着显著的内生性问题，弱工具变量检验认为该估计模型可能存在着弱工具变量问题，估计结果可能存在较大偏差。同样地，从综合模型估计的结果上看［第（9）—（11）列］，依然存在着弱工具变量问题，估计结果并不准确，这一点可以从各交叉项拟合系数上发现，拟合值都较高，偏差较大，但可以发现的是，专科和本科的交叉项系数均为负数，且在综合模型估计中是显著的，这也再次表明，在高等教育层次，家庭经济资本与教育文凭之间呈现的是替代效应。

综上所述，我们可以大致得出以下结论，在高中层次上，家庭经济资本与教育文凭之间呈现为互补效应但不显著，而在专科和本科层次上，家庭经济资本与教育文凭之间呈现为替代效应且是显著的。可能的原因是，对于仅有高中教育文凭的样本仅能进入一些次要劳动力市场，竞争并不激烈，教育文凭的作用并不大，并不需要家庭经济资本来发挥效用，因此这两者之间的关系完全不显著。而对于那些获取了高等教育文凭的样本而言，更期望的是进入一些主要劳动力市场上的岗位，尤其是在当前主要劳动力市场异常火爆且高等教育文凭泛滥的情况下，竞争异常激烈，高等教育文凭已经无法将自身能力区分开来，需要家庭经济资本发挥强有力的作用，帮助他们在劳动力市场中取得优势，甚至直接影响相应的结果，为两者呈现出显著的替代效应。该研究结论与前面的理论推断是一致的。

第六节 不同家庭资本下的文凭信号价值表现

本章在区分教育的生产性功能与信息功能的前提下,探讨家庭资本与教育文凭之间如何发生交互作用。本书选取了父母受教育程度、父母单位类型、父母职业类型以及家庭经济地位四个变量作为家庭资本的代表进行分析,得出以下结论:

第一,在对个人劳动力市场就业及其收入分配的作用上,家庭人力资本与教育文凭之间呈现出"互补"效应,家庭人力资本越高,个人能够更好地发挥教育文凭的信号价值,文凭效应越高。换言之,家庭人力资本能够一定程度上转换成子女的信号资本,实现家庭人力资本的代际传递。这种互补效应的出现一方面在于父母能够更好地帮助子女进行信息筛选,更好地实现教育文凭所代表的能力与未来岗位需求之间的匹配,有效提高教育文凭的价值。另一方面在于家庭人力资本的高低一定程度上表明了其子女可能具有的能力信息,能够与教育文凭一起多维度展现个人能力。

第二,以父母单位类型为代表的家庭社会资本与教育文凭之间存在着互补效应。在当前市场化竞争日趋激烈的现实下,单单依靠父母所拥有的社会关系可能并不足以保障子女获取岗位或取得职业发展优势,子女也需要展现出一定的能力,需要教育文凭帮助他们发送自身具有的能力信息。与此同时,本书使用的"父母单位类型"变量仅表明了父母的工作单位信息,并没有指出父母在这些单位工作时的具体岗位和层级信息,而我们知道,即使在强单位类型,也存在着权力和资源的岗位和层级差异,基础性岗位或低层级部门下工作的父母可能具有的家庭社会资本并不高,社会关系强度并不够。因此,在后续研究中需要更加精细化测量父母工作所在单位的职务层级及岗位性质等。

第三,以父母职业类型为代表的家庭社会资本与教育文凭之间的交互作用关系在不同层次教育中并不一致,在高中和本科层次呈现为"互补"效应,且在高中层次是显著的,在专科层次呈现为"替代"效应但并不显著。这一方面与不同受教育水平的样本进入的工作岗位性质与层次有关,另一方面也与以父母职业类型所形成的社会网络关系的专业性特征有关，如果子女寻找的工作超出了这些特定专业性社会网络关系的覆盖圈，家庭社会资本也将无法发挥有效作用。

第四，在高中层次上，家庭经济资本与教育文凭之间呈现为互补效应但不显著，而在专科和本科层次上，家庭经济资本与教育文凭之间呈现为显著的替代效应。家庭经济资本能够通过在劳动力市场中有效运作所具有的社会网络资源及相应的权力与信息，实现经济优势的代际传递，从而出现了"强者越强，弱者越弱"的"马太效应"，固化了社会阶层。那些即使拥有高等教育文凭的个人也因为家庭经济资本的劣势而无法获取较好岗位与薪资，无法实现阶层流动，只能接受那些低层次岗位和收入，这也解释了为什么当前社会中会出现"因教致贫"现象。

第六章　教育文凭信号价值的实现

至此，本书已从多个角度探讨了教育信号功能的存在及其表现状况，研究结果综合反映出在现实劳动力市场中教育信号功能的确发挥作用但存在明显的异质性，表现形式受外界因素的干扰影响较大。本章在前面研究发现的基础上从整体上探讨教育信号功能到底如何表现及其隐含的内在特征，并试图构建一个多元、综合、动态化的概念理论框架模型，分析教育文凭信号价值如何得以实现，指导现实社会中各相关群体的最优化决策。

第一节　教育信号特征是文凭信号价值实现的核心要素

教育文凭从形式上看只是一张普通的印花纸，本身并没有什么价值可言，但其记录的教育相关信息的象征意义却价值非凡，能够为拥有者带来额外的价值回报。这些教育相关信息涵括了教育层级、授予单位名称、学科或专业名称、发证日期等详细内容，反映了教育文凭所处的结构类型、质量和数量等信息，决定了其未来价值回报的大小，是教育信号价值实现的核心因素。筛选理论的本质是通过一系列的教育筛选装置来实现高低能力群体的有效分离，其关键之处在于存在一个行之有效的筛选装置，而这取决于教育自身系统的筛选强度和效度，主要表现在三方面：

首先，结构性差异会影响教育自身系统对不同能力群体的筛选力度，从而外在表现为文凭信号价值差异。在中国现行教育系统中主要存在两种结构性差异：一是层级结构差异，如从纵向上看，有小学、初中、高中、专科、本科、研究生等层次，从横向上看，高中存在重点高中和普通高中，大学存在着研究型大学、一般本科和高职高专等，在生源上又存在普通全日制教育和成人非全日制教育。所有这些层级分类一定程度上决定了相应教育文凭的筛选力度与价值差异。以普通本科教育文凭为例，所有全日制普通高中毕业生都必须参加全国或全省范围内的大学入学考试（高考），高校以学生考试分数作为筛选依据，将学生自动分为不同层级、类别、高低档位，分数高的学生进入高层级教育，分数低的人进入低层级教育，由此实现不同分数学生的自动分离，从内涵上看，也是将高能力与低能力学生进行分类，这是普通本科教育的第一重筛选——"入门筛选"。进入本科学习之后，高校会通过多种路径实现第二重筛选——"过程筛选"，一方面，与课程学习相关的考核，如阶段性考试、实验、毕业设计等；另一方面，课外经历考察，如实习、志愿者活动、义工、学生活动等。这些途径都从各方面对学生进行记录与考核，帮助鉴别学生的能力信息。不同类型的普通本科高校对学生的考核力度并不一致，整体上看，层级越高，对学生的考核要求更高，学生要想完成本科规定的课程内外要求需要付出更多的时间和精力，获取相应教育文凭的信号成本相对较大。那些通过了这些多重考核的学生获取了教育文凭，也间接证明了自己的能力。因此，不同层级的教育文凭本质上反映的是不同层级的筛选力度，筛选力度越大，教育信号更加可信，信号价值也将更高。

二是学科结构差异。在中国高等教育层次上，存在着13大学科门类，在每个学科门类下又细分为多个专业类别。不同学科或专业教育的筛选力度存在着差异，由此造成教育信号价值千差万别，主要原因至少可归纳为两方面：一是学科市场化程度存在差异，不同学科在不同时期的经济市场中受欢迎程度、竞争程度并不一致，由此致使学生在选择学科时倾向于那些市场化程度相对较高的学科，从而期望毕业后获取高收益。这种理性人的选择致使那些受市场欢迎的学科的竞争程度较高，高校只能选择那些表现优异、分数较高的学生进入受市场欢迎的学科，因此这里同样存在着一次"入门筛选"；二是不同学校的学科分布及其资源配置存在差异，重点优势学科资源相对较为充分，也更容易受到管理者重视，教育教学质量相对较高，该学科下的教育文凭更会得到劳动力市场雇主的认可，信号价值较高。

其次，质量差异会直接影响人才培养质量状况，反映的是人才筛选的强度和效度，最终影响到文凭信号价值的表现。教育质量的高低受多方面因素影响，如高校教育资源的获取量（如教育经费、师资力量、区位优势等）、人才培养方案的科学性（如注重理论性与实践性相结合，注重学习阶段性与知识挑战性的适度匹配等）、微观教育教学过程状况（如教学管理严格程度、教师教学投入度、学生参与积极性等）。同样地，高质量教育存在着三阶段的人才筛选，首先是入门筛选，高质量教育能够吸引更多优秀学生报名，这些学生必须经过激烈的竞争才能获取有限的教育机会，因此，高质量教育在生源能力构成上具有明显优势；其次是过程筛选，教育质量高的学校会更加注重人才培养过程，对学生的要求相对较高。在资源配置上也会向人才培养需求倾斜，进一步提升办学水平，加强过程监督和筛选；最后是出门筛选，教育质量高的学校会严格把关毕业生质量，坚决维持自身声誉，由此亦能进一步提高未来生源质量。顺利经过这些阶段筛选的个人能够证明自身的高能力状况，才能获取相应的教育文凭，从而给个人带来额外收益。在教育规模高速扩张的背景下，教育质量无法得到保证，就不能起到人才培养与筛选的作用，无法实现高能力与低能力学生的自动分离，致使教育信号鱼龙混杂，造成劳动力需求方开始质疑教育的信号功能，教育文凭的信号价值下降。中国教育系统经常会给不同学校赋予不同称号，如985大学、211大学、重点高中、示范性高中、实验中学等，这些称号一定程度上反映了这些学校教育质量的整体状况，获得这些称号的学校在外界看来教育质量相对较好，人才筛选质量也会得到劳动力买方的认可，这些学校的教育文凭的信号价值由此相对较高。需要指出的是，国务院学位委员会和教育部于2015年6月26日颁发的《学位证书和学位授予信息管理办法》文件指出，自2016年1月1日起，学位证书印制权将下放至各学位授予单位，国务院学位委员会办公室印制的学位证书不再使用。这种文件的出台直接将各学位授予单位与学位证书绑定，允许各学校走特色与品牌化路线，是学位授予单位提升自身品牌和形象的重要举措，会提高学校授予学位的质量意识，最终影响到教育文凭信号价值的实现。

最后，数量差异会通过市场稀缺度和质量差异等中间变量来影响文凭信号价值的实现。"物以稀为贵"是市场经济中恒定的原则，同样适用于分析教育文凭的信号价值，在早期精英化高等教育阶段，高等教育文凭较为稀有，一方面，人们需要付出更为高昂的成本去追求教育信号，更能考验追求者的个人能力，获取的教育文凭的信号价值较大；另一方面，劳动力市场对稀有资源的需求会进一步抬高教育信号价值。在当前高等教育大众化快速进程中，教育文凭数量急速增长，降低了教育文凭的稀有程度，人们并不需要付出过多成本就能获取教育文凭，教育的筛选功能被弱化，同时，在教育规模的高速扩展下，师资力量、课程体系、管理方式等并不能马上得以调整，无法保证教育质量，致使教育文凭的信号价值下降。

综上分析，教育信号特征在很大程度上体现出人才筛选的强度和效度，反映的是筛选理论的核心内涵，一定程度上决定了教育文凭信号价值的大小，筛选程度越大，教育文凭信号价值越大。

第二节 劳动力市场特性决定文凭信号价值实现的场域特征

劳动力市场是教育文凭信号价值实现的场域，而场域特征是由劳动力市场特性决定的，在此从三个角度对不同场域下教育文凭信号价值的实现状况进行分析：

首先，劳动力市场的二元分割特征影响了岗位竞争机制及收入分配方式，进而影响到教育彰显信号功能的路径及其强度。中国现实中的劳动力市场是不完全竞争的，大致可以分为两种类别的市场分割：一是主次要劳动力市场分割，受社会性、制度性和歧视性等因素的影响，不同劳动力市场之间存在着流动屏障，不同劳动力市场的特性也存在差异，如主要劳动力市场因福利待遇高、工作环境好等优势条件而吸引大量劳动力，造成激烈的岗位竞争，教育文凭成为获取岗位的必要不充分条件。而在次要劳动力市场，因工作环境恶劣、薪酬水平低、稳定性差等劣势条件的影响，岗位竞争程度并不高，由于在招聘、解聘、培训等实践活动中灵活性较高、成本较低，雇主更看重的是潜在员工的真实劳动生产率，并不过分强调求职者所拥有的教育文凭，教育信号是获取岗位的既不必要也不充分条件。教育文凭信号价值在主次要劳动力市场中扮演着完全不同的角色。二是内外部劳动力市场分割，内部劳动力市场是一些大型公司招聘员工的重要途径，公司管理者会评估员工在过往的工作过程中的表现，并对其实际劳动生产率进行判断，由此减轻了"雇主"与"雇员"之间的信息不对称问题，此时教育文凭的能力信号对于雇主而言并不重要，参考性不强，教育信号价值减弱。而在那些小型公司，由于并未形成较为完善的内部劳动力市场，只能从外部市场中招聘新员工，相对而言，它们面临的信息不对称问题较为严重，对教育信号的依赖程度较高，教育信号价值较大。由此可知，教育文凭信号价值在内部—外部劳动力市场中存在明显差异。

其次，劳动力资源配置机制的变迁影响了教育信号功能的发挥程度。改革开放以后，中国经济体制经历了重大变革，从早期的计划经济体制逐渐过渡到了市场经济体制，劳动力资源配置策略、居民收入分配方式也发生了根本性变化。以接受了高等教育的劳动力为例，大致经历了三个阶段：

第一，新中国成立至20世纪80年代初期时的"统包统分、包当干部"阶段。这一时期，新中国实行计划经济体制，高校毕业生是供不应求的稀缺资源，国家为更好地促进经济发展，有计划的、自上而下的统筹安排毕业生就业。该阶段几个标志性的政策文件是：1951年政务院在第91次政务会议上通过了《关于1951年暑期全国高等学校毕业生统筹分配工作的指示》，该政策有两个导向：一是服务国家重点建设，二是兼顾毕业生较少地区、注意地区调配；"文化大革命"后，教育部于1977年出台毕业生就业指导意见《教育部关于1977年高等学校招生意见》中明确指出，普通高等学校毕业生分配严格按照国家计划执行，国家计委负责制订分配计划、教育厅负责调配计划；《高等学校毕业生调配派遣办法》也在1981年出台，专门强调了"以统包统分为主体"的人才资源配置政策。这种人力资源配置方式在当时有效地促进了经济发展，实现了有限数量的高素质人才的最优分配与利用。在这一阶段，只要能够进入高校学习并顺利毕业，就很大程度上保障了未来工作，便有"上大学就等于取得金饭碗"之说，教育成为实现个人价值的有效手段，此时的教育信号价值最高，尤其对于社会层级较低的农民子弟而言，更是实现跨越"农门"的可靠途径。

第二，20世纪80年代中期至90年代初期时的"供需见面、双向选择"探索性阶段。这一阶段是高校毕业生分配制度改革的探索性、过渡性阶段。尽管"统包统分"政策一定程度上实现了有限资源的有效配置，但依然存在着不容忽视的弊端，用人单位缺乏自主权，毕业生没有选择自由等，造成单位需求的人才与分配来的人才不相符、高校培养的人才与社会发展不相符等，同时也会滋生毕业生分配中的权力寻租、腐败等现象。有鉴于此，1985年中共中央颁布《关于改革教育体制的决定》，提出"本人选报、学校推荐、用人单位择优录取"的"供需见面"分配机制，本质上说，这还是一种计划分配方式，不过是自下而上的[①]，加强了个人与用人单位的自主权，部分解决了高校培养的人才与用人单位需求"不相符"现象。随后，国家进一步加大改革步伐，在部分高校试点"双向选择"就业体制，学校的作用较小，学生与用人单位相互选择。这种体制更倾向于市场化，由学生根据自身能力、兴趣选择职业，用人单位利用工作条件和薪酬待遇等吸引人才，这种方式与当时中国的计划经济体制向市场经济体制转变过程相适应，实现人才资源的优化配置。但这种"双向选择"仅处于试点，更多的是通过"供需见面"方式来分配毕业生。在这一阶段，毕业生与用人单位的自主权相对提升，毕业生竞争就业的意识逐渐形成，但由于处于就业体制改革的过渡阶段，国家计划分配色彩依然存在，教育的信号功能依然发挥着重要作用，"毕业就能获取好工作"的状态仍未改变。

第三，20世纪90年代中后期至今逐步确立和完善的"自主择业"阶段。随着市场经济的快速发展，市场经济制度逐步取代了计划经济制度。同时，为适应市场经济发展需要，国家通过分层级、多梯次地推进毕业生分配制度改革，1993年中共中央、国务院颁布的《中国教育改革和发展纲要》（后称《纲要》）明确了改革的目标，改革高等学校毕业生"统包统分"和"包当干部"的就业制度，实行少数毕业生由国家安排就业，

[①] 饶迪岗、陈海春、王胜豪：《毕业生分配制度初期改革（1985—1991）的政策分析》，《高等教育研究》1992年第3期。

多数由学生"自主择业"的就业制度,并界定了毕业生、用人单位、高校三方的权利与义务。需要指出的是,在《纲要》颁布初期,由于毕业生就业市场尚不规范与成熟,"双向选择"仍是毕业生就业的基本政策和主要模式。[①] 进入 21 世纪后,"自主择业"的就业观念逐步深入人心,毕业生就业机制也日趋完善。基于市场化的人才配置方式有效促进了人才资源的优化配置,提高了教育投资效率,加速了国家和社会经济的发展。在这一时期,劳动力需求单位也逐步规范和完善人才招聘方式,不仅看重潜在员工呈现的外在教育信息,也开始启用新的识别体系(如笔试、结构化面试、实习等)去甄别员工真实的劳动生产率。

从上述中国经济体制和高校毕业生就业政策的历史演变上看,教育在人才资源配置中发挥着重要作用,但不同阶段的功能体现也存在差异,在早期经济体制改革中,毕业生分配制度更多体现的是教育的信号功能,能够直接帮助个人获取较好的工作,教育的生产性功能未能得到充分体现。而在改革后期,单纯的教育信号功能并不能有效保障毕业生的工作岗位,尤其是在 1999 年高等教育扩张之后,能够发送出教育信号的个体急剧扩张,毕业生需要面对雇主对他们的多重考核,如结构化面试、集体面试、笔试、心理测试等,以求获取工作机会。相对前面的阶段而言,教育信号价值相对减弱。

最后,劳动力市场中存有的"雇主学习型假说"是对教育信号价值的检验。这一点与前文分析内部劳动力市场的原理有异曲同工之处,随着工作经验的增长,个人真实的劳动生产率信息会逐渐暴露在雇主面前,他们之间的信息不对称状况逐渐得到缓解,雇主也因此调整该雇员的工资结构及水平,使其与雇员的边际劳动生产率相匹配,此时,个人的教育信号价值将发生变化。尽管本书发现,随着工作经验的增长,个人的教育信号价值不降反升,并不是说明"雇主学习型假说"并不成立,只是表明本书分析对象的教育文凭的确反映出了他们的个人能力,匹配性较高,一定程度上也说明这些群体的教育信号的有效性与持久性。与前文内部劳动力市场原理唯一的不同是,内部劳动力市场指的是所在单位

---

① 吴庆:《演变、定位和类型——中国大学生就业政策分析》,《当代青年研究》2005 年第 2 期。

或公司在招聘新员工时从内部市场入手，以晋升方式递补岗位空缺，因此雇员的劳动生产率对于雇主而言更为直接。而此处的分析并未局限在公司内部的岗位竞争，是从整个劳动力市场角度出发的，本公司外的其他雇主也可以通过观察求职者简历、与原公司管理者沟通或者其他信息获取途径来知悉求职者的能力信息。

综上，教育信号价值只能在劳动力市场中得以实现，而劳动力市场特性某种程度上影响了劳动力的岗位竞争机制及收入分配方式，同时也对教育信号价值的持续性或有效性进行检验，由此致使教育文凭在不同劳动力市场中发挥的作用存在差异，且会因进入劳动力市场的时间长短而变化。

第三节　家庭资本可干扰文凭信号价值实现的动态过程

在信息不对称的劳动力市场中，从买方上看，雇主为了避免逆向选择给自身带来的效率损失而选择一些可被观测的信息作为衡量潜在雇员能力的指标，教育文凭便是该类指标之一。但需注意的是，在真实劳动力市场中，雇主会综合考察更多的信息指标后做出招聘决定。从卖方上看，潜在雇员除了通过自身努力获取与自身能力相匹配的教育信号之外，会通过更多的手段发送自身的能力信息，或者是影响雇主的招聘行为，以保证获取利益最大化的结果。同时，在以"人情社会""伦理社会"盛行的中国现实社会中，家庭资本一直是在个人职业发展过程中有着重要影响的外生因素，至少会通过两种路径来影响个人教育信号作用的形成及发送过程，甚至是最终的处理结果。

首先，家庭资本会影响子代教育信号的形成及其质量。从家庭人力资本上看，高家庭人力资本会强化教育文凭信号的发挥。这种强化作用主要体现在两种匹配上：第一层匹配，提高子女能力、教育文凭与未来职业需求三者间的匹配程度，强化文凭信号的作用力度。相对来说，父母是最了解子女能力、性格、特长、爱好等特征的行为主体，拥有较高人力资本的父母由此会结合自身经验、知识、阅历等来帮助子女选择最优化教育，这里涉及所学专业、层级等。第二层匹配，在子女获取了教育相关信号之后，拥有较高人力资本的父母通过自身的社会接触、职业了解以及对未来方向的把握，帮助和指导子女选择更适合他们未来发展的职业方向，这里涉及任职岗位、工作性质、行业、职业，以及未来发展路径等。从家庭社会资本和家庭经济资本上看，这些资本会通过各种途径来帮助家庭中的子女接受更多、更好的教育，优化子女的教育信号质量。

其次，家庭资本会影响子代教育信号价值的实现效度。这里至少存在三个层面的影响：

第一，家庭人力资本会提高子女教育文凭信号的可信度。在当前教育规模高速扩张的现实背景下，教育信号的获取与能力之间的负相关关系已经逐渐弱化，即使是低能力个体也未必需要付出高昂的信号成本去追求较高教育，如此使得教育并不能有效区分出高能力与低能力人群，致使教育信号的可信度降低，从而加剧了劳动力市场中的信息不对称状况。接受过较高教育的父母自身能力相对较高，一定程度上也能表明其子女具有的能力信息，从而强化子女所拥有的教育文凭的信号可信度，提高子女获取相应岗位的概率。

第二，家庭社会资本会辅助教育文凭信号价值的实现。在当前竞争日益激烈的就业市场中，单纯展示自身的能力信息并不足以帮助个人找到理想的工作岗位，需要更多的外生性因素发挥作用。家庭社会资本强的个人能够获取更多的就业信息、岗位需求信息、未来职业发展通道信息等，丰富个人的就业选择，减少就业的盲目屈从性，提高就业效率和质量。另外，家庭社会资本强的个人还能对招聘机构施加直接影响，甚至对就业结果产生实质性作用，从而帮助实现个人的价值。

第三，家庭经济资本一定程度上会替代教育文凭的信号功能。在当前劳动力市场制度并不完善的现实情况下，拥有较强家庭经济资本的个人通过各种寻租手段（权力、财力等）来获取相关信息资源，甚至是最终的利益分配格局，实现经济资本优势的代际传递，也致使社会中出现"强者越强、弱者越弱"的"马太效应"。在这种外在非市场性因素影响下，个人教育文凭对于其自身的信号作用并不大，甚至只是他们维持自身既得利益的一种基本屏障或外在保护层。

在中国劳动力市场存在明显的"关系就业"，家庭资本会通过多种影响方式对子女教育文凭信号价值的实现形成干扰，或强化、或弱化子女教育文凭的信号价值，具体结果取决于三方面：一是家庭资本的形式，家庭人力资本和家庭社会资本只是强化了信号作用，但家庭经济资本弱化了信号作用；二是家庭资本强度及使用程度，在既往研究中，有研究认为家庭社会资本能够作为强社会关系直接影响就业结果，从而取代教育文凭的信号作用，但本书只发现它们之间存在互补关系，原因可能与本书分析样本的家庭社会资本强度和使用程度有关；三是家庭资本的辐射范围，个人工作找寻的方向与家庭资本所能辐射的范围之间的交叉程度会直接影响家庭资本的作用效度，从而对子女教育文凭信号价值的影响产生不一致的结果。

第四节 市场分割与家庭资本共存背景下文凭信号价值实现的综合模型

前面已经分别论述了单个因素对教育文凭信号价值实现的影响方式与结果，接下来，本书将探讨它们之间的联合作用机制，试图呈现一个动态的、多元化的信号传递模型。

一 教育文凭信号价值实现的 DMF 模型

教育信号发送是一个动态的过程，涉及的是多元主体及其相互作用关系。在特定市场经济时期、特定教育发展状况下，个人结合自身的兴趣、爱好、能力状况等选择对自己最优化的教育决定，获取的教育文凭涵盖了学科信息、所受教育的质量状况以及文凭颁发机构的层次信息等，这种信息共同组合成为一个代表自身能力的信号，这些信号一定程度上决定了个人在劳动力市场中的定位、职业选择、可能取得的收益以及未来发展方向等，是个人所拥有的最核心的市场要素，是个人参与劳动力市场竞争的核心竞争力。这种核心竞争力的大小可以用以下基准方程进行表述：

$$Value_1 = V(D) = \alpha \times D(level, quality, discipline)$$

其中，$Value$ 表示信号价值，$level$，$quality$，$discipline$ 分别表示教育文凭的层级、质量、学科，α 表示的是特定教育时期教育信号价值的影响系数,如在教育规模扩张之前,受教育人数相对较小,该影响系数值相对较大。

在特定经济发展时期,个体在取得教育信号后进入劳动力市场,面对的真实劳动力市场是不完全竞争的,各种社会性、制度性或歧视性因素的影响致使劳动力市场形成多重分割,如性别、部门、地区、职业或行业分割等,不同劳动力市场特性存在差异,对潜在劳动者能力的要求以及招聘形式等均存在差异,个体拥有的教育文凭在不同劳动力市场的价值并不一致,由此,考虑到劳动力市场分割因素后,教育信号价值的表述方程为:

$$Value_2 = V(D \mid M) = \alpha\beta \times D(level, quality, discipline) \times M(gender, sector, region, occupation, industry)$$

其中,$gender$、$sector$、$region$、$occupation$、$industry$ 分别表示的是性别、部门、地区、职业、行业分割。β 表示的是特定市场经济体制时期的信号价值影响系数,如在计划经济体制下,高校毕业生实行的是包分配制度,信号价值相对较大,此时的影响系数值较大。

在个人通过发送教育信号来寻求劳动力市场岗位的过程中,会受到多种外生性因素的影响,其中来自家庭层面的因素便是典型的代表,在中国人情社会,家庭是个人生活的基本单元,家庭资本因素也会作用于个人求职及发展过程中,并且不同的家庭资本的作用程度和方式不同,由此对个人教育信号的影响程度也存在差异。进一步地,将家庭资本因素纳入信号价值的表述方程中,如下所示:

$$Value_3 = V(D \mid M, F) = \alpha\beta\gamma \times D(level, quality, discipline) \times M(gender, sector, region, occupation, industry) \times F(hc, sc, ec)$$

其中,hc、sc、ec 分别表示的是家庭人力资本、家庭社会资本、家庭经济资本。γ 表示的是家庭资本使用强度指数,整体上看,家庭资本使用强度越大,该指数取值越小,文凭的信号作用在实际工作找寻及职业发展中更小。

图 6—1 呈现了教育文凭信号价值实现的 DMF 模型,教育信号特征是教育文凭信号价值实现的内核,决定了信号价值的真正内在价值,劳动力市场中的信息收益只是这种内在价值的外在表现,受市场性(如教育文凭供大于求)或非市场性因素(如家庭资本干扰、制度壁垒限制等)

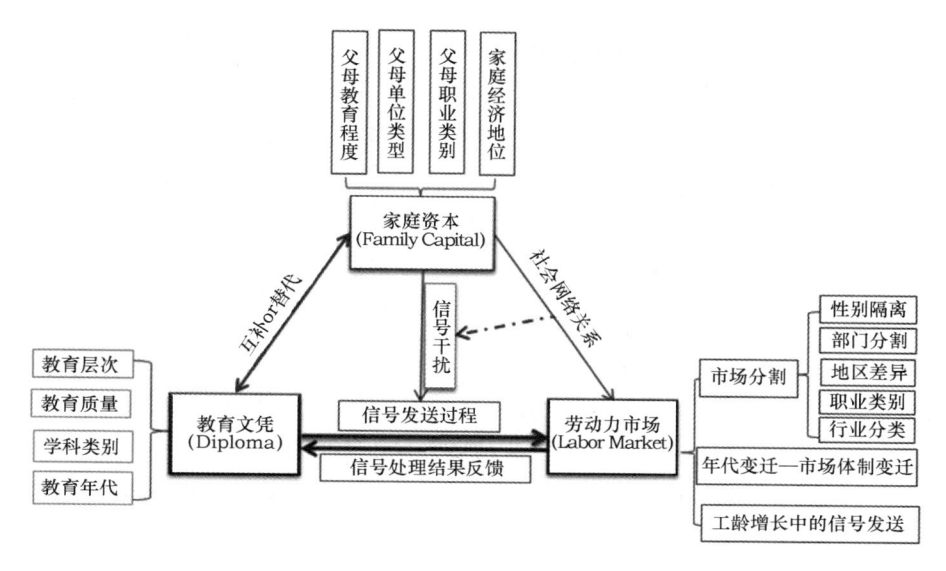

图 6—1 DMF 模型示意图

的影响，外在表现出的信息收益是波动的，大多数情况下，信息收益与内在价值并不相等，并且由于劳动力市场制度以及竞争机制并不完善，这种偏差是一直存在的。

需要说明的是，上述仅是从整体上看某个静态层面的信号价值的实现方式，描述的是多元主体及影响因素的相互作用关系，并不能呈现教育文凭信号价值实现的动态过程。如图 6—1 所示，在教育文凭与劳动力市场之间存在互动路径，相互之间存在影响回路，这也是现实的真实反映，接下来，本书将开始关注这种信息反馈过程，并同早期斯宾塞的信息反馈模型进行比较。

二 教育文凭信号价值实现的动态路径

在分析信号价值实现的动态路径之前，先交代一下在整个实现路径中存在的行为主体以及潜在的前提假设。不同于斯宾塞的信息反馈模型，本书认为在个人教育信号发送过程中除了劳动力市场中的买、卖双方外，还存在第三方主体，非市场性因素的操控者，本书在此只分析家庭资本因素，因此家庭也是影响个人在劳动力市场表现的第三方行为人。家庭资本建立起了劳动力市场雇主与雇员之间的第二道桥梁，帮助雇主了解潜在雇员的能力信息或者是建立相应的信任机制，从而强化对潜在雇员能力信号的信任或者直接取消对雇员能力信号的考察，决定最后的招聘结果，具体如何影响取决于家庭资本与雇主之间的关系类型、强度以及作用力度等。这种第三方行为主体人会缓解劳动力市场中的信息不对称状况，帮助雇主做出理性决定。

同样地，本书归纳的信号价值实现动态路径也存在几条前提假设：

假设一，个人的能力既有先天成分，也有后期培养提高成分。关于这一点，大量研究已经论证了教育除了对人群进行分类外，还能提高个人的能力（生产性功能），本书的分析均是在控制了生产性功能的前提下进行的。在整个动态路径中也仅分析教育的信息功能的影响。

假设二，教育信号的获取与自身能力呈负相关关系，但这种负相关关系呈减弱趋势，尤其是在教育规模高速扩张的背景下，那些低能力的个体并不需要付出过高代价也能获取相应的教育信号，由此会影响劳动力市场雇主对教育信号的信任及其对不同信号拥有者所具有的劳动生产率的判断。

假设三，劳动力市场中存在信息不对称状况，但某些非市场性因素会缓解信息不对称状况的程度，甚至影响信息对雇主招聘员工的作用。换句话说，在现实劳动力市场中存在着多种信号传递指标，从而影响教育信号指标的效用。

假设四，求职者能够低成本甚至是免费地发出自身的能力信号，包括教育信号、家庭资本信号等。这个假设保障了信号的可行度，如果发送成本太高，或者是雇主难以观察到这些信号，那么潜在雇员会选择放弃这种信号，转而寻求其他类型信号。雇主也会放弃获悉这些信号，转而直接关注潜在员工能力信息本身状况，如组织笔试、面试、心理测试等。

假设五，劳动力市场是不完全竞争的，现实中的劳动力市场是多重分割的，不同劳动力市场的岗位竞争程度、入职门槛、劳动力素质要求等是不一致的。

图6—2呈现了整个多元行为主体下就业市场中的信息反馈过程。在真实劳动力市场中，不同劳动力市场中的雇主对拥有不同教育信号的个人的劳动生产率都有一个信条（基于自身经验和以往多年的观察判断），

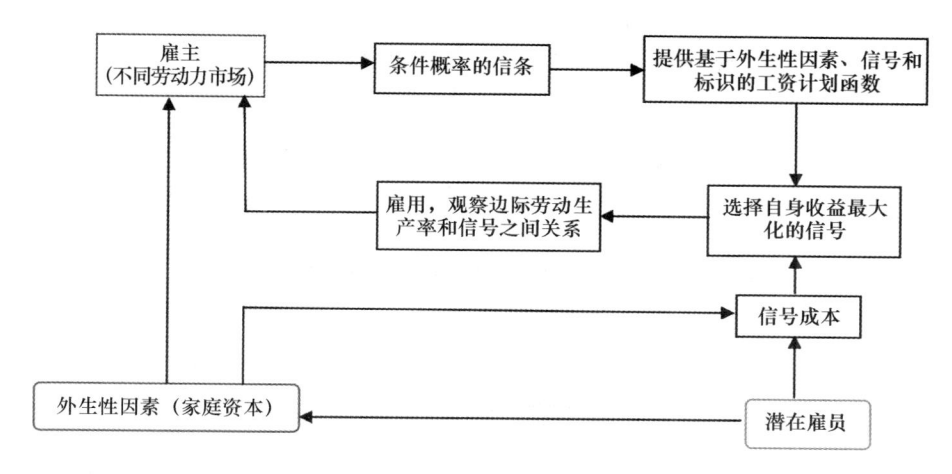

```
┌─────────────┐     ┌──────────┐     ┌──────────────────┐
│   雇主      │────▶│条件概率的│────▶│提供基于外生性因素、│
│(不同劳动力   │     │  信条    │     │信号和标识的工资   │
│ 市场)       │     │          │     │计划函数          │
└─────────────┘     └──────────┘     └──────────────────┘
      ▲                                       │
      │                                       ▼
      │            ┌──────────────┐    ┌──────────────┐
      │            │雇用,观察边际 │◀───│选择自身收益最│
      │            │劳动生产率和  │    │大化的信号    │
      │            │信号之间关系  │    └──────────────┘
      │            └──────────────┘           │
      │                                       ▼
      │                                ┌──────────┐
      │                                │ 信号成本 │
      │                                └──────────┘
      │                                       │
┌─────────────────┐                    ┌──────────┐
│外生性因素(家庭资本)│──────────────────▶│ 潜在雇员 │
└─────────────────┘                    └──────────┘
```

图 6—2　多元行为主体下就业市场中信息反馈过程

根据这个信条,雇主会向劳动力市场中传递自己招聘新员工的工资计划,并严格按照计划实行。劳动力市场中的潜在雇员在获悉这个工资结构之后,会重新审视自己所处的状况(能力、性格、信号成本以及拥有的家庭资本等),会通过两种途径去达到自身最优化的选择:一是利用所拥有的家庭资本,与劳动力市场雇主建立沟通渠道,通过其他形式发送自身的能力信号或者减少对自己的筛选强度。二是权衡信号成本与教育信号所带来的信息收益,选择去追求对自己最优的教育信号。在接收到潜在雇员的教育信号以及其他渠道了解的相关信息之后,雇主做出对自身发展最优化的招聘决定,并在新员工进入工作岗位之后观察他们的真实劳动生产率,并与原先拥有的信条进行对比,实时更新自己的信条,以使其接近劳动力的真实劳动生产率,在下一轮招聘过程中基于最新的信条重新设计工资结构。由此,周而复始,不断循环。

整体上看,在综合考虑了外生性因素干扰与劳动力市场不完全竞争的现实状况之后,就业市场中的信息反馈模型更加丰富、多元、复杂,工资结构的决定机制具有弹性。对比来看,这种多元化的信息反馈模型与斯宾塞的信息反馈模型相对,主要呈现以下几个特点:

第一,行为主体多元性。这一点在前文中已经说明,存在两方面的主体扩展,一是增加了家庭层面的行为主体,建立起了雇员与雇主之间进行沟通的其他渠道;二是由于劳动力市场是分割的,将原先单一的劳动力市场雇主进行了细分,充分考虑到不同市场之间的信号处理与反馈。

第二,信息反馈渠道的时效性。由于行为主体更加多元,雇主与雇员之间的信息沟通渠道更多,由此带来的优势是信息得到及时反馈,行为主体间能够快速调整和处理实时信息变化,从而帮助己方做出高效且优化的理性选择。

第三,教育信号价值实现的不确定性加剧。由于在这个信息反馈模型中存在着非市场性因素的影响,那些即使拥有高教育信号的个人也可能受制于其他非市场因素的干扰而被排除在岗位获取的资格之外,加大了教育信号投资的风险,信号成本可能进一步提升。

第五节 保障文凭信号价值实现的政策含义

文凭效应体现的是文凭因传递能力信号而给个人带来的额外收益,归根到底,是个人能力价值的实现。上述教育信号价值实现的 DMF 模型和动态路径把外生性家庭资本和劳动力市场分割因素纳入分析框架,从整体上概括了教育文凭信号是如何在真实劳动力市场中帮助个人获取最优化的岗位和收入,同时也揭露出现实中一些社会问题的存在及其滋生路径。为此,基于上述研究结果,从 DMF 模型出发可衍生出两条政策改革路径,以使在现实劳动力市场中实现文凭效应最大化。一是确保文凭能够反映个人能力。教育文凭能够帮助社会快速有效定位、分类、甄别潜在个人的劳动生产率,提高社会效率。如果不能保证文凭确实能够反映个人能力信息,而只是纯粹的一纸文凭,那么这种文凭带来的价值充其量只是"文凭主义"观念下来自社会偏见的价值,并不能体现社会效率。二是创造良好的外在环境,确保文凭信号价值的实现。从这两条路径出发,可以考虑以下三个方向的改革策略。

强化教育筛选功能是根本。文凭最终能否真正体现个人能力信息,取决于获取教育文凭的个人是否经历了严格的教育筛选过程,这种筛选过程包括入门筛选、过程筛选、出门筛选等阶段。每个阶段都必不可少:入门筛选保证生源质量,这与高校目前所在层级、学术声誉以及专业特色等有关,高校至少可以从专业特色建设、人才培养方案设置、学校信息宣传、招生环节创新等相关;过程筛选反映相应阶段的能力增值,人才培养的核心是学生到底学到了什么、各方面能力有多少程度的提升等，这与教育质量密切相关；出门筛选体现的是毕业生质量，只有满足一定标准的毕业生才准予授予文凭。上述整个过程是一套完整的序列，由此才能保证"选拔高能力学生""进一步提高学生能力""输送更高能力的毕业生"。然而现实是，以本科教育文凭为例，高等教育规模扩张后，中国高等教育大部分实行的是"严进宽出"的原则（甚至少数高校实行"宽进宽出"），学生经过激烈的高考竞争后进入高等教育学习，一定程度上已经实现了能力的分流，而高等教育过程中并没有进行进一步的甄别和筛选，导致所有人都花费相同成本获取同样的文凭，而这种文凭其实只是高考筛选机制的一种反馈，与高等教育本身无关。这种高等教育体制会造成"劣币驱逐良币"现象，高能力的人无法与低能力的人区分开来，造成市场雇主选择性忽略教育文凭信号，致使高能力的个人未能进入合适的岗位，降低了个人生产率与收益，最终退出相应的劳动力市场。而这将会给社会造成极大的资源浪费（教育投入资源和社会产出损耗等）。需要警惕的是，在当前中国教育实践中，"严进宽出"、甚至"宽进宽出"，是一个较为普遍的现象，学校受某些外生性因素干扰甚至还主动担心学生不能毕业，甚至很多学校还设置了出门"清考"，帮助不合格学生"顺利"毕业。这种现象至少会产生三方面负面影响：一是这些"顺利"毕业的学生并没有真正提高自身能力，无法满足社会发展需求；二是这种行为对那些努力学习的学生并不公平，甚至会刺激后来者放弃学习，影响他们的自身成长；三是破坏学校声誉，影响劳动力市场用人单位对学校教育质量的判断，也会降低未来学校的生源质量。

强化教育筛选功能除了与教育培养过程相关，还与教育培养模式密切相关。高效高质量的教育培养过程体现的是对个人能力的选拔和提升，而完善的教育培养模式可以侧重对不同类型能力的筛选和提升，是一种更深层次的教育筛选，可以更好地实现所筛选的不同能力与未来职业需求相匹配。当前，中国正处于社会经济结构转型、产业结构优化调整的关键时期，需要大量的应用型、技能型人才。然而当前中国中等、高等职业教育体系并不完善，并不能提供足够且高质量的人才以满足社会需求，原因至少有两方面：一是教育体系设置不合理，弱化了职业教育在整个教育体系中的地位，加剧了社会对职业教育层次的"歧视"和"看低",从而影响到潜在的职业教育投资者,进一步恶化了职业教育发展;二是早期职业教育并没有得到应有的重视,在资源配置和制度安排上并没有得到足够的支持。尽管近年来职业教育逐渐得到政府层面的关注和支持,以高等职业教育为例,2012年《教育部关于印发〈国家教育事业发展第十二个五年规划〉的通知》就明确强调,"完善高等职业教育层次,建立高级技术技能人才和专家级技术技能人才培养制度",以及最近一直受到社会各界关注的应用技术大学建设等。但是职业教育"低人一等"的"层次"歧视仍然存在,现代化的职业教育体系尚未建立,由此造成的后果是,一方面,与普通学术型教育相比,职业教育无法吸纳到优质的生源,且由于相应的教育教学资源缺乏而无法保障受教育者的能力增值,致使毕业生综合质量较低,文凭所能代表的能力信号较弱。另一方面,教育培养模式单一致使教育筛选标准单一,所筛选的个体的能力类型单一,并不能满足社会对多元化能力的需求,由此弱化教育文凭的信号作用,影响社会效率。最明显的是,长期以来,中国人才培养模式过于注重以应试教育为目的的知识传授,从小学升初中、初中升高中、高中进入大学、大学报考研究生等,几乎所有阶段的教育都过于注重面向更高阶的入学考试而设置人才培养模式,并未足够关注课程与未来职业之间的内外在联系,没有注重培养学生的实践操作能力、综合合作能力、协同创新能力,甚至在综合素质、社会责任意识等方面都严重缺失,如此造成的后果便是,培养的人才无法满足用人单位的要求、工作能力亟待提升,甚至与社会需求严重脱离。在这种情况下,教育文凭所代表的能力信号与劳动力市场雇主需求的能力信号之间并不匹配,存在着结构性偏差,如教育文凭一定程度上只是代表应试能力和知识接受能力,然而劳动力市场雇主更关注的是知识应用、综合、创新等高阶复合型能力,这种结构性偏差也会致使劳动力市场买方开始质疑甚至放弃这种能力信号,由此给教育信号投资者带来巨大损失。

完善劳动力市场的竞争机制是关键。DMF模型显示,教育信号功能在不同劳动力市场之间的作用差异,这在一定程度上体现出劳动力市场制度本身存在着问题。在劳动力市场运行的诸多环节之中,劳动力雇用决策机制与收入分配机制是两个核心环节。长期以来,受户籍制度、劳动力分配制度和社会保障制度等的影响,中国劳动力市场中存在着城乡分割和所有制部门分割，尽管随着国有企业改革的深化、非国有经济的快速发展，城乡分割、所有制分割逐渐弱化，但受行业、垄断、地区等因素的影响，其他类型的分割演化生成，由此带来的是不同市场的劳动力雇佣决策机制以及工资福利待遇等存在明显差异，致使教育文凭信号价值实现的场域特征存在差异，最终影响到教育文凭信号价值的实现。

具体来看，条块分割、制度屏障、社会歧视等因素将劳动力群体过度集中，形成两种非常对立的局面，一方面是市场无法充分吸纳劳动力供应，导致优质劳动力的严重过剩；另一方面是市场对高素质人才的渴求，但却难以找到足够的劳动力来促进发展。劳动力市场制度的不完善致使劳动力无法在不同市场之间自由流动，无法辅助教育信号价值的正常实现，这种对立局面是对劳动力资源的严重浪费，社会经济发展效率也大打折扣。在这条影响路径中最核心的两点是：竞争不平衡与流动不合理。最终的结果便是劳动力资源配置扭曲，教育文凭信号价值也不能实现最优化配置。

营造社会公平环境是保障。DMF 模型显示，在教育信号价值实现的动态过程中，非市场性因素的介入降低了教育信号的参考价值，甚至导致劳动力市场中的雇主直接忽略教育信号的作用，即使是拥有层级较高、可信度较高、学科受欢迎的教育信号，也没有办法有效实现教育信号相应的价值，给教育投资收益带来了极大的不确定性，投资风险显著增加。如此，在教育投资收益下降且风险攀升的现实状况下，弃考或弃读等似乎成为部分弱势地位群体的无奈选择，"读书无用论"腔调成为许多舆论的焦点。这种舆论的存在会进一步加剧"弃考弃读"现象。

以家庭资本为代表的非市场性因素通过权力寻租建立起劳动力市场中雇主与雇员之间的沟通桥梁，形成一种内隐式契约。该契约是一种人情交易，对双方而言是一个资源互换以求各自利益最大化。这在人情社会尤为突出的中国极为明显，关系就业、暗箱操作、内幕交易成为中国家庭资本优势群体维护自身优势的手段，顺利实现权力、财富、地位等的代际传递，从而在中国社会中造成明显的"强者越强、弱者越弱"的"马太效应"现象。这种现象的存在对于那些家庭资本拥有量较低、社会关系网络层次较低的受教育群体（如来自贫困山区家庭的大学生、城市边缘人群的子女等）而言是一种无声的排挤与隔离，将他们被动地固守在落后的地区和生活状态，这种权力寻租破坏了教育信号作用的市场发送途径，极大地破坏了市场机制，带来了社会不公平，妨碍了正常的社会流动，长此以往，对中国社会发展必将带来隐患。

第七章 结语

本书基于全国抽样调查数据，通过理论梳理与假设放松，尝试性构建了多种计量模型解决以往研究模型中存在的异质性、自选择和内生性问题，探讨了中国个人教育收益中文凭效应的表现状况，并基于这些研究结果构建了动态多元化的信息反馈模型，分析了教育文凭信号价值如何得以实现。现将本书的主要研究结论以及创新与不足归纳如下。

第一节 主要研究结论

第一，中国个人教育收益中同时存在着显著的信息收益率和生产性收益率，表明，中国教育同时具有生产性功能和信号功能，这与当前国外大部分关于文凭效应的研究结论是一致的，本书再次基于发展中国家的经验数据论证了教育的两大经济功能，回应了在绪论中提到的理论之争问题，本书结论同时支持了人力资本理论和筛选理论。该研究发现也向潜在的教育投资者发送出一个信号，当前环境下接受教育依然是一个不错的投资选择，有力地回应了社会中甚嚣尘上的"读书无用论"舆论，同时，对于国家或政府以及社会而言，筛选理论在中国劳动力市场中的验证再次论证了教育的社会回报率显著为正，教育为社会培养和筛选人才的重要中介作用有效提高了中国人才资源配置的效率，促进了中国经济社会的发展。

第二，文凭效应存在异质性。这种异质性表现在多个方面：

首先是教育层级异质性，研究发现，本科文凭的边际文凭效应最大，其次是高中文凭，最后是专科文凭。文凭效应的层级差异可以为个人教育投资选择提供参考，在结合自身能力水平、外在环境及自身兴趣等基础上，理性对待不同层级教育的预期收益，合理选择最有效的教育投资策略，避免"千人一面"，有效发挥自身喜好和特长，最大可能实现自身价值。

其次是教育类型异质性，研究结果显示，在中等教育层次内，职业技术教育的文凭效应比普通高中教育的文凭效应更高。类型异质性的结论也让我们慎重思考，一方面，到底是面向未来更高层级教育、选择接受学术型知识，还是面向未来就业、选择接受技能型知识，是个人需要考虑的前提性问题；另一方面，对当前在高等教育层面上兴起的应用技术教育改革的启示，研究结果表明，给人们提供面向未来就业的职业技术教育能够帮助他们有效展示自身能力信息，从而获取相应收益。

再者是教育质量异质性。研究发现，质量越高的学校越在乎自身品牌，会严格要求入学门槛和人才培养质量，而能获得高质量教育文凭的个人彰显出自己的高能力，劳动力市场对高质量本科教育文凭的信赖度更强，会充分认可来自名校的毕业生，并给予他们高待遇。

接着是收入异质性，研究发现，高收入群体的文凭效应较低。该结论一方面揭示了个人能力信息呈现方式具有多样性的特点，人们在关注教育文凭获取时也应意识到其他能力展示方式的存在，教育的信号功能具有可替代性或者互补性。另一方面也提示政策制定者关注现实劳动力市场中可能存在的不公平竞争问题，有效维护公开透明公正的信息发送渠道，避免"强者越强、弱者越弱"的"马太效应"。

最后是劳动力市场异质性，本书对此展开了更为细致的研究，主要从部门、地区、职业、性别、公司规模五个市场分割类型进行分析，研究结果呈现出教育文凭在分割化的劳动力市场中发挥信号作用的三大特征：一是劳动力市场分割的确会影响教育信号功能的发挥及其作用大小；二是作用的大小与市场中存在的社会歧视性因素相关，由于传统社会观念、旧时代管理制度等因素的影响，中国劳动力市场中存在着明显的性别歧视和户籍歧视，这些歧视性观念将女性或乡村户口等劳动力隔离开来，这些被歧视群体很难获得平等的就业机会和薪资待遇，需要比其他类型群体展示更多的能力信息才有可能进入其他群体所从事的岗位，教育文凭充当了他们的能力信号，帮助他们获取相应收益；三是作用大小与市场化程度成正比，市场化程度越高，教育文凭发挥作用的可能性越大、文凭效应越高。对于那些内部劳动力市场较为完善、受计划经济政策及其残留影响较重、实行"论资排辈制""年资工资制"等类型的企事业单位，市场竞争程度较低，市场性因素对劳动力工资水平的作用强度并不大，也并不需要或强调教育文凭帮助他们获取收入及岗位提升，文凭效应较小。而那些小型企事业单位、市场化体制改革过程中新兴企业等受市场化因素的影响更重，市场化程度较高，劳动力工资水平反映的是市场出清状态下边际劳动生产率，劳动力需要教育文凭的信号功能来参与市场竞争，获取岗位及收入，文凭效应较高。

第三，文凭效应具有波动性。主要表现在两方面。

一是历史纵向波动。在早期计划经济时期，教育文凭成为中国人才资源配置的关键指标，"获取文凭等于取得铁饭碗""统包统分、包当干部"等是当时教育信号价值的充分体现，文凭信号价值保证了毕业生的未来经济收益。然而，随着市场化经济体制的推进，教育文凭不再是唯一的能力信号筛选装置，劳动力市场中的雇主为了避免信息不对称问题会开展各种筛选方式，如笔试、心理测试、结构化面试等，有效帮助雇主筛选高素质人才，由此削弱了教育文凭的信号价值，文凭效应逐渐降低。

二是随工作经验增长而变化。正常的理解是，随着工作经验的增长，个人真实的劳动生产率信息暴露在雇主面前，教育文凭的信号价值将逐渐减弱，然而，本书发现，随着工作经验的增长，文凭效应不降反升，原因可能在于，本书分析样本所接受的教育质量相对较高，确实能够完全反映个人的真实能力信息，从而加深了雇主对教育文凭的信任，甚至超出了雇主原先对潜在雇员生产率的判断，由此表现为文凭效应上升。这种现象也再次论证了教育质量对文凭信号价值的正向影响具有持久性。

第四，从国际比较上看，中国文凭效应要比其他国家的文凭效应高。原因在于，中国长期以来受计划经济体制的影响，教育文凭在中国劳动力资源配置中长期占据着重要作用，即使随着市场化改革的推进，中国劳动力市场制度并未足够完善，教育文凭的信号价值相对而言依然坚挺有效。而在其他一些发达国家，市场化经济制度相对完善，有更多的能力信号筛选方式，缓解了劳动力市场岗位竞争中的信息不对称，削弱了文凭的信号价值。

第五，家庭资本会干扰教育文凭信号价值的实现。本书通过将家庭资本划分为家庭人力资本、家庭社会资本、家庭经济资本三种类型进行计量分析，研究发现，不同资本对教育文凭效应的影响程度和方式并不一致，从整体上看，在家庭资本作用的客观存在下，教育文凭的信号作用呈现出三点特征：首先，家庭资本确实会影响教育文凭信号作用的发挥，拥有家庭资本优势的个人能够通过各种非市场途径帮助自己获取有价值信息甚至直接获取相关岗位及收入，教育文凭的信号价值未能体现或者只能充当辅助手段。此外，家庭资本有时也能自发"顺带"发送出个体的能力信息，也能充当信息不对称环境下能力因素的参考指标，由此干扰或强化教育文凭的信号作用；其次，家庭资本对教育文凭信号作用的影响程度与家庭资本类型有关，如家庭人力资本、以父母单位类型、职业类型为代表的家庭社会资本等对教育文凭信号功能的影响更多表现为强化作用，两者呈现为互补模式。而家庭经济资本会直接替代教育文凭的信号作用，两者呈现为替代模式；最后，家庭资本对教育文凭信号作用的影响也与家庭资本的强度、使用力度以及辐射范围等有关，即使是以父母单位类型所构建的强社会关系，或者以父母职业所构建的专业性社会网络，如果拥有者并不使用这些资本或者未来就业领域脱离了家庭资本所辐射的关系范围，也难以发挥家庭资本本身的作用，由此也就表现为强社会关系与教育文凭之间的互补模式，甚至并不显著影响教育文凭的信号价值。

第六，本书构建了基于教育信号特征、劳动力市场分割、家庭资本等因素的动态多元化 DMF 模型，并分析了教育文凭信号价值在中国现实劳动力市场中如何得以实现。该模型认为，教育信号特征是文凭信号价值彰显的核心要素，劳动力市场特性决定了信号价值实现的场域特征，家庭资本干扰了信号价值的实现过程。在中国现实劳动力市场中，劳动力市场分割和外生性家庭资本干扰共存，不同教育信号下的教育文凭信号价值是在它们的综合作用下得以实现的。这是对斯宾塞早期研究中信号模型的扩展，主要体现在假设放松和信息反馈渠道的扩展上。本书首先系统分析了斯宾塞研究中的五个初始假设，并结合中国劳动力市场现实状况对其中四个假设进行了放松，探讨教育文凭信号价值的表现。这种分析思路和经验验证是对筛选理论的扩展和完善，具有一定的理论意义。

第七，本书证明了以往文凭效应研究使用的模型存在着多种技术问题，并尝试进行了纠正。首先是异质性问题，本书采用了分位数回归进行纠正，验证了收入异质性的存在，其次是样本自选择问题，本书选择"子女数"和"父母60岁以上"作为决定变量，证明了该问题的存在，并利用 Heckman 两阶段法进行了纠正，接着是内生性问题，本书使用配偶的受教育年限和教育文凭作为个人受教育年限和教育文凭的工具变量进行分析，验证了内生性问题的存在，并利用两阶段法进行了纠正。最后是考虑到样本自选择和内生性问题同时存在，本书还借鉴了伍德里奇开发的综合模型同时纠正自选择和内生性问题，研究结果相对准确。另外，本书还基于全国性横截面调查数据，将样本高考分数重新匹配后的分组虚拟变量作为个人能力的代理变量进行内生性控制，研究结果同样揭示出内生性问题的显著存在，若不进行纠正，拟合结果将产生偏差。

第二节　创新与不足

一　研究创新

本书基于三套全国性调查数据，从放松筛选理论的假设出发，探究教育自身因素、劳动力市场分割和家庭资本对教育文凭效应的影响。主要创新点有：

第一，是国内首次利用大范围、多年代抽样调查数据实证计量中国个人教育收益中的文凭效应。国内对教育信号功能的研究很多，部分研究停留在理论层面的探讨和实际劳动力市场现象的解释上，部分研究尝试通过绝对教育年限和相对教育位置的收入效应法、学业与学用结合的收入效应法、过度教育的收入效应法等其他方法，很少有研究从实证计量角度分析教育文凭的信号价值。本书基于全国性调查数据，从教育信号类型、劳动力市场分割因素和家庭资本因素等多个角度对中国个人教育收益中的文凭效应进行了系统全面的计量分析，揭示了目前筛选理论在中国劳动力市场中的解释力度及其随年代和工作经验变化的趋势，整体上给中国教育文凭的信号价值呈现了一个清晰的轮廓。

第二，研究结果上有新的发现。首先，在中国个人教育收益率中存在显著的文凭效应，国际比较发现，中国文凭效应高于其他国家的文凭效应；其次，中国文凭效应存在多重异质性，其中收入异质性和质量异质性是创新性发现（目前所搜集的文献中尚未发现有对不同收入群体和不同教育质量下的文凭效应进行分析），高收入群体的文凭效应更低，文凭效应存在名牌效应；再者，通过探讨多种类型市场分割对文凭效应的影响，发现劳动力市场分割会影响教育信号作用的发挥，但作用大小及方向与其他研究并不一致；最后，既有研究并没有系统探讨家庭资本对教育信号作用的干扰，而本书通过分析三种家庭资本类型分别对文凭效应的影响，发现家庭资本的外生性干扰的确存在，但不同类型的家庭资本对文凭效应的影响存在差异。

第三，结合中国劳动力市场真实特性，以筛选理论为基础，逐渐放松前定假设，并引入劳动力市场分割理论与社会资本理论进行分析，形成了一个更接近社会现实的理论分析框架。筛选理论中原始的五个假设中除了假设四得到了学界的普遍认可之外，其他假设均受到学界的质疑，已有研究均尝试从理论阐释与模型演绎的角度出发，对放松每个假设后可能产生的影响进行分析，判断是否仍会出现信号均衡，但相对而言，缺乏足够的实证研究去检验验证。本书则基于经验数据对放松假定后的信号价值进行分析，并判断假设放松后对筛选理论或教育信号功能的影响，从多个角度验证了既往理论研究或模型演绎的推论，具有一定的理论意义。

第四，构建了一个综合教育信号特征、劳动力市场特性和家庭资本等因素的多元动态 DMF 理论模型，并呈现了教育文凭信号价值在中国劳动力市场中实现的动态路径。研究总结出该模型及信息反馈路径的三大特点，一是行为主体多元性，涵括了雇主、雇员、家庭三方主体，增加了雇主与雇员的信息沟通渠道；二是信息反馈的时效性，由于信息沟通渠道的扩展，雇主与雇员之间的信息沟通更加快捷，信息不对称状况有效缓解，帮助行为主体快速优化调整策略，实现多方利益最优。三是信号价值实现的不确定性加剧，由于家庭资本非市场性因素引入模型之中，拥有教育文凭信号的个人能否获得相应岗位和收入的不确定性增加，面临的风险增大，信号投资的潜在期望收益减少。

第五，系统分析了国外既有文凭效应研究的计量模型，指出了既有研究中尚未解决的自选择和内生性技术问题，并尝试利用多种方法对这些问题进行纠正，文凭效应拟合结果相对更为精确可靠。本书分析了既有文凭效应研究的计量模型和存在的技术问题，并基于中国经验数据，寻找了决定变量（子女数、父母60岁以上）、工具变量（配偶受教育年限和教育文凭）和代理变量（高考分数重新匹配后的分组虚拟变量），通过使用Heckman两阶段法、工具变量法、代理变量法以及综合工具变量法和Heckman两阶段法的综合模型来检验和纠正技术问题，研究结果也证实这些变量的适切性和有效性，这为以后的文凭效应研究提供了技术参考。

二 研究不足

需要指出的是，本书至少存在两方面的不足：

一方面，数据层面上存在着不足。本书绝大部分内容使用的是CGSS历年调查数据，是多年横截面数据的整合处理，并未过多消除不同年份之间的样本差异或时间差异等对研究结果可能造成的影响。同时，这种横截面调查数据所含样本包括各个年代队列的抽样代表，他们获取教育文凭的年代存在差异，糅合在一起分析有可能混淆了年代信息的影响，结果可能有失偏颇。最理想的研究数据应该是对获取教育文凭的毕业生的连年跟踪调查，既包括起薪水平、初始工作状态，又能掌握教育文凭信号价值的变化趋势。另外，在数据形式上相对单一，缺乏深入的访谈资料，应该更多地访谈用人单位、受教育个人、已就业人员、待就业人员、学校管理者等多方主体，扎根现实中的劳动力市场，用质性材料来辅助分析教育文凭到底如何在劳动力市场中发挥作用。如通过此方法了解更多信息：当前企事业单位设定的人员招聘方案（岗位要求、招聘程序、聘用准则等）；已聘用员工的薪酬分配体系是否与文凭层级挂钩，人员晋升及发展过程是否会参照员工的文凭等；当前文凭对就业取得及发展的作用的认识与感受等。

另一方面，文凭信号价值的体现形式上比较单一。本书仅仅分析了教育文凭信号带来的经济收益，并未深入研究这种信号可能带来的非经济收益。对于非经济收益的研究，需要通过访谈的方式取得分析资料，而不是大面积抽样调查数据。另外，本书仅利用微观调查数据分析了教育信号价值的个人收益，对其可能带来的社会收益缺乏实证分析。

　　考虑到这些不足的存在，笔者在后续研究中将尝试通过更多的方法或技术去逐渐解决这些问题，如改良数据收集方法，专门设计抽样调查问卷，更加精细化地了解教育信号价值实现过程中的多种要素及其作用形式，同时，尽可能在一定范围内连续跟踪调查一定量的样本，试图分析教育信号价值的变化情况。另外，在研究的结果变量上尽量多元化，考虑非经济收益以及社会收益问题，最大限度地衡量教育文凭的信号价值。

参考文献

一 英文文献

Arabsheibani G. Reza & Altay Mussurov, "Returns to schooling in Kazakhstan", *Economics of Transition*, Vol. 15, No. 2, 2007.

Alejandro Portes, "The social origins of the Cuban enclave economy of Miami", *Sociology Prospect*, Vol. 30, No. 4, 1987.

AnkerR., *Gender and jobs: Sex segregation of occupation in the world*. Geneva: International Labor Office, 1998.

Arrow K. J., "Higher education as a filter", *Journal of Public Economics*, Vol. 2, No. 3, 1973.

Arabsheibani G. R. & Manfor L., "Non-linearities in returns to education in Libya", *Education Economics*, Vol. 9, No. 2, 2001.

Anna Crespo & Mauricio Cortez Reis, "Sheepskin effects and the relationship between earnings and education: analyzing their evolution over time in Brazil", *Revista Brasileira de Economia*, Vol. 63, No. 3, 2009.

Ana Ferrer & W. Craig Riddell, "*Sheepskin Effects and the Returns to Education*", 2001. http://qed.econ.queensu.ca/pub/jdi/deutsch/edu_conf/Ferrer.pdf.

Arkes J., "What do educational credentials signal and why do employers value credentials?" *Economics of Education Review*, Vol. 18, No. 1, 1999.

Akerlof G., "The market for 'lemons': quality uncertainty and the market mechanism", *Quarterly Journal of Economics*, Vol. 84, No. 3, 1970.

Angrist J. D., Krueger A. B., "does compulsory school attendance affect schooling and earnings?" *Quarterly Journal of Economics*, Vol. 106,

No. 4, 1991.

Balbir Jain, "Return to Education: Further Analysis of Cross Country Data", *Econonics of Education Review*, Vol. 10, No. 3, 1991.

Bauer Thomas K., Patrick J. Dross & John P. Haisken-DeNew, "Sheepskin effects in Japan", *International Journal of Manpower*, Vol. 26, No. 4, 2005.

Blaug M., *The economics of education and the education of an economist*. Aldershot: Edward Elgar Publishing, 1987.

Blackbum M., Neumark D., "Unobserved ability, efficiency wages, and inter-industry wage differentials", *The Quarterly Journal of Economics*, Vol. 107, No. 4, 1992.

Becker G., *Human capital: Atheoretical and empirical analysis, with special reference to education*. Chicago: University of Chicago Press, 1964.

Belman D. & Heywood J. S., "Sheepskin effects in the returns to education: an examination of women and minorities", *Review of Economics and Statistics*, Vol. 73, No. 4, 1991.

Belman D., Heywood J. S., "Sheepskin effects by cohort: implications of job matching in a signaling model", *Oxford Economic Papers*, Vol. 49, No. 4, 1997.

Bound J., Jaeger D. A. & Baker R. M., "Problems with instrumental variables estimation when the correlation between the instruments and the endogenous explanatory variable is weak", *Journal of the American statistical association*, Vol. 90, No. 430, 1995.

Card D., "The causal effects of education on earnings", *Handbook of Labor Economics*, Vol. 3, 1999.

Chatterji M., Seaman P. T., Singell L. D., "A test of the signaling hypothesis", *Oxford economic papers*, Vol. 55, No. 2, 2003.

Coleman J., "Social capital in the creation of human capital", *American Journal of Sociology*, Vol. 94, 1988.

Chiswick B. R., "*Schooling, Screening and Income*", Solmon L. C. & Taubman P. J. ed. *Does College Matter ?* New York: Academic Press, 1973.

C. Kerr., "*The Balkanization of labor markets*", E. W. Bakke et al. Ed., *Labor mobility and economic opportunity, Technology Press of MIT, Cambridge, Mass, 1954.

Claudio E. Montenegro & Harry Anthony Patrinos, "Returns to Schooling around the World", 2013. http://siteresources.worldbank.org/EXTNWDR2013/Resources/8258024 - 1320950747192/8260293 - 1320956712276/8261091 - 1348683883703/WDR2013_ bp_ Returns_ to_ Schooling_ around_ the_ World. pdf.

Charles M. & Grusky D., *Occupational ghettos: The worldwide segregation of men and women*. Stanford, California: Stanford University Press, 2004.

Dale S. B., Krueger A. B., "Estimating the payoff to attending a more selective college: an application of selection on observables and unobservables", *The Quarterly Journal of Economics*, Vol. 117, No. 4, 2002.

Drago F., "Self-esteem and earnings", *Journal of Economic Psychology*, Vol. 32, No. 3, 2011.

Damon Clark & Paco Martorell, "The signaling value of a high school diploma", *Journal of Political Economy*, Vol. 122, No. 2, 2014.

Denny K. J., Harmon C. P., "Testing for sheepskin effects in earnings equations: evidence for five countries", *Applied Economics Letters*, Vol. 8, No. 9, 2001.

Daniel Hiebert, "Local Geographies of labor market segmentation: Montreal, Toronto, and Vancouver, 1991", *Economic Geography*, Vol. 75, No. 4, 1999.

Empar Pons, "Diploma effects by gender in the Spanish Labour Market", *Labour*, Vol. 20, No. 1, 2006.

England P., *Comparable worth: Theories and evidence*. New York: Aldine, 1992.

Ferrer A. M., Riddell W. C., "The role of credentials in the Canadian labour market", *Canadian Journal of Economics/Revue canadienne d'économique*, Vol. 35, No. 4, 2002.

Flores-Lagunes Alfonso & Audrey Light, "Interpreting degree effects in the returns to education", *Journal of Human Resources*, Vol. 45, No. 2, 2010.

Frazis H. , "Selection bias and the degree effect", *Journal of Human Resources*, Vol. 28, No. 3, 1993.

Frazis H. , "Human capital, signaling, and the pattern of returns to education", *Oxford Economic Papers*, Vol. 54, No. 2, 2002.

Farber H. S. & Gibbons R. , "Learning and wage dynamics", *Quarterly Journal of Economics*, Vol. 111, No. 4, 1996.

Garen J. , "The returns to schooling: A selectivity bias approach with a continuous choice variable", *Econometrica: Journal of the Econometric Society*, Vol. 52, No. 5, 1984.

Groot W. , Oosterbeek H. , "Earnings effects of different components of schooling: Human capital versus screening", *The review of Economics and Statistics*, Vol. 76, No. 2, 1994.

Geoge Psacharopoulas, Harry Anthony Patrinos, "*Returns to Investment in Education: A Further Update*". World Bank Policy Research (working paper), 2002.

Gibson J. , "Sheepskin effects and the returns to education in New Zealand: do they differ by ethnic groups?" *New Zealand Economic Papers*, Vol. 34, No. 2, 2000.

Gorden & Tobin, "Inflation and unemployment", *American economics review*, Vol. 62, No. 1, 1972.

Granovetter M. , "The strength of weak ties", *American Journal of Sociology*, Vol. 78, No. 6, 1973.

Guifu Chen & Shigeyuki Hamori, "Economic returns to schooling in urban China: OLS and the instrumental variables approach", *China Economic Review*, Vol. 20, No. 2, 2009.

Gustafsson B. , Li S. , "Economic transformation and the gender earnings gap in urban China", *Journal of Population Economics*, Vol. 13, No. 2, 2000.

Hungerford T. & Solon G. , "Sheepskin effects in returns to education", *The Review of Economics and Statistics*, Vol. 69, No. 1, 1987.

Heckman J. , Lochner L. J. & Todd P. E. , "Human capital pricing equations with an application to estimating the effect of schooling quality on earnings",

Review of Economics and Statistics, Vol. 78, No. 4, 1996.

Hartog J., "To graduate or not: does it matter?", *Economics Letters*, Vol. 12, No. 2, 1983.

Heywood J. S., "How widespread are sheepskin returns to education in the U. S. ?" *Economics of Education Review*, Vol. 13, No. 3, 1994.

Habermalz S., *Sequential revealing of information and the returns to educational signals*. Ph. D. Dissertation, University of Wisconsin-Milwaukee, 2002.

Jaeger D., Page M., "Degrees matter: new evidence on sheepskin effects in the returns to education", *Review of Economics and Statistics*, Vol. 78, No. 4, 1996.

Jamison D., Gaag J., "Education and Earning in the People's Republic of China", *Economics of Education Review*, Vol. 6, No. 2, 1987.

John Gibson, "Sheepskin effects and the returns to education in New Zealand: Do they differ by ethnic groups?" *New Zealand Economic Paper*, Vol. 34, No. 2, 2009.

John D. Bitzan, "Do sheepskin effects help explain racial earnings differences?" *Economics of Education Review*, Vol. 28, No. 6, 2009.

Judge T. A. & Bono J. E., "Relationship of core self-evaluations trits-self-esteem, generalizedself-efficacy, locus of control, and emotional stability-with job satisfaction and job performance: A meta-analysis", *Journal of Applied Psychology*, Vol. 86, No. 1, 2001.

Kroch E. A., Sjoblam K., "Schooling as human capital or a signal: some evidence", *Journal of Human Resources*, Vol. 29, No. 1, 1994.

Kun A I., "The Sheepskin Effect in the Hungarian Labour Market 2010 – 2012", *Annals of the University of Oradea: Economic Science*, Vol. 23, No. 1, 2014.

Kazuhiro Aral, "Cooperation, job security, and wages in a dual labor market equilibrium", *The journal of socio-economics*, Vol. 26, No. 1, 1997.

Li H. & Luo Y., "Reporting errors, ability heterogeneity, and returns to schooling in China," *Pacific Economic Review*, Vol. 9, No. 3, 2004.

Liu P. W. & Wong Y. C., "Educational screening by certificates: an empirical test", *Economic Inquiry*, Vol. 20, No. 1, 1982.

Liu Xiu, Morley Gunderson, "Credential effects and the returns to education", *Labour: Review of Labour Economics and Industrial Relations*, Vol. 27, No. 2, 2013.

Lange F., "The speed of employer learning", *Journal of Labor Economics*, Vol. 25, No. 1, 2007.

Layard R. & Psacharopoulos G., "The screening hypothesis and the returns to education", *Journal of Political Economy*, Vol. 82, No. 5, 1974.

Lang K., Kropp D., "Human capital and sorting: the effects of compulsory attendance laws", *Quarterly Journal of Economics*, Vol. 101, No. 3, 1986.

L. C. Thurow, R. E. B. Lucas, *The American distribution of income: a structural problem*, Joint Economic Committee, Washington, D. C., 1972.

Lang K., "Does the human-capital / educational-sorting debate matter for development policy?", *American Economic Review*, Vol. 84, No. 1, 1994.

Lin Nan, "*Social resources and instrumental action*", P. Marsden & N. Lin. *social structure and network analysis*, Sage Publications, 1982: 131 – 147.

Lesley Williams Reid & Beth A. Rubin, "Integrating economic dualism and labor market segmentation: the effects of race, gender, and structural location on earnings, 1974 – 2000", *sociological quarterly*, Vol. 44, No, 3, 2003.

Mora J. J., Muro J., "Sheepskin effects by cohorts in Colombia", *International Journal of Manpower*, Vol. 29, No. 2, 2008.

Mora J. J., "Sheepskin effects and screening in Colombia", *Colombia Economic Journal*, Vol. 1, No. 1, 2003.

Mincer J., *Schooling, experience, and earnings*. New York: Columbia University Press for NBER, 1974.

McGuinness S., "Graduate overeducation as a sheepskin effect: evidence from Northern Ireland", *Applied Economics*, Vol. 35, No. 5, 2003.

Murnane R. J. et al., "Do different dimensions of male high school students' skills predict labor market success a decade later? Evidence from the NLSY", *Economics of Education Review*, Vol. 20, No. 1, 2001.

Miller P. W., Volker P. A., "The screening hypothesis: an application of the

Wlies test", *Economic Inquiry*, Vol. 22, No. 1, 1984.

Mary Silles, "Sheepskin effects in the returns to education", *Applied economics letters*, Vol. 15, No. 3, 2008.

Meng X. & Gregory R., "*Exploring the impact of interrupted education on earnings: the educational cost of the Chinese cultural Revolution*", IZA Discussion Paper, 2007.

Nicholas & Doeringer, "Is there a dual labor market in Great Britain?", *The economic journal*, Vol. 83, No. 330, 1973.

Olneck Michael, "*The Effects of Education*", In Christopher Jencks C. et al. ed., "*Who gets ahead? The determinants of economic success in America*", New York: Basic Books, 1977, pp. 159 – 190.

P. Romer, "Increasing Returns and Long-Run Growth", *Journal of Political Economy*, Vol. 94, No. 5, 1986.

Park J. H., "Estimation of sheepskin effects using the old and the new measures of educational attainment in the Current Population Survey", *Economics Letters*, Vol. 62, No. 2, 1999.

Philip Trostel, Ian Walker, "Sheepskin effects in work behavior", *Applied Economics*, Vol. 36, No. 17, 2004.

Patrinos Harry Anthony, Maria Paula Savanti, "The Screening Hypothesis and the Returns to Schooling in Argentina", *Research in Applied Economics*, Vol. 6, No. 3, 2014.

Patrinos H. A., "Non-linearities in the returns to education: sheepskin effects or threshold levels of human capital?" *Applied Economics Letters*, Vol. 3, No. 3, 1996.

Pons E. & Blanco J. M., "Sheepskin effects in the Spanish labour market: a public-private sector analysis", *Education Economics*, Vol. 13, No. 3, 2005.

Pons E., "Diploma effects by gender in the Spanish labour market", *Labour*, Vol. 20, No. 1, 2006.

Peter Doeringer & Michael Piore, *Internal labor markets and manpower analysis*. Lexington, MA: D. C. Heath, 1971.

Putnam Robort D., "The prosperous community: social capital and public life", *The American Prospect*, Vol. 4, No. 13, 1993.

Pencavel John, "Assortative mating by schooling and the work behavior of wives and husbands", *The American Economic Review*, Vol. 88, No. 2, 1988.

Pons E. & Blanco J. M., "Sheepskin effects in the Spanish labour market: a public-private sectoranalysis", *Education Economics*, Vol. 13, No. 3, 2005.

Riddell C. W., *Understanding "Sheepskin Effects" in the returns to education: The role of cognitive skills*. Canada: Department of Economics, University of Toronto, 2008.

Reskin B. & Ross P., *Job queues, gender queues: Explaining women's inroads into male occupations*. Philadelphia: Temple University Press, 1990.

Riley J. G., "Information, screening and huaman capital", *American Economic Review*, Vol. 66, No. 2, 1976.

Riley J. G., "Testing the educational screening hypothesis", *Journal of Political Economy*, Vol. 87, No. 5, 1979.

R. Lucas, "On the Mechanics of Economic Development", *Journal of Monetary Economics*, Vol. 22, No. 1, 1988.

Spence M., "Job market signaling", *Quarterly of Journal of Economics*, Vol. 87, No. 3, 1973.

Stiglitz J., "The theory of 'screening', education, and the distribution of income", *American Economics Review*, Vol. 65, No. 3, 1975.

Shabbir Tayyeb, "Sheepskin Effects of Investment in Schooling: Do They Signal Family Background? Case of Pakistan", *Pakistan Journal of Commerce & Social Sciences*, Vol. 7, No. 1, 2013.

Shabbir T., Khan A. H., "Mincerian earnings functions for Pakistan: A regional analysis", *Pakistan Economic and Social Review*, Vol. 29, No. 2, 1991.

Shabbir T., Ashraf J., "Interpreting Sheepskin Effects of Investment in Schooling", *Pakistan Journal of Commerce and Social Sciences*, Vol. 5, No. 2, 2011.

Shapiro C., Stiglitz J. E., "Equilibrium unemployment as a worker discipline device", *The American Economic Review*, Vol. 74, No. 3, 1984.

Shu Xiaoling & Yanjie Bian, "Intercity Variation in Gender Inequalities in China: Analysis of a 1995 National Survey", *Research in Social Stratification and Mobility*, No. 19, 2002.

Shu Xiaoling & Yanjie Bian. "Market transition and gender gap in earnings in urban China", *Social Forces*, Vol. 81, No. 4, 2003.

Tyler J. H., Murnane R. J., Willett J. B., "Estimating the labor market signaling value of the GED", *Quarterly Journal of Economics*, Vol. 115, No. 2, 2000.

Thomas Mark, Vallee Luc, "Labor market segmentation in Cameroonian Manufacturing", *The journal of development studies*, Vol. 32, No. 6, 1996.

Trostel P., Walker I. & Wooley P., "Estimates of the economic return to schooling for 28 countries", *Labour Economics*, Vol. 9, No. 1, 2002.

Theodore W. Schultz, "Investment in human capital", *American Economic Review*, Vol. 51, No. 1, 1961.

Van der Meer, Peter H., "Educational credentials and external effects: A test for the Netherlands", *Research in Social Stratification and Mobility*, Vol. 29, No. 1, 2011.

Ve Low Wan, Chris Sakellariou, "*Sheepskin Effects in the Returns to Education*", https://www.researchgate.net/publication/2508150_Sheepskin_Effects_in_the_Returns_to_Education.

Wang L. Y., Kick E., Fraser J., Burns T. J., "Status attainment in America: The roles of locus ofcontrol and self-esteem in educational and occupational outcomes", *Sociological Spectrum*, Vol. 19, No. 3, 1999.

Weiss A., "Human capital vs. signaling explanations of wages", *Journal of Economic Perspectives*, Vol. 9, No. 4, 1995.

Wiles P., "The correlation between education and earnings: the external-test-not-contenthypothesis (ETNC)", *Higher Education*, Vol. 3, No. 1, 1974.

Willis R. J., Rosen S., "Education and Self-Selection", *International library of critical writings in economics*, Vol. 159, No. 1, 2003.

William T. Dickens & Kevin Lang, "A test of dual labor market theory", *The*

American economic review, Vol. 75, No. 4, 1985.

Wooldridge J. M., *Econometric analysis of cross section and panel data*, Cambridge, MA: MIT Press, 2002: 560-570.

Watanabe Shin, *A comparative study of male employment relations in the United States and Japan*. Los Angeles: University of California, 1987.

Walder Andrew G., "Property rights and stratification in socialist redistributive economies", *American Sociological Review*, Vol. 57, No. 4, 1992.

Wößmann L., "Educational production in East Asia: the impact of family background and schooling policies on student performance", *German Economic Review*. Vol. 6, No. 3, 2005.

Yeung W. J., Conley D., "Black-white achievement gap and family wealth", *Child Development*. Vol. 79, No. 2, 2008.

Yellen Janet L., "Efficiency Wage Models of Unemployment", *American Economic Review*, Vol. 74, No. 2, 1984.

Ziderman A., "The role of educational certification in raising earnings: evidence from Israeli census data", *Economics of Education Review*, Vol. 9, No. 3, 1990.

Zhang J., Zhao Y., "*Economic Returns to Schooling in Urban China, 1988-1999*", World Bank Discussion Draft, 2002.

Zhang J., J. Han, J. Liu & J. Zhao, "Trends in the gender earnings Differential in Urban China: 1988-2004", *Industrial and Labor Relations Review*, Vol. 61, No. 2, 2008.

Zhang J., Zhao Y. H., Park A. & Song X., "Economic returns to schooling in urban China: 1988-2001", *Journal of Comparative Economics*, Vol. 33, No. 4, 2005.

二 中文文献

边燕杰：《找回强关系：中国的间接关系、网络桥梁和求职》，《国外社会学》1998年第2期。

边燕杰、洪洵：《中国和新加坡的关系网和职业流动》，《国外社会学》1999年第4期。

参考文献

蔡昉：《二元劳动力市场条件下的就业体制转换》，《中国社会科学》1998年第2期。

蔡海静、马汴京：《高校扩招、能力异质性与大学毕业生就业》，《中国人口科学》2015年第4期。

常进雄、项俊夫：《扩招对大学毕业生工资及教育收益率的影响研究》，《中国人口科学》2013年第3期。

陈成文、谭日辉：《社会资本与大学生就业关系研究》，《高等教育研究》2004年第4期。

陈海平：《人力资本、社会资本与高校毕业生就业——对高校毕业生就业影响因素的研究》，《青年研究》2005年第11期。

陈晓宇、闵维方：《我国高等教育个人收益率研究》，《高等教育研究》1998年第6期。

陈晓宇、陈良焜、夏晨：《20世纪90年代中国城镇教育收益率的变化与启示》，《北京大学教育评论》2003年第2期。

程贯平：《劳动力市场分割文献述评》，《西华大学学报》（哲学社会科学版）2005年第6期。

杜育红、周雪飞、金绍梅：《欠发达地区城镇个人教育收益率——以内蒙古赤峰市为例的研究》，《西北师大学报》（社会科学版）2006年第1期。

杜桂英、岳昌君：《高校毕业生就业机会的影响因素研究》，《中国高教研究》2010年第11期。

［德］弗里德里希·李斯特：《政治经济学的国民体系》，陈万煦译，商务印书馆1961年版。

郭冬梅、胡毅、林建浩：《我国正规就业者的教育收益率》，《统计研究》2014年第8期。

郭小弦、张顺：《中国城市居民教育收益率的变动趋势及其收入分配效应——基于分位回归模型的分析》，《复旦教育论坛》2014年第3期。

戴平生：《半参数GAM模型下我国教育收益率的分析》，《数理统计与管理》2015年第1期。

范皑皑：《文凭膨胀：高校扩招与毕业生就业的困境与选择》，《教育学术月刊》2013年第4期。

方长春：《教育收益率的部门差异及其引发的思考——以东部一个发达城市为例》，《贵州社会科学》2011年第9期。

冯向东：《关于教育的经验研究：实证与事后解释》，《教育研究》2012年第4期。

［法］皮埃尔·布迪厄：《文化资本与社会资本》，张人杰《国外教育社会学基本书选》，华东师范大学出版社1989年版，第189、202—203页。

葛玉好、曾湘泉：《市场歧视对城镇地区性别工资差距的影响》，《经济研究》2011年第6期。

贺尊：《教育信号的经济解释》，华中科技大学博士学位论文，2006，第23页。

胡永远、邱丹：《个性特征对高校毕业生就业的影响分析》，《中国人口科学》2011年第2期。

胡永远等：《个人社会资本对大学生就业市场的影响》，《中国人口科学》2007年第6期。

何亦名：《教育扩张下教育收益率变化的实证分析》，《中国人口科学》2009年第2期。

郝大海、李路路：《区域差异改革中的国家垄断与收入不平等——基于2003年全国综合社会调查资料》，《中国社会科学》2006年第2期。

简必希、宁光杰：《教育异质性回报的对比研究》，《经济研究》2013年第2期。

赖德胜、孟大虎、苏丽锋：《替代还是互补——大学生就业中的人力资本和社会资本联合作用机制研究》，《北京大学教育评论》2012年第1期。

赖德胜：《论劳动力市场的制度性分割》，《经济科学》1996年第5期。

赖德胜：《欧盟一体化进程中的劳动力市场分割》，《世界经济》2001年第4期。

赖德胜：《教育、劳动力市场与收入分配》，《经济研究》1998年第5期。

李泽彧、谭净：《人力资本和社会资本双重作用下的研究生就业分析》，《现代大学教育》2011年第2期。

李煜：《制度变迁与教育不平等的产生机制——中国城市子女教育的获得

（1966—2003）》，《中国社会科学》2006 年第 4 期。

李黎明、张顺国：《影响高校大学生职业选择的因素分析——基于社会资本和人力资本的双重考察》，《社会》2008 年第 2 期。

李实、马欣欣：《中国城镇职工的性别工资差异与职业分割的经验分析》，《中国人口科学》2006 年第 5 期。

李实、古斯塔夫森：《中国城镇职工收入的性别差异》，赵人伟、李实、李思勤《中国居民收入分配再研究》，中国财政经济出版社 1999 年版，第 556—593 页。

李煜：《婚姻的教育匹配：50 年来的变迁》，《中国人口科学》2008 年第 3 期。

李实、丁赛：《中国城镇教育收益率的长期变动趋势》，《中国社会科学》2003 年第 6 期。

李实、李文彬：《中国教育投资的个人收益率的估计》，赵人伟等《中国居民收入分配研究》，中国社会科学出版社 1994 年版。

李锋亮、岳昌君、侯龙龙：《过度教育与教育的信号功能》，《经济学》（季刊）2009 年第 2 期。

李锋亮、丁小浩：《学业结合状况对毕业生起薪的影响》，《北京大学教育评论》2005 年第 4 期。

李锋亮、W. John Morgan、陈晓宇：《绝对教育年限与相对教育位置的收入效应——对教育生产功能和信号功能的检验》，《中国人口科学》2008 年第 1 期。

李锋亮：《教育的信息功能与筛选功能》，北京大学出版社 2008 年版，第 61、67—69、74 页。

李晓曼、曾湘泉：《新人力资本理论——基于能力的人力资本理论研究动态》，《经济学动态》2012 年第 11 期。

李春玲：《当代中国社会的声望分层——职业声望与社会经济地位指数测量》，《社会学研究》2005 年第 3 期。

李春玲：《社会政治变迁与教育机会不平等》，《中国社会科学》2003 年第 3 期。

刘泽云：《上大学是有价值的投资吗——中国高等教育回报率的长期变动（1988—2007）》，《北京大学教育评论》2015 年第 4 期。

刘泽云：《女性教育收益率为何高于男性？——基于工资性别歧视的分析》，《经济科学》2008年第2期。

刘泽云：《教育收益率估算中的几个方法问题》，《北京大学教育评论》2009年第1期。

刘精明：《中国基础教育领域中的机会不平等及其变化》，《中国社会科学》2008年第5期。

刘志民、刘路、李馨儿：《高等教育个人回报的国际进展研究》，《教育与经济》2014年第1期。

廖娟：《中国残疾人教育收益率研究》，《教育学报》2015年第1期。

刘万霞：《我国农民工教育收益率的实证研究——职业教育对农民收入的影响分析》，《农业技术经济》2011年第5期。

梁漱溟：《中国文化要义》，上海人民出版社2005年版。

［美］林南：《社会资本——关于社会结构和行动的理论》，张磊译，上海人民出版社2005年版，第24页。

［美］马丁·卡诺依：《教育经济学国际百科全书》，闵维方等译，高等教育出版社2002年版，第471页。

［美］西奥多·舒尔茨：《人力资本投资——教育和研究中的作用》，蒋斌、张蘅译，商务印书馆1990年版，第46—63页。

［美］西奥多·舒尔茨：《对人进行投资——人口质量经济学》，吴珠华译，首都经济贸易大学出版社2002年版，第21—45页。

［美］雅各布·明塞尔：《人力资本书》，张凤林译，中国经济出版社2001年版，第4页。

［美］加里·贝克尔：《人力资本——特别是关于教育的理论与经验分析》，梁小民译，北京大学出版社1987年版，第2页。

［美］马丁·卡洛依：《教育经济学国际百科全书》（第2版），高等教育出版社2000年版，第42页。

孟大虎：《人力资本、社会资本与大学生就业研究综述》，《经济学动态》2012年第1期。

马莉萍、岳昌君：《我国劳动力市场分割与高校毕业生就业流向研究》，《教育发展研究》2011年第3期。

马莉萍、丁小浩：《高校毕业生求职中人力资本与社会资本关系作用感知的研究》,《清华大学教育研究》2010 年第 1 期。

潘志勇:《中国城镇教育回报及其来源研究——基于人力资本理论和信号理论》,浙江工商大学硕士学位论文,2012。

乔志宏等:《人力资本和社会资本与中国大学生就业的相关研究》,《中国青年研究》2011 年第 4 期。

曲恒昌、曾晓东:《西方教育经济学研究》,北京师范大学出版社 2000 年版。

曲恒昌:《"筛选理论"与"文凭疾病"的防治》,《北京师范大学学报》（社会科学版）1998 年第 3 期。

齐良书:《国有部门劳动工资制度改革对教育收益率的影响——对 1988—1999 年中国城市教育收益率的实证研究》,《教育与经济》2005 年第 4 期。

钱争鸣、易莹莹:《中国教育收益率统计估计与分析——基于参数和半参数估计方法的比较》,《统计研究》2009 年第 7 期。

饶迪岗、陈海春、王胜豪:《毕业生分配制度初期改革（1985—1991）的政策分析》,《高等教育研究》1992 年第 3 期。

孙百才:《中国教育扩展与收入分配研究》,北京师范大学博士学位论文,2005 年,第 42 页。

孙百才:《西北少数民族地区农村居民的教育收益率研究》,《西北师范大学学报》（社会科学版）2013 年第 1 期。

孙志军:《基于双胞胎数据的教育收益率估计》,《经济学》（季刊）2014 年第 3 期。

邵利玲:《国有企业内部职工个人收入差异的因素》,杜海燕《管理效率的基础:职工心态与行为》,上海人民出版社 1994 年版。

唐可月、张凤林:《教育信号发送作用的经验验证研究综述》,《经济评论》2006 年第 1 期。

沈红、张青根:《我国个人教育收益中文凭效应的计量分析》,《教育与经济》2015 年第 1 期。

沈红、张青根:《劳动力市场分割与家庭资本交互作用中的文凭效应》,《教育研究》2015 年第 8 期。

苏丽锋、孟大虎:《强关系还是弱关系:大学生就业中的社会资本利用》,

《华中师范大学学报》(人文社会科学版) 2013 年第 5 期。

文东茅:《家庭背景对我国高等教育机会及毕业生就业的影响》,《北京大学教育评论》2005 年第 3 期。

王美艳:《中国城市劳动力市场上的性别工资差异》,《经济研究》2005 年第 12 期。

王子涵、王小军:《包含认知能力的教育回报率估计——基于 CHIP2007 年数据的实证研究》,《教育与经济》2016 年第 1 期。

王骏、刘泽云:《教育:提升人力资本还是发送信号》,《教育与经济》2015 年第 4 期。

王明进、岳昌君:《个人教育收益率的估计与比较:一个半参数方法》,《统计研究》2009 年第 6 期。

王云多:《试析地区、行业和性别因素对人力资本收益率的影响》,《人口与经济》2009 年第 6 期。

王海港、李实、刘京军:《城镇居民教育收益率的地区差异及其解释》,《经济研究》2007 年第 8 期。

王善迈:《教育投入与产出研究》,河北教育出版社 1996 年版,第 13 页。

吴庆:《演变、定位和类型——中国大学生就业政策分析》,《当代青年研究》2005 年第 2 期。

吴愈晓、吴晓刚:《城镇的职业性别隔离与收入分层》,《社会学研究》2009 年第 4 期。

吴要武、赵泉:《高校扩招与大学毕业生就业》,《经济研究》2010 年第 9 期。

吴要武:《寻找阿基米德的"杠杆":"出生季度"是个弱工具变量吗?》,《经济学》(季刊) 2010 年第 2 期。

吴克明、孟大虎:《高等教育收益率上升新解:劳动力流动制度的视角》,《高等教育研究》2007 年第 1 期。

[美]约翰·希克斯:《经济史理论》,厉以平译,商务印书馆 2003 年版,第 126 页。

魏新、邱黎强:《中国城镇居民家庭收入及教育支出负担率研究》,《教育与经济》1998 年第 4 期。

徐晓军:《大学生就业过程中的双重机制:人力资本与社会资本》,《青年研究》2002 年第 6 期。

邢春冰、罗楚亮:《农民工与城镇职工的收入差距——基于半参数方法的分析》,《数量经济技术经济研究》2009 年第 10 期。

邢春冰、李实:《扩招"大跃进"、教育机会与大学毕业生就业》,《经济学》(季刊)2011 年第 4 期。

许玲丽、李雪松、周亚虹:《中国高等教育扩招效应的实证分析——基于边际处理效应(MTE)的研究》,《数量经济技术经济研究》2012 年第 11 期。

[英] 阿尔弗雷德·马歇尔:《经济学原理》,朱志泰、陈良璧译,商务印书馆 1981 年版。

[英] 亚当·斯密:《国民财富的性质和原因的研究》,郭大力等译,商务印书馆 2003 年版,第 259 页。

[英] 佛朗西斯·福山:《信任:社会美德与创造经济繁荣》(序),彭志华译,海南出版社 2001 年版,第 4 页。

于洪霞:《生命周期偏误与中国教育收益率元分析》,《经济研究》2013 年第 8 期。

[英] 约翰·穆勒:《政治经济学原理及其在社会哲学上的若干应用》,朱泱等译,商务印书馆 1991 年版,第 433 页。

姚先国、黎煦:《劳动力市场分割理论:一个文献综述》,《渤海大学学报》(哲学社会科学版)2005 年第 1 期。

杨宝琰、万明钢:《父亲受教育程度和经济资本如何影响学业成绩——基于中介效应和调节效应的分析》,《北京大学教育评论》2015 年第 2 期。

阎凤桥、毛丹:《中国高等教育规模扩张机制分析:一个制度学的解释》,《高等教育研究》2013 年第 11 期。

阎凤桥、毛丹:《影响高校毕业生就业的社会资本因素分析》,《复旦教育论坛》2008 年第 4 期。

周金燕、钟宇平:《教育对中国收入不平等变迁的作用:1991—2006》,《北京大学教育评论》2010 年第 4 期。

赵西亮、朱喜:《城镇居民的大学教育收益率估计:倾向指数匹配方法》,《南方经济》2009 年第 11 期。

张青根、沈红:《"一纸文凭"究竟价值几许?——基于中国家庭追踪调查数据的实证分析》,《教育发展研究》2016年第3期。

张青根、沈红:《教育能缓解性别收入差距吗?》,《复旦教育论坛》2016年第4期。

张抗私:《社会排斥与劳动力市场分割——以性别歧视为例》,《财经问题研究》2009年第5期。

张兆曙、陈奇:《高校扩招与高等教育机会的性别平等化——基于中国综合社会调查(CGSS2008)数据的实证分析》,《社会学研究》2013年第2期。

朱国宏:《中国教育投资的收益:内部收益率的衡量》,《复旦教育论坛》1992年第3期。

诸建芳、王伯庆、恩斯特·使君多福:《中国人力资本投资的个人收益率研究》,《经济研究》1995年第12期。

后 记

2016年年底，我顺利通过博士学位论文答辩，随后进入华中科技大学教育科学研究院教育学博士后流动站从事专职研究工作。2017年6月，中国高等教育学会公布第十三届"高等教育学"优秀博士学位论文获奖名单（全国仅5人），我的博士学位论文《中国个人教育收益中文凭效应的实证研究》荣幸获奖。该奖项既给我研究生生涯的结束画上了圆满的句号，也时刻激励和督促我继续思考和完善文凭效应相关研究。

中国高等教育普及化时代即将到来，人们日益增长的高等教育投资需求逐渐得到满足。与此相伴，每年几百万大学生进入中国劳动力市场，以寻求相应的高等教育投资回报。这场教育投资与回报的"大潮大浪"吸引了教育管理部门、高等学校、家庭及个人等社会各界人士的关注。如此社会背景下，研究中国文凭效应状况极具现实意义，也让我时刻关注中国各级教育系统人才培养模式及质量问题，动态追踪产业结构调整、科技变革及人工智能时代下中国劳动力市场人才资源配置模式变化等，进一步丰富、更新和完善原先撰写的博士学位论文，最终形成本书的成稿。在本书付梓之际，我要特别感谢那些支持和帮助过我的人。

感谢我生命中的贵人、我的恩师沈红教授。沈老师对我视如己出，教我为人、为学、为师，在学术之道上引我入门，并不断鞭策我前进。在学术发展阶段，她给我创造了极好的平台与机会，在本书的撰写、修改及出版过程中，她给予了我极大的指导和帮助。没有她的精心栽培，不可能有这本书的出版。

感谢美国哥伦比亚大学教育学院教师、著名教育经济学家、中国教育研究中心主任曾满超（Mun C. Tsang）教授，感谢他接收我作为国家公派访问学生到哥大访学、邀请我在他的课程（Doctoral Research Seminar）

中分享本书阶段性成果，并在理论框架、模型设计、数据分析、论证和解释等具体问题上给予我指导和建议。感谢哥伦比亚大学教育学院 Henry Levin 教授、Scott-Clayton Judith 副教授和 Bergman Peter 副教授，在他们的课程（Economics of Education，Resource Allocation in Education，Advanced Analysis in Economics of Education，Causal Methods in Educational Policy Research，Conducting Field Experiments：Design and Implementation）中我受益匪浅，也为本书的撰写提供了启发和帮助。

特别感谢我的博士后合作导师贾永堂教授，在本书的选题论证、撰写过程、修改完善、出版等上提供了极大的指导、鼓励和支持。感谢刘献君教授、冯向东教授、张应强教授、陈廷柱教授、赵炬明教授、李太平教授、柯佑祥教授、余东升教授、陈敏教授、张晓明教授、朱新卓教授、雷洪德副教授、郭卉副教授、张俊超副教授，他们讲授的高等教育学、教育经济与财政、高等教育高级研究方法等课程让我收获颇丰，他们深厚的学术功底、渊博的理论知识和儒雅的学者风范为我今后的学习、工作、生活树立了典范，使我终身受益。感谢华中师范大学范先佐教授、中南财经政法大学李祥云教授、华中科技大学经济学院王少平教授和张建华教授、华中科技大学公共管理学院徐晓林教授、华中科技大学教育科学研究院柯佑祥教授、彭湃副教授、余荔讲师等给本书的撰写提供了许多建设性的意见和指导，让我后期撰写与修改过程中思路更为明确。

在本书的撰写与出版过程中，得到了华中科技大学教育科学研究院领导和同事们的关心，得到了中国社会科学出版社赵丽编辑的理解、支持和帮助，得到了湖北第二师范学院张和平副教授、武汉理工大学周玉容讲师、电子科技大学沈华教授、武汉理工大学李志峰教授、华中科技大学校团委林桢栋书记和教务处刘燕副处长、北京理工大学刘进副教授、长沙理工大学黄维教授、武汉大学殷朝晖副教授、江西师范大学赵永辉讲师等的指导和帮助，得到了博士战友团成员们（西北工业大学王鹏、广东外语外贸大学刘之远、济南大学李爱萍、常州大学王建慧、华中科技大学徐志平、西北大学张冰冰）的鼎力支持，在此一并表示感谢。此外，特别感谢中国人民大学中国调查与数据中心、北京大学中国社会科学调查中心、北京师范大学中国收入分配研究院等机构及其人员提供的数据支持与协助。

特别的,感谢我的家人。在我学习、研究和工作中,家人给予我太多的关爱、理解和支持,是我努力克服各种困难和障碍的精神支柱,是我成长过程中最温暖的港湾。

　　最后,因个人能力有限、数据获取存在局限、时间相对仓促等因素影响,本书肯定还存在诸多不足之处,未来仍需进一步完善,也敬请各位同行、读者不吝赐教。

张青根
2019 年 4 月 10 日于教育科学研究院